*pro DigitalLifeStyle

LAVORARECON

Microsoft Word 2013

Guida all'uso

Alessandra Salvaggio

EDIZIONI LSWR

Lavorare con Microsoft Word 2013

Autrice: Alessandra Salvaggio

Collana: *pro DigitalLifeStyle

Publisher: Fabrizio Comolli
Editor: Marco Aleotti
Progetto grafico: Roberta Venturieri
Immagine di copertina: © Leerodney Avison | Dreamstime.com

2014 (febbraio) - Prima edizione LSWR Srl
2017 (agosto) - Ristampa
2020 - Ristampa

ISBN: 978-88-6895-023-1

EDIZIONI
LSWR
Via G. Spadolini, 7
20141 Milano (MI)
Tel. 02 881841
www.edizionilswr.it

Printed in Italy
Finito di stampare nel mese di settembre 2020 presso "Digital Team" Srl. Unip., Fano (PU)

(*) Edizioni Lswr è un marchio di La Tribuna Srl. La Tribuna Srl fa parte di LSWR GROUP.

Sommario

Introduzione

Office 2013 è la nuova versione della **suite** da **ufficio** di **Microsoft**. In questo libro vi presenteremo il nuovo **Word** nel modo più **semplice** ed **esaustivo** possibile.

Questo libro è rivolto a due generi di lettori: innanzitutto, è per chi non ha mai usato Word o lo ha usato poco. Questi lettori troveranno una guida passo-passo per cominciare a orientarsi con questo programma.
Dopo i primi rudimenti, passeremo ad argomenti più avanzati, che vi permetteranno di procedere nella conoscenza di Word.
Tutto questo vi dovrebbe portare ad aumentare la vostra produttività in ufficio, nello studio e nel lavoro.
Il libro, però, è utile anche a chi già conosce Office nelle sue versioni precedenti: qui vi presenteremo le novità e vi aiuteremo a ritrovare i vecchi comandi. In particolare, è utile a chi passa alla versione 2013 dalla 2003 o precedenti, saltando la versione 2007.
Le novità, soprattutto nell'interfaccia, sono talmente numerose che, a un primo approccio, possono mettere in difficoltà persino l'utente più smaliziato.
Abbiamo cercato di evidenziare quanto più possibile soprattutto le novità e gli aspetti che possono generare confusione.
Questi utenti potranno utilizzare il libro per orientarsi nelle novità e come manuale di consultazione rapida per risolvere i problemi puntuali che si presentano nel lavoro di ogni giorno.
Entrambi i generi di lettori verranno guidati passo per passo con esempi pratici, in modo che possano trarre il meglio da Word.

1

L'interfaccia utente e le operazioni più comuni

L'interfaccia utente del nuovo Office 2013 non presenta cambiamenti radicali rispetto alle ultime versioni di Office, ma contiene alcune novità con cui bisogna familiarizzare.

A più di sei anni dalla nascita di Office 2007, gli utenti si dovrebbero essere ormai abituati alla nuova interfaccia detta Office Fluent, cioè con la **barra multifunzione** al posto dei menu.

Le modifiche nell'interfaccia di questa nuova versione non sono radicali; si tratta, piuttosto, di "aggiustamenti" estetici, non funzionali, pertanto gli utenti di Office 2007 e 2010 non dovrebbero avere problemi a orientarsi.

Il nuovo "look" di Office è ispirato al cosiddetto stile Modern (noto precedentemente come Metro), adottato in Windows 8.

Sono scomparse le ombre, le trasparenze, tutti gli effetti 3D ed è stato adottato uno stile più asciutto e minimalista.

Il colore predominante è il bianco, applicato ovunque, tranne nella barra di stato e nell'etichetta della scheda **File** (per chi non ha usato Office 2010, spiegheremo più avanti di cosa si tratta) che usa il colore (comunque piatto e senza sfumature) che caratterizza l'applicazione che si sta usando.

In particolare, nel caso di Word, il colore adottato è il blu (Figura 1.1).

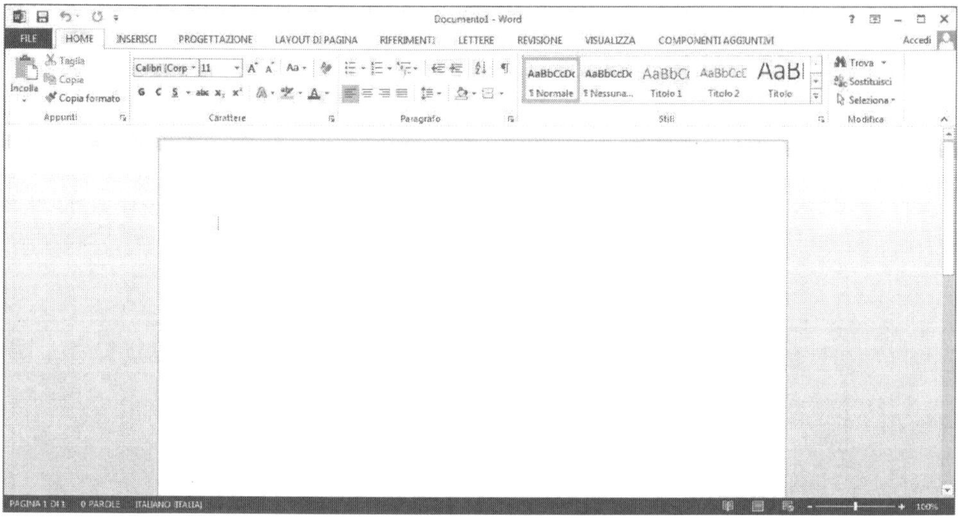

Figura 1.1 - L'interfaccia di Word 2013.

Oltre a questo bianco predominante, i programmi Office mostrano un decoro nei toni del grigio sull'angolo in alto a destra.
Questo decoro viene scelto in fase di installazione di Office e può comunque essere modificato, così come il colore bianco, mediante le opzioni dei programmi (vedremo più sotto come fare).
In realtà, però, quando si apre per la prima volta un programma Office 2013 si può rimanere un po' spiazzati, dato che, nel caso di Word, non viene aperto un file vuoto pronto per il lavoro, ma viene presentata la nuova e colorata **Start screen** o **schermata Start** (Figura 1.2).

NOTA

Alcuni utenti non gradiscono la presenza di questa schermata iniziale, ma preferiscono che Word e le altre applicazioni Office si avviino direttamente con un nuovo file, nel modo tradizionale. Più avanti spiegheremo come fare.

Questa schermata, nella banda colorata a sinistra, mostra un elenco dei file di utilizzo recente.
Se non si desidera aprire nessuna di queste cartelle di lavoro, se ne possono aprire altre esistenti, usando il collegamento in basso a sinistra **Apri altri/e Cartelle di lavoro**.
Se, invece, desiderate creare un file nuovo, a partire da zero, fate clic sull'icona **Cartella di lavoro vuota**, nell'area di destra.

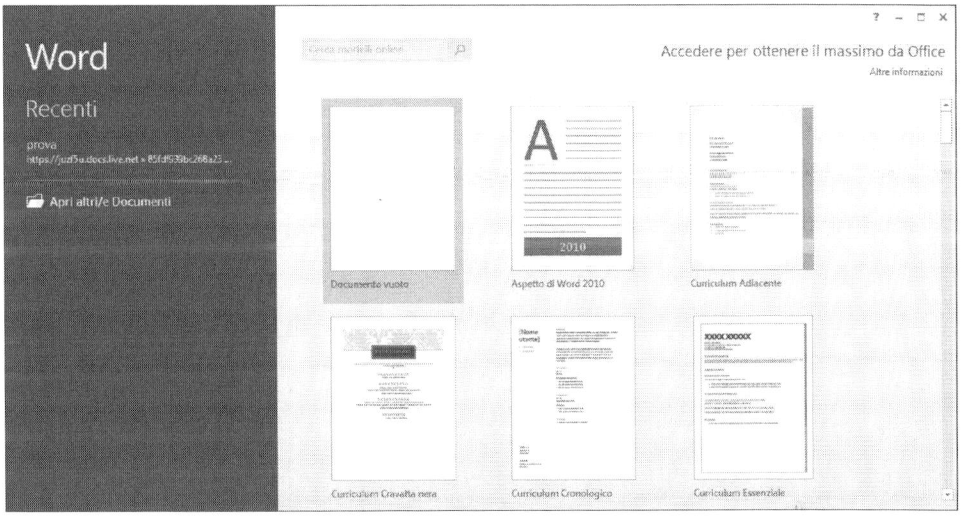

Figura 1.2 - Lo start screen di Word.

Le altre icone di quest'area permettono di creare un nuovo file sulla base di modelli online. Se fra questi non c'è un modello che fa al caso vostro, potete effettuare una ricerca, usando la casella **Cerca modelli online** in alto nella schermata.

Per impostazione predefinita, la schermata introduttiva, come del resto Word stesso, non vi consente di accedere a eventuali modelli personali creati da voi stessi o da qualche collega. Alla fine del capitolo vedremo come recuperarli.

Notate che, in alto a destra nella schermata iniziale, è indicato l'account Microsoft con il quale si è fatto login.

Questo account è stato impostato in fase di installazione di Office. Potete cambiarlo da questa schermata iniziale, facendo clic su **Cambia account**. È possibile farlo anche dall'interno dei programmi: in seguito vedremo come fare.

Questa schermata iniziale è l'elemento di maggiore novità nell'interfaccia di Office 2013; per il resto, le novità sono più legate agli effetti grafici e soprattutto all'apertura e modifica dei file PDF.

Chi ha già usato Office 2007/10 non dovrebbe trovarsi in difficoltà: l'ambiente di lavoro, al contrario, gli risulterà piuttosto familiare poiché le novità sono minime.

Nei paragrafi che seguono spiegheremo come muoversi nell'interfaccia di Word e Office in generale, in modo che anche chi non ha fatto pratica con le versioni più recenti possa orientarsi. Gli altri potranno comunque trovare qualche utile spunto, soprattutto per quel che riguarda le nuove funzionalità legate al cloud e alla condivisione su Internet.

Prima di introdurre l'interfaccia di Office, però, occorre fare una rapida digressione e spiegare come bisogna rispondere alla finestra (Figura 1.3) che viene visualizzata la prima volta che si apre un programma Office 2013, altrimenti qualche utente potrebbe trovarsi in difficoltà.

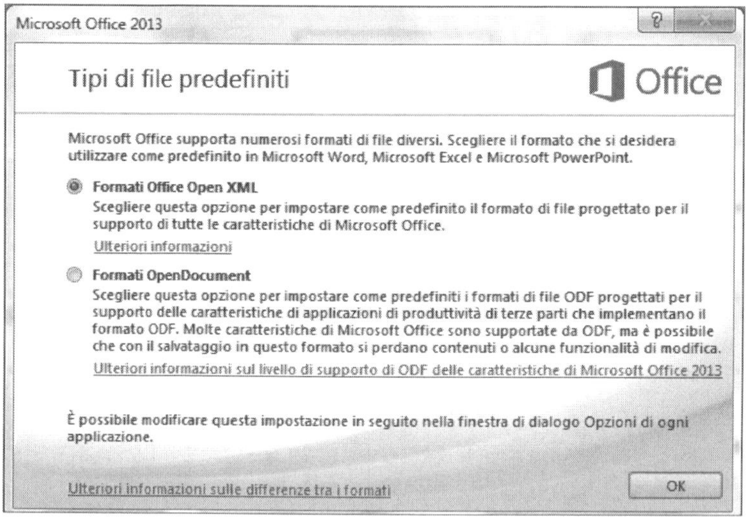

Figura 1.3 - La finestra Tipi di file predefiniti.

NOTA

Se si è già aperto un altro programma Office prima di Word, non si visualizzerà questa finestra e dunque si potrà passare direttamente alla descrizione dell'interfaccia utente di Word.

Questa finestra chiede quale formato di file si vuole scegliere per i programmi Office (in particolare Word, Excel e PowerPoint, che condividono lo stesso formato). La scelta possibile è fra il formato **Microsoft Office Open XML** (cioè il formato nativo di Office, di cui parleremo nel Capitolo 2) e i formati **OpenDocument**. Quest'ultimo è il formato di OpenOffice, la famosa suite da ufficio gratuita.
Dalla versione 2010, infatti, Office supporta in modo nativo (cioè senza bisogno di installare nient'altro) il formato Open Office.

NOTA

Questo supporto era già stato aggiunto in Office 2007 con il Service Pack 2 (SP2); ora, invece, è un supporto nativo.

La prima volta che si apre uno dei programmi Office bisogna scegliere quale formato si vuole usare come predefinito per i propri file.
Se non si hanno esigenze particolari, conviene senz'altro scegliere il formato proprio di Office, Microsoft Office Open XML, selezionando l'opzione relativa e premendo Ok. Questa scelta, comunque, non è definitiva: è sempre possibile cambiare il formato predefinito; più avanti vedremo come fare.

L'interfaccia della barra multifunzione

Nella parte alta della finestra di Word, trovate il "cervello" del suo funzionamento, la **barra multifunzione** o ribbon, nella sua denominazione originale in inglese.
Si tratta di un'area con diverse schede che contengono i comandi relativi a diversi argomenti o funzioni. Le prime schede tendono a essere uguali in tutti programmi Office; man mano che ci si sposta verso destra, si trovano schede più specifiche per il programma in uso, che nel nostro caso è Word. La scheda più a sinistra è **Home**, che contiene i comandi per la formattazione, la copia e l'incollaggio dei dati e dei formati.

> **NOTA**
> A sinistra della scheda Home si trova sempre la scheda File, ma si tratta di una scheda speciale e ne parleremo in modo più dettagliato più avanti.

In terza posizione, appena a destra della scheda **Home**, si trova sempre la scheda **Inserisci**, con gli strumenti per inserire immagini, grafici e oggetti di vario tipo. Per passare da una scheda all'altra basta fare clic sul suo nome. La Figura 1.4 mostra la scheda **Inserisci**.

Figura 1.4 - La scheda Inserisci.

> **NOTA**
> L'aspetto dei comandi sulla scheda potrebbe variare leggermente rispetto a quello che ciascuno vede sul proprio computer: la barra multifunzione, in qualche modo, si adatta alle dimensioni della finestra di Word, riducendo le icone, nascondendo le loro etichette ecc., in base allo spazio disponibile.

In ogni scheda i comandi sono divisi in gruppi di funzioni omogenee. Ciascun gruppo ha un nome. Nel caso della scheda della Figura 1.4, i gruppi presenti sono Pagine, Tabelle, Illustrazioni, App, Elementi multimediali, Collegamenti, Commenti, Intestazione e piè di pagina, Testo, Simboli.
In ogni gruppo si trovano pulsanti o menu per accedere alle funzioni che vi occorrono. I pulsanti che fanno accedere a un menu sono caratterizzati da una piccola freccia rivolta verso il basso, come il pulsante **Capolettera** del gruppo **Testo** (Figura 1.5).

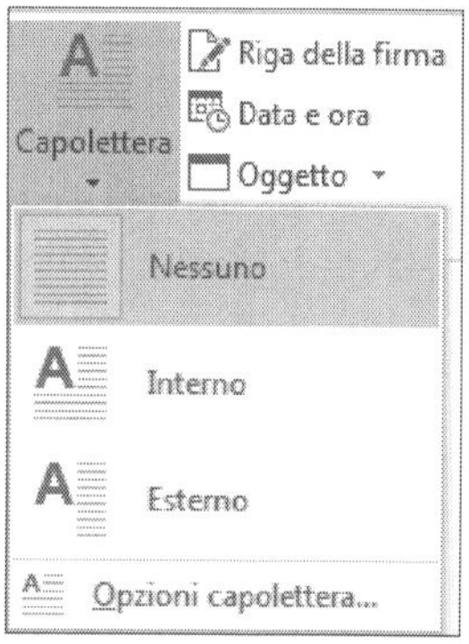

Figura 1.5 - Il menu attivato dal pulsante Capolettera.

Ci sono, poi, dei pulsanti divisi in due parti: è il caso, per esempio, del pulsante **Incolla**, nel gruppo **Appunti** della scheda **Home**. Basta passare con il puntatore del mouse sul pulsante per rendersene conto: le due parti che costituiscono il pulsante risultano evidenziate in modo diverso (Figura 1.6).

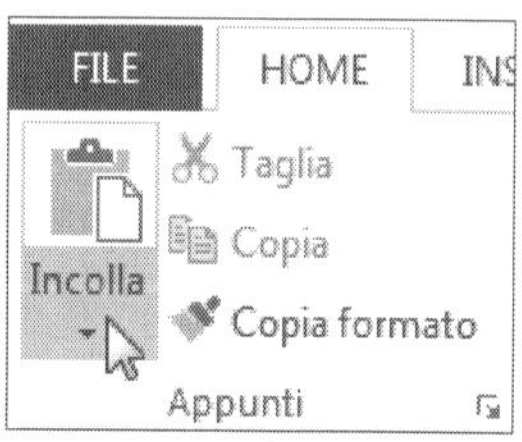

Figura 1.6 - Il pulsante Incolla è un pulsante diviso.

Il pulsante **Incolla** è diviso in verticale, ma la divisione potrebbe anche essere orizzontale. La parte in alto (o a sinistra, se la divisione è orizzontale) di un pulsante diviso si comporta come un pulsante vero e proprio e avvia l'operazione più comune che si può attivare con quel pulsante (una semplice operazione Incolla, in questo caso specifico). La parte in basso (o a destra) apre, invece, un menu con un elenco di azioni diverse (fra cui anche quella che si ottiene con la parte superiore o sinistra), sempre collegate al compito del pulsante (**Incolla speciale** e altre operazioni Incolla, in questo caso specifico).

Tornando ai gruppi, notate che nell'angolo in basso a destra di alcuni di essi si trovano piccoli pulsanti chiamati **Pulsanti di visualizzazione** (Figura 1.7).

Figura 1.7 - Il pulsante di visualizzazione del gruppo Carattere della scheda Home.

Questi pulsanti di visualizzazione servono per aprire una finestra di dialogo o un pannello con comandi aggiuntivi per il gruppo a cui appartiene il pulsante stesso.
I pannelli e le finestre di dialogo che potete aprire in questo modo sono quasi identici a molte delle finestre di dialogo delle versioni di Office precedenti alla 2007.
Oltre alle schede visibili normalmente, nella barra multifunzione ce ne sono alcune che compaiono solo quando l'operazione che state compiendo lo richiede. Facciamo subito un esempio relativo a queste schede aggiuntive.
Inseriremo un'immagine e visualizzeremo la scheda che contiene i comandi per la gestione dell'immagine stessa.
Per inserire un'immagine basta fare clic sul pulsante **Immagini** del gruppo **Illustrazioni** della scheda **Inserisci**.
Poi non dovete fare altro che selezionare l'immagine che volete inserire, usando la finestra **Inserisci immagine**.
Una volta inserita l'immagine, fate clic su di essa: nella barra multifunzione comparirà la nuova scheda **Formato** degli **Strumenti immagine** (Figura 1.8).

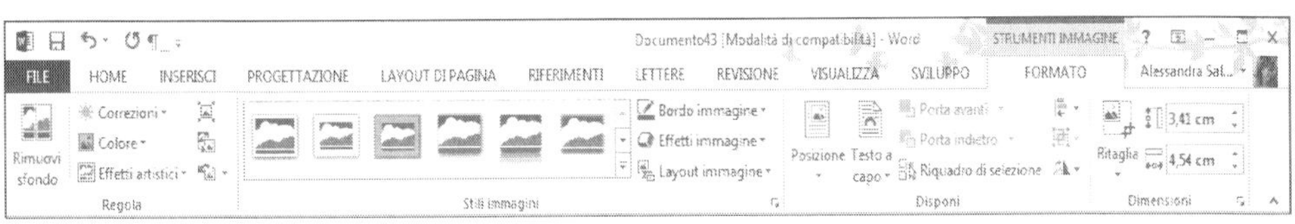

Figura 1.8 - I comandi per la gestione dell'immagine.

Le schede aggiuntive, come gli **Strumenti immagine**, sono contestuali e scompaiono se deselezionate l'oggetto per cui forniscono comandi aggiuntivi, in questo caso l'immagine.
Le schede aggiuntive, in alcuni casi, sono, in realtà, gruppi di più schede. Per esempio, quando si seleziona un grafico, Word mostra due schede aggiuntive: **Progettazione** e **Formato** (Figura 1.9). Le due schede sono raggruppate al di sotto del nome comune **Strumenti grafico**.

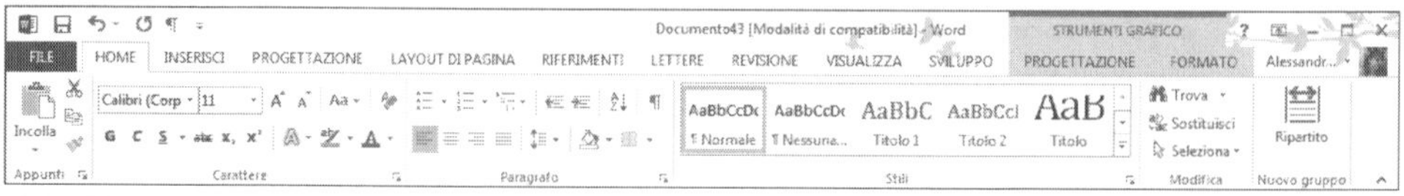

Figura 1.9 - Le schede aggiuntive per la gestione dei grafici.

La schermata File

La scheda **File**, posta a sinistra di tutte le schede della barra multifunzione, è, per la verità, una scheda un po' diversa dalle altre, perché, quando la si attiva, il suo contenuto non si limita all'area della barra multifunzione, ma copre completamente il documento che si stava guardando: si apre, infatti, la cosiddetta vista **Office Backstage** (Figura 1.10).

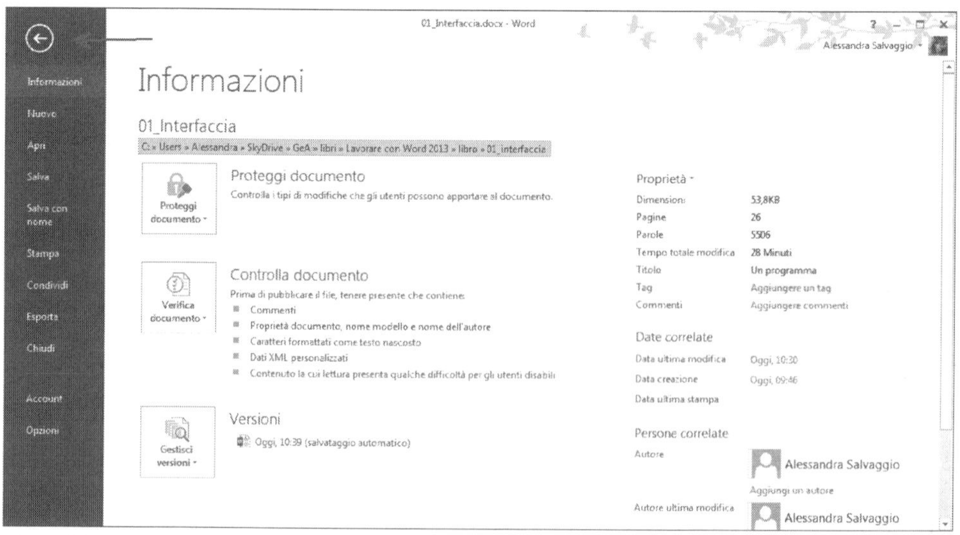

Figura 1.10 - La vista Office Backstage.

> **NOTA**
> Una volta che vi siete portati nel Backstage, per tornare a vedere il file su cui stavate lavorando, basta fare clic sulla freccia in alto a sinistra.

Da quest'area si possono compiere le operazioni più comuni, come salvare file, aprirli, stamparli, crearne di nuovi. In pratica, qui si trovano tutte le funzioni che nelle versioni di Office precedenti alla 2007 erano collocate nel menu **File**.

Per esempio, per creare un nuovo file, basterà fare clic sulla scheda **Nuovo**, quindi, nell'area a destra, fare clic su **Documento vuoto**.

NOTA In realtà, potete creare anche documenti in parte precompilati, cioè basati su uno specifico modello. Di questo parleremo verso la fine del libro, nel Capitolo 22.

Per aprire gli ultimi file utilizzati, invece, potete fare clic su **Apri** (Figura 1.11).

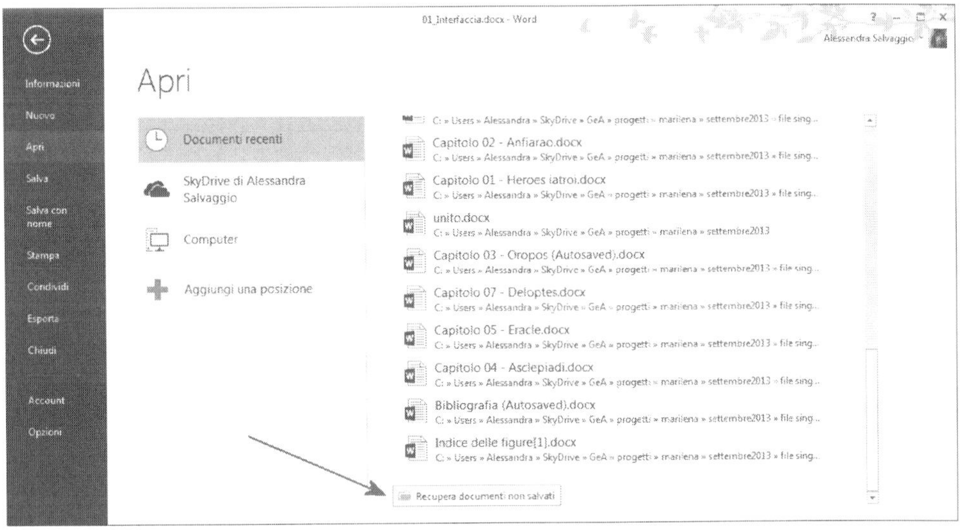

Figura 1.11 - La scheda Apri del Backstage.

Nell'area più a destra sono elencati gli ultimi file aperti: basta fare clic sul loro nome per riaprirli. Se passate con il mouse, senza fare clic, sul nome di un file recente, comparirà a destra l'icona di una puntina: se si fa clic su di essa, si "blocca il file", in modo tale che, indipendentemente da altri file che possono essere aperti, quel file sia sempre presente nella scheda **Apri** e quindi sia rapidamente accessibile. Per sbloccare un file basta fare di nuovo clic sulla puntina.
Nella parte centrale della schermata, sotto la voce **Cartelle recenti**, trovate i collegamenti per aprire file dal computer o dal server **SkyDrive**. Se fate clic su uno dei due collegamenti, vedrete le ultime cartelle usate in quelle posizioni e il pulsante **Sfoglia** per accedere alle cartelle non elencate qui.

NOTA Se usate il pulsante **SkyDrive** di..., i file verranno aperti direttamente dal server online. Se sul vostro PC c'è una cartella sincronizzata con SkyDrive e volete aprire i file locali (che poi, ovviamente, saranno sincronizzati con quelli remoti), usate il pulsante **Computer**.

Se scegliete di salvare il file in **SkyDrive**, Word si connetterà al vostro account sul server SkyDrive e caricherà il file direttamente in remoto (Figura 1.12).

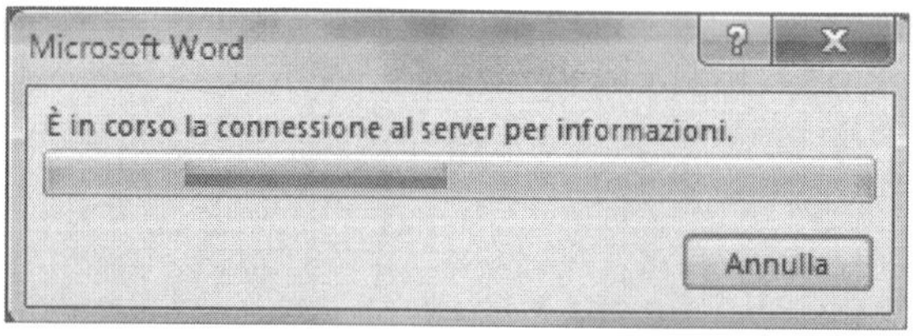

Figura 1.12 - Office si connette a SkyDrive.

NOTA

Chi usava già SkyDrive per sincronizzare, mediante la app SkyDrive, una cartella del proprio PC con i server SkyDrive, prima di installare Office 2013 potrebbe avere difficoltà a usare questa funzionalità di caricamento automatico su SkyDrive. Sicuramente Microsoft si adopererà per risolvere questo problema, ma, qualora vi capitasse, fate clic col tasto destro del mouse sull'icona dell'applicazione SkyDrive in basso a destra nella barra delle applicazioni di Windows e scegliete la voce **Impostazioni**. Nella finestra che vi si presenta (Figura 1.13), deselezionate l'opzione **Usa Office per sincronizzare più rapidamente i file e utilizzarli contemporaneamente ad altre persone.**
Quando poi salvate i file, salvateli non in SkyDrive, ma nel computer, nella cartella sincronizzata dalla app SkyDrive. In questo modo sarà la app a caricare i file sul server e non ci saranno conflitti con Office.

Oltre a fornirvi la possibilità di accedere a queste due posizioni, Word vi permette di inserire uno o più pulsanti che puntano ad altre posizioni sul cloud.
Per aggiungere una scorciatoia a una nuova posizione, fate clic su **Aggiungi una posizione**. Scegliete se la posizione è su SharePoint o SkyDrive, quindi fornite l'indirizzo e-mail con cui eseguire l'accesso e poi, quando vi viene richiesta, la password legata a questo account. Tenete conto che la posizione che avete aggiunto sarà visibile non solo in Word, ma in tutti i programmi Office.
Naturalmente sarà sempre possibile, in un secondo momento, rimuovere la posizione aggiunta. Lo si fa sempre lavorando nel Backstage, ma nella scheda **Account**. Qui, nella parte bassa della banda centrale, trovate il servizio che avete aggiunto (Figura 1.14). Basta fare clic su **Rimuovi** per eliminarlo.

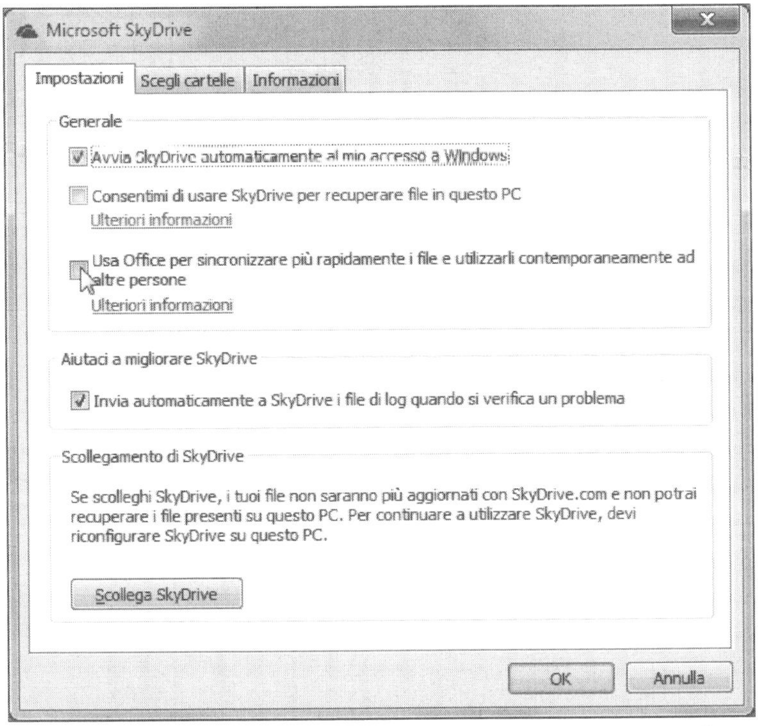

Figura 1.13 - Impedire a Office di caricare i file su SkyDrive per evitare conflitti con la app SkyDrive.

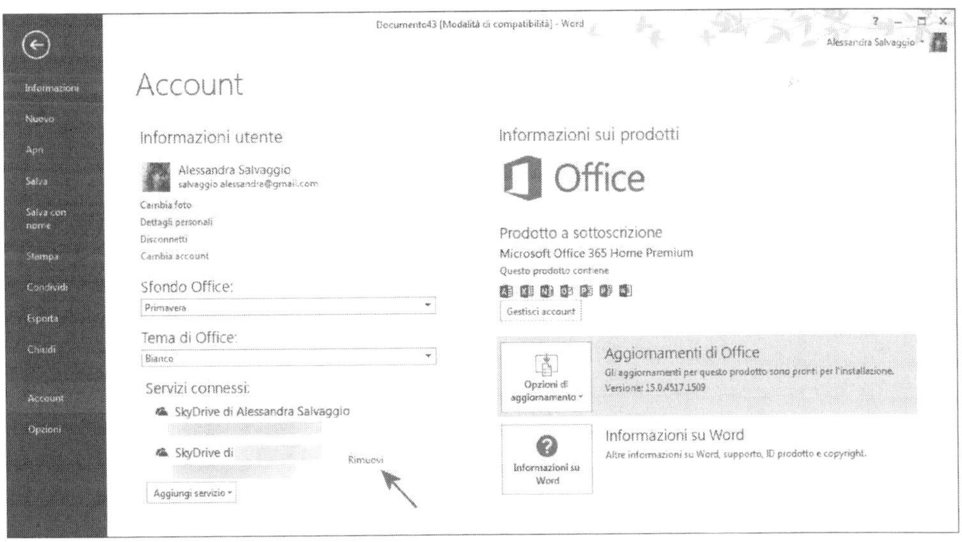

Figura 1.14 - Rimuovere una posizione aggiunta nel Backstage.

NOTA

Torneremo su questa finestra alla fine del capitolo per imparare ad aggiungere altri servizi al proprio Office.

Nella scheda **Apri** del **Backstage** si trova, però, anche una funzionalità molto utile, dedicata agli utenti distratti che dimenticano di salvare frequentemente i file.
Office, infatti, permette di recuperare gli ultimi file **non salvati** su cui avete lavorato: basta fare clic sul pulsante **Recupera documenti non salvati**, in basso a destra nella scheda **Recente** (nella Figura 1.11 è segnalato da una freccia).
Sarete immediatamente portati alla cartella **UnsavedFiles** da cui aprire l'ultimo file non salvato.
Per impostazione predefinita, infatti, l'ultimo file non salvato viene automaticamente memorizzato nella cartella **AppData\Local\Microsoft\Office\UnsavedFiles** all'interno della cartella con i dati dell'utente (diversa nelle diverse versioni di Windows).

NOTA

Per scegliere una nuova cartella di salvataggio e/o configurare le opzioni di autosalvataggio dell'ultimo file non salvato, occorre lavorare nella finestra **Opzioni**, di cui parleremo poco più sotto (Scheda **File**, voce **Opzioni**), alla sezione **Salvataggio** nella casella **Percorso file salvataggio automatico**.
Qui, oltre a cambiare la cartella in cui viene salvato l'ultimo file non salvato, è possibile disabilitare questa funzione di autosalvataggio, semplicemente deselezionando l'opzione **Mantieni l'ultima versione salvata automaticamente se si chiude senza salvare**.

Nel **Backstage** è stata integrata anche l'anteprima di stampa, accanto alle opzioni di configurazione della stampa. Quando si vuole stampare un documento, si fa clic sulla scheda **File**, quindi sul pulsante **Stampa**: immediatamente sulla sinistra si vedranno le opzioni disponibili per la stampa, mentre sulla destra l'anteprima di stampa del documento (Figura 1.15).
Il backstage contiene anche le schede **Salva** e **Salva con nome**, che permettono di salvare il file corrente. Queste schede, come **Apri**, consentono di accedere alle posizioni recenti, al computer e al proprio SkyDrive, quindi non richiedono particolari spiegazioni.
Per salvare file in formati diversi da quello predefinito (di formati di file parleremo meglio nel Capitolo 2), potete usare la scheda **Esporta** (Figura 1.16).

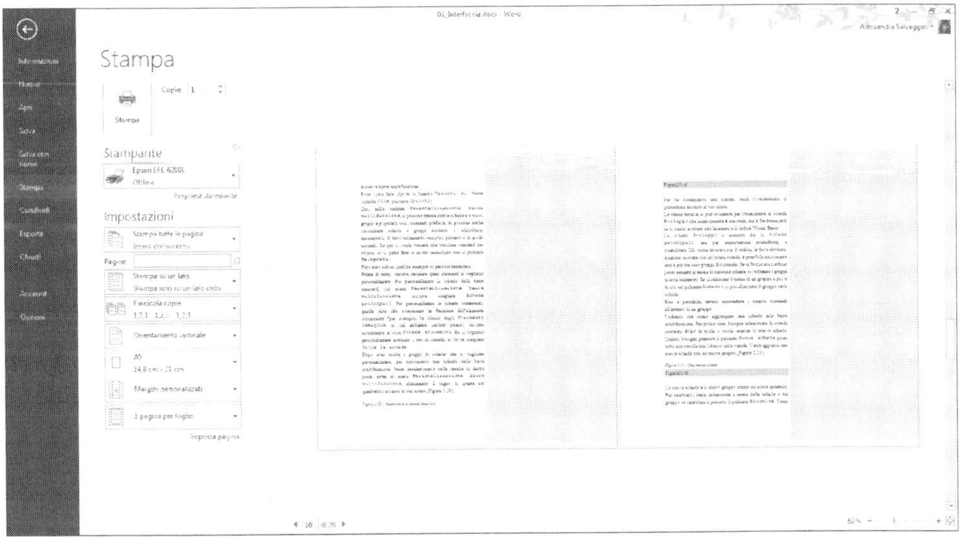

Figura 1.15 - Le opzioni di stampa e l'anteprima di stampa.

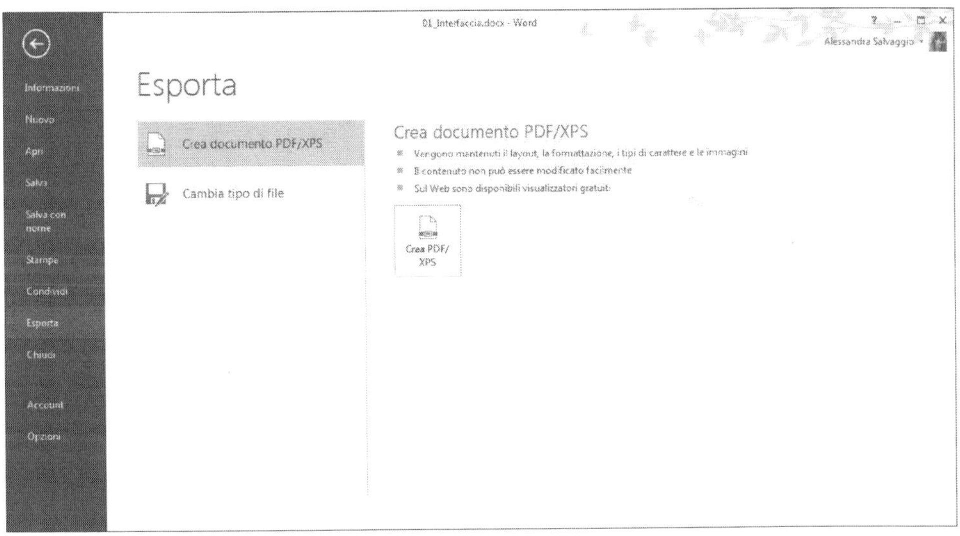

Figura 1.16 - La scheda Esporta del Backstage.

Come vedete, questa scheda permette il salvataggio in PDF (o XPS); per tutti gli altri formati disponibili, basta fare clic su **Cambia tipo di file** e poi scegliere il tipo in cui volete salvare il vostro file.

Sempre dal Backstage è possibile condividere con altri utenti i propri file.

Se vi portate alla sezione **Condividi** (Figura 1.17), avrete la possibilità di inviare un file come allegato di posta elettronica, pubblicarlo su un blog, condividerlo con altri utenti, pubblicarlo su un social network.

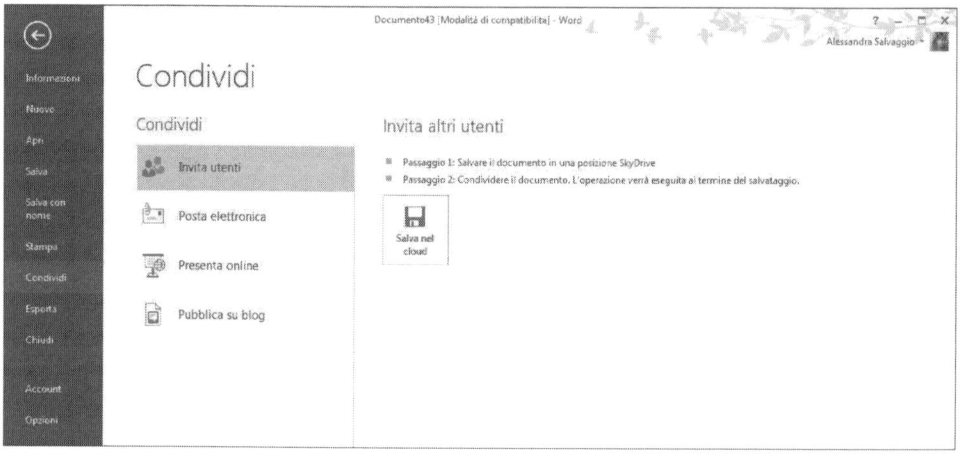

Figura 1.17 - Condividere un file.

NOTA

Per pubblicare un file su un social network bisogna prima aggiungere a Office l'account di quel social network. Spiegheremo come fare nell'ultima sezione del capitolo.

In particolare, per condividere un file con altri utenti, dovete fare clic su **Invita utenti**.

NOTA

Ovviamente, perché sia possibile condividere un file, questo deve essere salvato in SkyDrive.

Quindi, nella casella **Digitare nomi o indirizzi di posta elettronica**, scrivete l'indirizzo e-mail degli utenti con cui volete condividere il file. Eventualmente potete anche scrivere un messaggio che sarà aggiunto all'e-mail con cui sarà notificata la condivisione dei file. I destinatari della condivisione potranno modificare il file.

Oltre ai comandi analizzati fin qui e che prima si trovavano nel menu **File**, la vista **Backstage** permette anche di accedere a quei comandi che definiscono le opzioni di gestione dei programmi o dei file. Si tratta di opzioni che, nelle versioni di Office precedenti alla versione 2007, si trovavano nel menu **Strumenti** e che, a partire da Office 2007, sono state raggruppate in una finestra con più categorie che può essere aperta mediante il pulsante **Opzioni** nell'area **Backstage**.

La Figura 1.18 mostra la finestra **Opzioni di Word**.

Da questa finestra potete decidere qual è la cartella predefinita per il salvataggio dei file, la lingua per la correzione ortografica, i caratteri da visualizzare, le opzioni per la correzione automatica ecc.

Descriveremo più nel dettaglio alcune parti di questa finestra nel corso del libro.

Anche del Backstage ci sarebbe ancora molto da dire, ma incontreremo le sue varie parti più avanti.

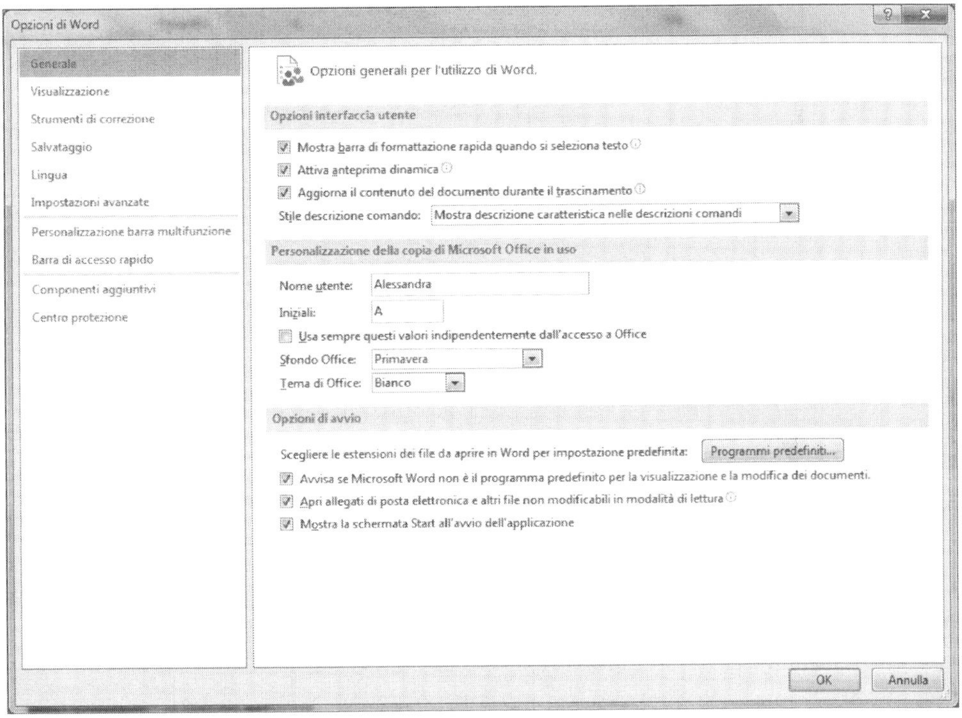

Figura 1.18 - La finestra Opzioni di Word.

Opzioni barra multifunzione

Se vi sembra che la barra multifunzione occupi troppo spazio (cosa che può succedere se si lavora con un PC con il monitor piccolo, come i net PC o i tablet), è bene tenere presente che essa può essere nascosta automaticamente oppure si può fare in modo di vedere solo le linguette coi nomi delle schede.

Nel primo caso basterà portarsi nella parte alta della finestra e fare clic sulla banda colorata che compare in alto per fare comparire nuovamente la barra, nel secondo basta fare clic sulla linguetta per far comparire i relativi comandi.
Per decidere come volete visualizzare la barra multifunzione, potete usare l'apposito pulsante (**Opzioni di visualizzazione della barra multifunzione**), posto in alto a destra. Facendo clic su di esso, comparirà una finestra dalla quale potrete fare la vostra scelta (Figura 1.19).

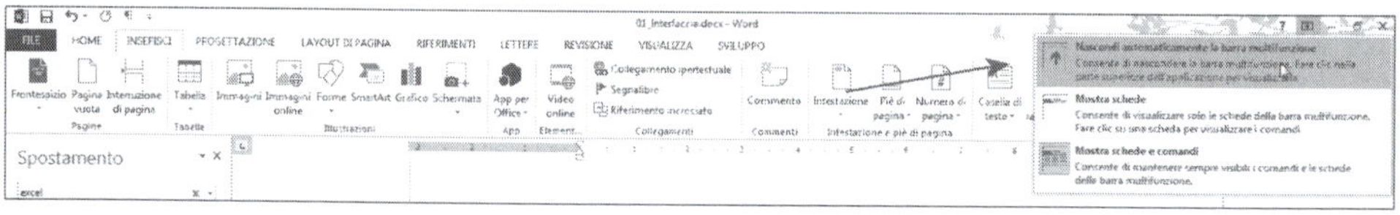

Figura 1.19 - Modificare le opzioni di visualizzazione della barra multifunzione.

Per nascondere i comandi della barra multifunzione, oltre a usare questo menu, potete fare semplicemente doppio clic sul nome della scheda attiva: rimarranno visibili solo le linguette che permettono lo spostamento fra una scheda e l'altra.
Il contenuto delle schede viene automaticamente riespanso quando si passa a una nuova scheda. Se si vuole tornare alla visualizzazione normale con le schede fisse ed espanse, basta fare nuovamente doppio clic sulla scheda attiva o ricorrere al menu mostrato prima.

Personalizzare la barra multifunzione

Uno dei limiti di Office 2007, almeno dal punto di vista degli utenti avanzati, era il sistema, per nulla immediato, con cui era possibile personalizzare la barra multifunzione, che è stata introdotta proprio in quella versione. Era necessario ricorrere a Visual Studio, codice XML e/o programmi di terze parti. Office 2010 ha risolto il problema, permettendo la modifica del ribbon in modo semplice e interattivo. Office 2013 mantiene questa possibilità. Anche se si tratta di un argomento più avanzato, lo tratteremo qui, presentando la barra multifunzione.
Ecco come fare. Aprite la finestra **Opzioni di Word** (scheda **File**, pulsante **Opzioni**).
Qui, nella sezione **Personalizzazione barra multifunzione**, si possono creare nuove schede e/o nuovi gruppi e popolarli con i comandi preferiti. Si possono anche rinominare schede e gruppi esistenti o, addirittura, nasconderli. Il tutto in pochi secondi, utilizzando semplici pulsanti. Se poi si vuole tornare alla versione standard del ribbon, lo si potrà fare in modo immediato con il pulsante **Reimposta**.
Facciamo subito qualche esempio di personalizzazione.

Prima di tutto, occorre decidere quali elementi si vogliono personalizzare. Per personalizzare le schede della barra standard, dal menu **Personalizzazione barra multifunzione** occorre scegliere **Schede principali**. Per personalizzare le schede contestuali, quelle cioè che compaiono in funzione dell'elemento selezionato (per esempio, le schede degli **Strumenti immagine** di cui abbiamo parlato prima), occorre selezionare la voce **Schede strumenti**. Se si vogliono personalizzare entrambi i tipi di schede, si dovrà scegliere **Tutte le schede**.
Dopo aver scelto i gruppi di schede che si vogliono personalizzare, per nascondere una scheda della barra multifunzione, basta deselezionarla nella casella di destra posta sotto il menu **Personalizzazione barra multifunzione**, eliminando il segno di spunta nel quadratino accanto al suo nome (Figura 1.20).

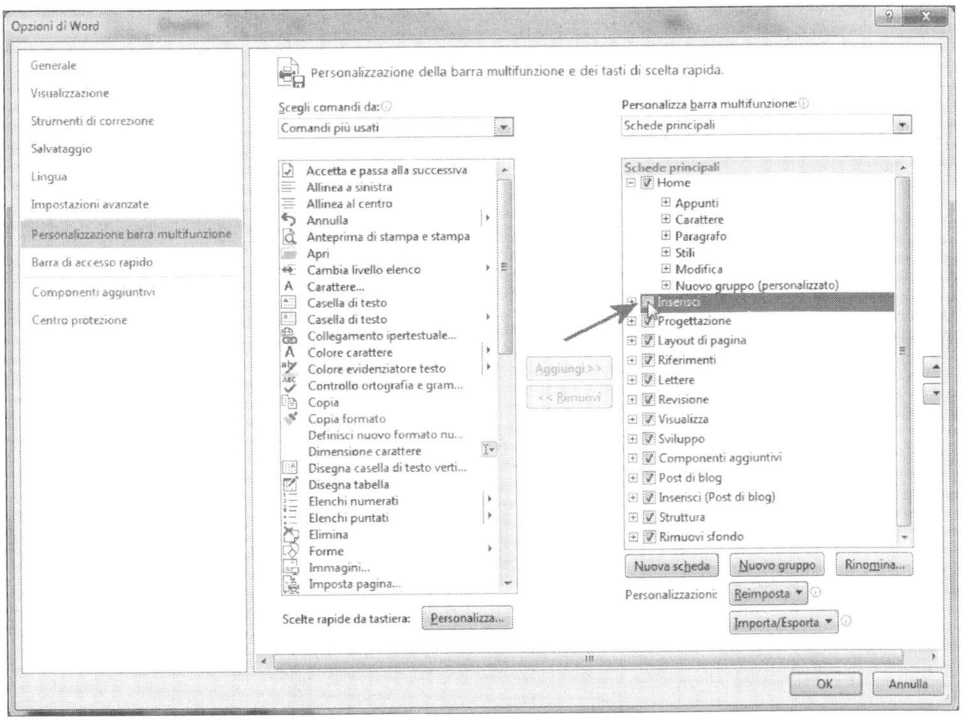

Figura 1.20 - Nascondere la scheda Inserisci.

Per far ricomparire una scheda, basta riselezionare il quadratino accanto al suo nome. La stessa tecnica si può utilizzare per visualizzare la scheda **Sviluppo**, normalmente nascosta, ma fondamentale se si vuole lavorare con le macro e il codice Visual Basic. La scheda **Sviluppo** è elencata fra le **Schede principali**, ma, per impostazione predefinita, è disabilitata. Chi vuole lavorare con il codice deve abilitarla.

Anziché lavorare con un'intera scheda, è possibile nascondere uno o più dei suoi gruppi di comandi. Se si fa clic sul simbolo posto accanto al nome di ciascuna scheda, si vedranno i gruppi in essa contenuti. Se si seleziona il nome di un gruppo e poi si fa clic sul pulsante **Rimuovi**, si può eliminare il gruppo dalla scheda.
Non è possibile, invece, nascondere i singoli comandi all'interno di un gruppo.
Vediamo ora come aggiungere una scheda alla barra multifunzione. Per prima cosa, bisogna selezionare la scheda esistente **dopo** la quale si vuole inserire la nuova scheda. Quindi, bisogna premere il pulsante **Nuova scheda** posto sotto la casella con l'elenco delle schede. Verrà aggiunta una nuova scheda con un nuovo gruppo (Figura 1.21).

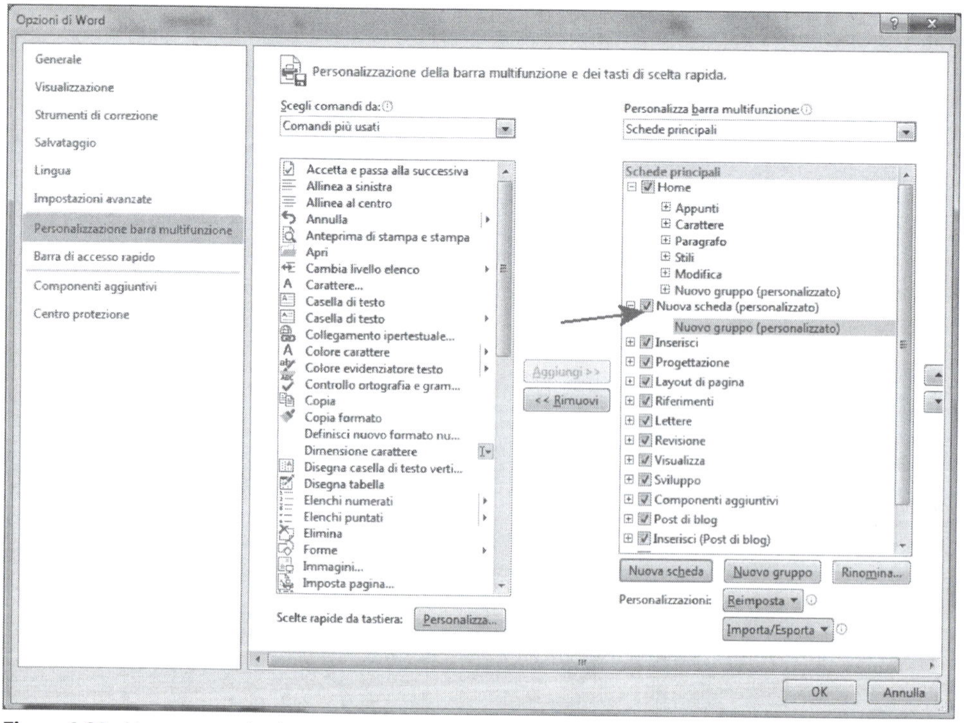

Figura 1.21 - Una nuova scheda.

La nuova scheda e il nuovo gruppo hanno un nome generico. Per cambiarli, basta selezionare il nome della scheda o del gruppo da cambiare e premere il pulsante **Rinomina**. Verrà mostrata una finestra in cui digitare il nuovo nome.

NOTA

Allo stesso modo possono essere rinominati gruppi e schede già esistenti.

Il nuovo gruppo è vuoto. Vediamo come riempirlo di comandi. La tecnica che descriveremo consente di inserire nuovi comandi anche nelle schede standard della barra multifunzione. In questo caso, però, è bene precisare che non si possono aggiungere comandi a gruppi già esistenti, quindi, qualora se ne vogliano aggiungere di nuovi a una scheda, si devono predisporre uno o più nuovi gruppi per accogliere questi nuovi comandi. Per aggiungere un gruppo a una scheda, personalizzata o standard che sia, occorre selezionarla e premere il pulsante **Nuovo gruppo**.
I comandi disponibili da aggiungere alle schede sono presentati nella casella di sinistra. Prima, dall'elenco a discesa **Scegli comandi da**, si può scegliere da dove si vogliono recuperare i nuovi comandi.
Le opzioni disponibili sono:

- comandi più utilizzati;
- comandi non presenti sulla barra multifunzione;
- tutti i comandi;
- macro;
- scheda File;
- tutte le schede;
- schede principali;
- schede strumenti;
- schede e gruppi personalizzati.

Una volta che si è scelto da dove recuperare i comandi che si desiderano, si può individuare il comando da inserire nella casella sotto il menu a discesa e selezionarlo, quindi premere il pulsante **Aggiungi** per aggiungere il comando al gruppo selezionato. Con il tasto **Rimuovi** lo si può eventualmente eliminare di nuovo.
Un altro aspetto interessante della personalizzazione della barra multifunzione è la possibilità di esportare le proprie personalizzazioni e quindi importarle su un altro computer. Naturalmente la personalizzazione della barra vale per il ribbon del programma in cui è stata effettuata e non è possibile importare ed esportare la personalizzazione del ribbon fra un applicativo e l'altro. Le personalizzazioni vengono salvate in un file con estensione .ribbonUI. Si tratta di un file XML (può essere facilmente aperto con blocco note) che descrive le nuove schede e/o gruppi.
Per esportare il proprio ribbon personalizzato, si deve premere il pulsante **Importa/Esporta**, quindi scegliere **Esporta**. Se, invece, si desidera importare una barra multifunzione personalizzata, basta premere il pulsante **Importa/Esporta**, quindi scegliere **Importa**.
Un limite di questo strumento è il fatto che non è possibile scegliere se la personalizzazione deve essere applicata al singolo file o a tutto l'applicativo: verrà sempre personalizzata la barra dell'intera applicazione su cui si sta lavorando.

La barra di accesso rapido

La barra degli strumenti **Accesso rapido** (Figura 1.22) si trova appena sopra la barra multifunzione, sulla sinistra accanto al logo di Word, e vi fornisce un accesso veloce e diretto agli strumenti che si usano più di frequente.

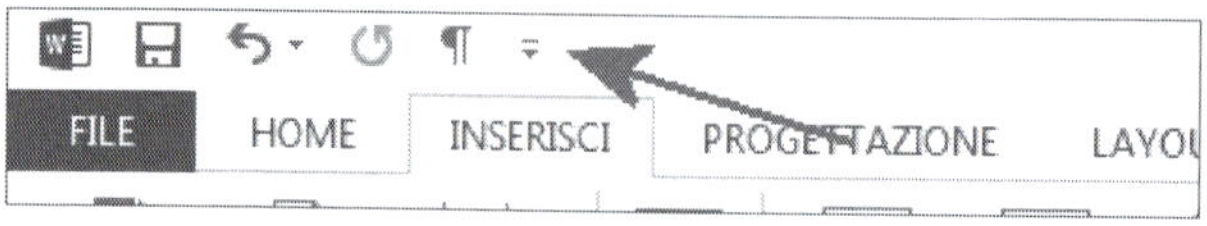

Figura 1.22 - La barra di accesso rapido.

Per impostazione predefinita, contiene tre pulsanti che permettono, da sinistra a destra, di salvare il file su cui state lavorando, annullare l'ultima operazione effettuata e ripetere l'ultimo testo digitato.
La barra di accesso rapido può essere personalizzata in modo da contenere i pulsanti per attivare i comandi che si usano più frequentemente. Questi pulsanti possono essere aggiunti a Word nel suo complesso oppure a uno specifico file.

> **NOTA**
> Non è possibile aggiungere pulsanti alla barra di accesso rapido di un file salvato in un formato di file precedente a Office 2007 (modalità di compatibilità, ne parleremo nel Capitolo 2). Occorre prima convertirlo al nuovo formato di file.

Aggiungere un pulsante è abbastanza semplice: fate clic sulla piccola freccia posta all'estrema destra della barra di accesso rapido (Figura 1.23).

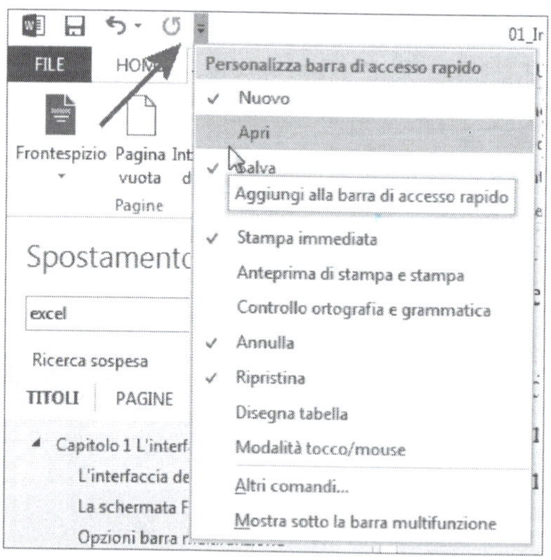

Figura 1.23 - Personalizzare la barra di accesso rapido.

In questo menu potete selezionare i comandi che volete aggiungere alla barra di accesso rapido. Se il comando che vi occorre non è disponibile in questo menu, scegliete la voce **Altri comandi**. Office vi aprirà la finestra **Opzioni** alla sezione **Barra di accesso rapido** (Figura 1.24).

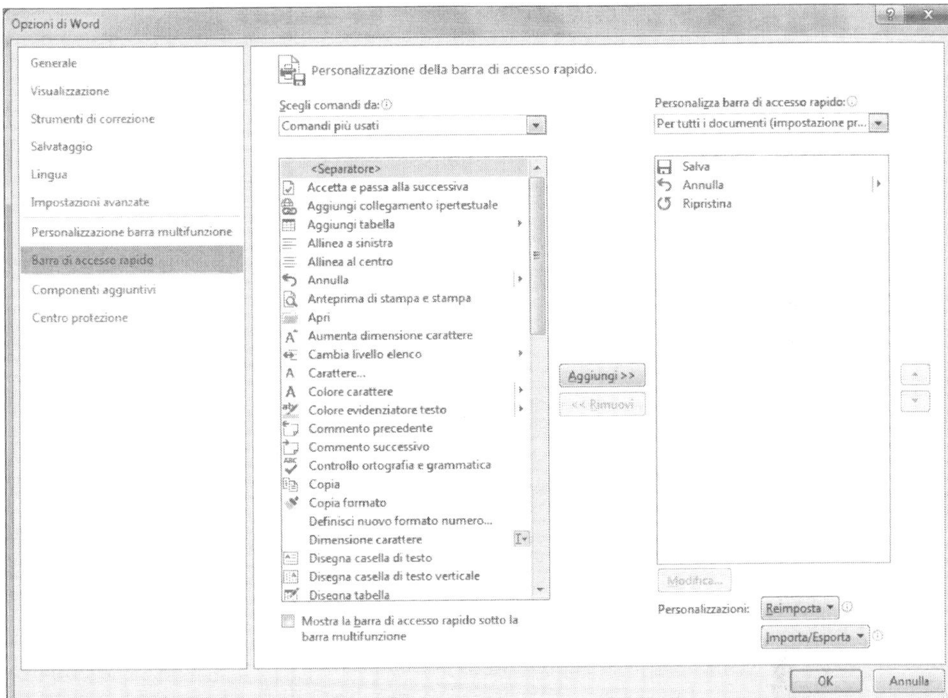

Figura 1.24 - La finestra Opzioni alla scheda Personalizzazioni.

Come prima operazione, dal menu a discesa Personalizza barra di accesso rapido (quello più a destra), scegliete la voce **Per tutti i documenti (impostazione predefinita)**, se volete personalizzare la barra per tutti i file del programma in cui state lavorando, oppure scegliete il file a cui associare la barra di accesso rapido personalizzata.

NOTA

Come per la barra multifunzione, anche la personalizzazione della barra di accesso rapido è limitata al programma in uso, nel nostro caso Word. Se desiderate personalizzare la barra di accesso rapido degli altri programmi Office, dovete ripetere la procedura che stiamo descrivendo all'interno dei singoli programmi.

Poi, dal menu a discesa **Scegli comando da**, scegliete il nome della scheda che contiene il comando che volete aggiungere alla barra di accesso rapido. Per esempio, se volete aggiungere il pulsante per inserire un'immagine, scegliete la scheda **Inserisci**. Ora Word vi mostra tutti i comandi della scheda che avete scelto nella casella sotto l'elenco a discesa che avete appena usato. Individuate e selezionate il comando che vi occorre (nel nostro caso **Immagine da file**), poi premete il pulsante **Aggiungi** che trovate al centro della finestra. Il comando selezionato comparirà nel riquadro a destra.
Se volete, potete aggiungere più di un comando alla volta alla barra di accesso rapido ed eventualmente modificarne l'ordine con le frecce poste alla destra del riquadro che ospita i comandi che compariranno sulla barra.
Una volta selezionati tutti i comandi che desiderate, premete Ok. I comandi selezionati compariranno sulla barra di accesso rapido.
Se volete ripristinare la barra di accesso rapido con i soli pulsanti standard, riaprite la finestra **Opzioni** alla scheda **Personalizzazioni** (Figura 1.24) e premete il pulsante **Reimposta**.
Anche la barra di accesso rapido personalizzata può essere importata ed esportata esattamente come abbiamo visto per la barra multifunzione.

Personalizzare Office

Nelle sezioni precedenti abbiamo visto come personalizzare la barra multifunzione, la barra di accesso rapido e, in parte, il Backstage, ma non ci siamo ancora occupati della personalizzazione di Office nel suo complesso. In particolare, è possibile scegliere una nuova grafica per il decoro mostrato nell'angolo in alto a destra e una nuova combinazione di colori.
Inoltre è possibile nascondere la schermata Start (Start Screen).
Per la gestione dei colori e della grafica, bisogna lavorare nel **Backstage**, alla scheda **Account** (Figura 1.14), che abbiamo già avuto modo di incontrare quando abbiamo spiegato come aggiungere altre posizioni alla scheda **Apri**.
Lo scopo principale della scheda **Account** è proprio quello di gestire l'account con cui si accede a Office; essa consente anche di personalizzarne l'interfaccia, tramite gli elenchi a discesa **Sfondo di Office** e **Tema di Office**. Il primo permette di scegliere la grafica da mostrare nell'angolo in alto a destra, il secondo la combinazione di colori in uso.
In realtà, le tre combinazioni di colori (**Bianco**, **Grigio chiaro** e **Grigio scuro**) non si differenziano molto e l'interfaccia rimane comunque piuttosto chiara. Dal punto di vista del contrasto visivo, la combinazione **Grigio scuro** mi sembra la migliore, anche se rende completamente grigi tutti gli elementi dell'interfaccia.

Queste personalizzazioni, anche se apportate in Word, si riflettono in tutti i programmi Office.
Per eliminare la schermata iniziale, invece, bisogna lavorare nella finestra **Opzioni**, che, come sapete, va comunque aperta dal Backstage.
Lavorate nella scheda **Generale** e deselezionate l'opzione **Mostra la schermata Start all'avvio della applicazione**. Questa impostazione, a differenza delle precedenti, è specifica per ogni singola applicazione.

Gestire il proprio account e aggiungere servizi

Quando si installa Office, è necessario specificare il proprio account SkyDrive. In ogni momento, però, è possibile cambiare l'account con cui si accede a Office. Dalla stessa pagina, è anche possibile aggiungere nuovi servizi. Vediamo come.
Si lavora nella sezione **Account** della scheda **File** (Figura 1.14).
Qui, nella sezione **Informazioni utente**, potete fare clic su **Cambia account**. Vedrete una finestra che vi permette di specificare l'indirizzo e-mail dell'account SkyDrive da usare con Office. Poi premete **Accedi** per proseguire. Specificate la password di questo nuovo account e proseguite. D'ora in avanti potete usare Office con questo account.
Dalla sezione **Account** potete anche aggiungere nuovi servizi a Office, ad esempio il servizio Flickr per inserire nei documenti Office le proprie immagini pubblicate su questo sito, o YouTube in modo da poter poi inserire nei propri file Office i video di questo sito.
Fate clic su **Aggiungi servizio**, poi scegliete **Immagini e video** e quindi **Flickr**. Fornite i vostri dati di accesso a questo servizio e accettate la connessione (Figura 1.25).
D'ora in avanti potete inserire nei vostri file le immagini da Flickr.
Per YouTube procedete allo stesso modo. Non è necessario specificare alcuna password.
La scheda **Account** permette anche di connettere Office ai social network. Se, dal menu **Aggiungi servizio**, scegliete **Condivisione**, potete connettere Office a Facebook, Twitter o LinkedIn, naturalmente fornendo le vostre credenziali di accesso.
Una volta stabilita la connessione, potrete condividere i vostri file su questi social network, usando la scheda **Condividi** del Backstage, di cui abbiamo parlato prima.

NOTA

Una volta aggiunti in un programma Office, i servizi e le connessioni sono disponibili anche in tutti gli altri.

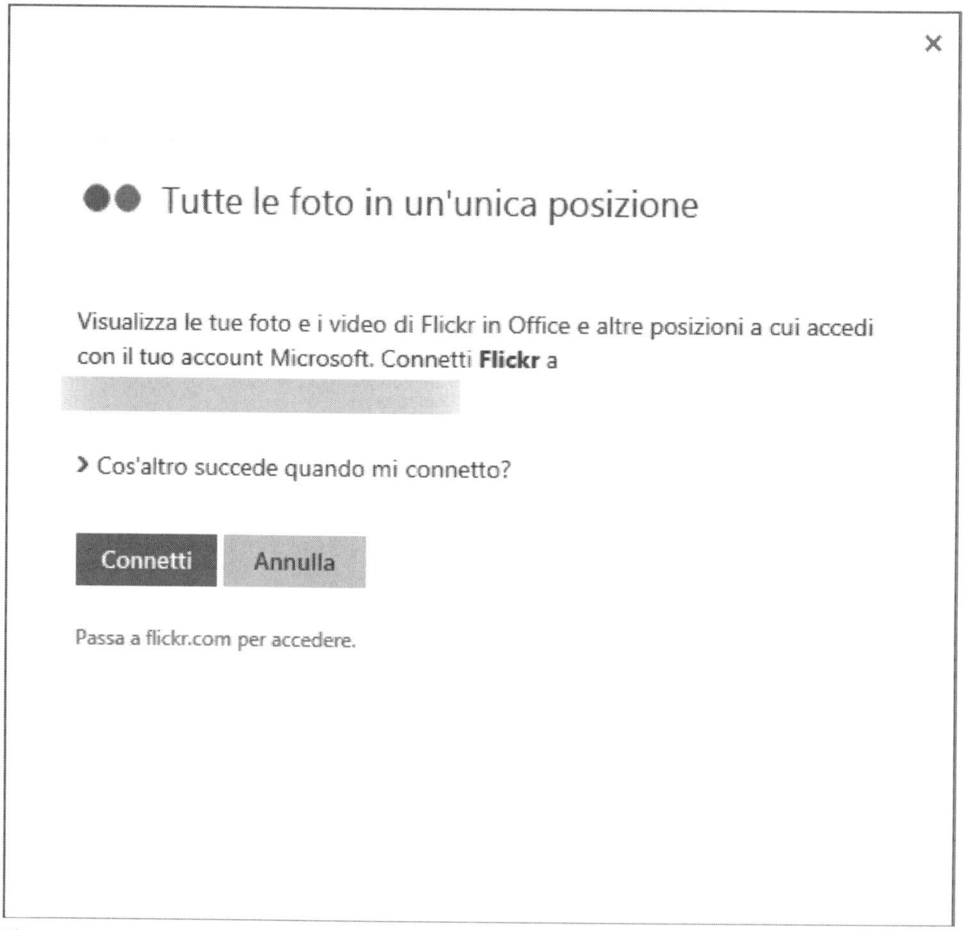

Figura 1.25 - Accedere a Flickr.

2

Il nuovo formato di file

Office 2013 mantiene il formato **Microsoft Office Open XML** introdotto con Office 2007, ma gli affianca un nuova versione di questo formato: Strict Open XML.

In Office 2007 è stato introdotto un nuovo formato di file per Word (per la verità, anche per i file Excel e PowerPoint). Questo nuovo formato è noto come **Microsoft Office Open XML** o OOXML e, come dice il nome stesso, è basato su XML.
I vantaggi offerti dal nuovo formato sono numerosi e, se non avete esigenze di scambio con altri utenti che usano altre versioni, è quasi sempre consigliabile utilizzarlo.
Cominciamo col presentarvi uno dei vantaggi più significativi: il nuovo formato di Word, Excel e PowerPoint è, di fatto, **XML**.
I lettori sapranno già che XML è un formato per descrivere contenuti e che i file XML sono file di testo. Le immagini e le informazioni di formattazione rimangono distinte dal testo.

NOTA

Le estensioni di questi file sono .docx, .xlsx e .pptx.

I formati di file delle precedenti versioni di Office generavano, invece, file binari che potevano essere letti solo dagli stessi programmi che li avevano generati o da programmi che contenevano filtri appositi (come OpenOffice.org).

NOTA

Le estensioni di questi file erano .doc, .xls e .ppt.

Ora, invece, per leggere i file salvati nel nuovo formato, non vi serve altro che un editor di testo (proprio come Blocco Note) e WinZip. Sul perché vi occorra WinZip torneremo più avanti.

Questo garantisce la massima **portabilità** dei vostri file, che possono essere liberamente letti e scambiati da chiunque. Inoltre, il fatto che le informazioni di formattazione siano distinte dai dati veri e propri vi permette di passare gli stessi dati da un programma all'altro senza difficoltà (purché i file siano opportunamente predisposti).

Vi chiederete come sia possibile salvare in un documento di testo qualcosa che appare complesso come documento Word.

Ebbene, XML ve lo permette grazie alle sue caratteristiche intrinseche. Esso consente, infatti, di usare le formattazioni definite in un file di stile esterno e di richiamare immagini e altri elementi anch'essi salvati in file esterni.

Un file XML, dunque, ha bisogno di una serie di altri file di appoggio. Word (come Excel e PowerPoint), però, crea un file solo per ogni cartella di lavoro. Come mai? Il file generato da Word, in realtà, è un file compresso, "zippato": noi vediamo un unico file, ma si tratta, in realtà, di una cartella che contiene diversi file XML.

Per fare qualche prova, partiremo da un file al quale abbiamo assegnato il nome *mesi*, salvato in formato Microsoft Office Open XML.

Se avete installato **WinZip** sul vostro computer, usatelo per scompattare questo file, altrimenti, se per compattare e scompattare i file usate l'utility **Cartella compressa**, si devono eseguire alcune operazioni preliminari.

Cartella compressa, infatti, riesce a gestire solo i file che hanno come estensione .zip e come icona la classica cartella gialla con la cerniera. Il file salvato da Office di fatto è un file zip, ma ha un'estensione diversa. Affinché Cartella compressa possa scompattare questo file, dobbiamo cambiargli l'estensione.

Vediamo come fare. Molto probabilmente, nelle risorse del computer non vedete l'estensione del file, dato che Windows, per impostazione predefinita, ve le nasconde.

Per poter cambiare un'estensione occorre vederla. Ecco come fare: visualizzate le risorse del computer (visualizzate pure il contenuto di una cartella qualsiasi o, se preferite, di quella che contiene il file di cui volete cambiare l'estensione) e scegliete **Strumenti > Opzioni Cartella**, oppure, se usate Windows 7, scegliete **Organizza > Opzioni Cartella e ricerca**. Windows aprirà la finestra **Opzioni Cartella**. Portatevi alla scheda **Visualizzazione**. Nella sezione **Impostazioni avanzate** trovate l'opzione **Nascondi le estensioni per i tipi di file conosciuti**: deselezionatela (Figura 2.1).

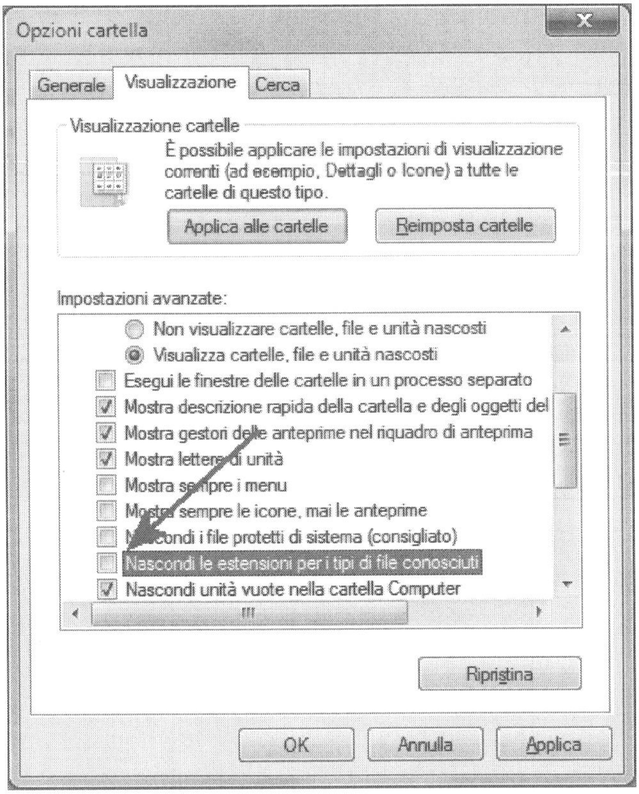

Figura 2.1 - Visualizzare le estensioni dei file.

Ora premete Ok per chiudere la cartella.
Se invece usate Windows 8, in Esplora file selezionate la scheda **Visualizza nella barra multifunzione** e, nel gruppo **Mostra/Nascondi**, spuntate la casella **Estensioni nomi file.**
Il file che abbiamo generato con Word 2013 ora apparirà come nella Figura 2.2 con l'estensione .docx, che è, appunto, l'estensione dei file Word 2013/2010 e 2007 (torneremo in seguito su questo argomento).

NOTA

Quando non avete più bisogno di vedere le estensioni dei file, potete nasconderle di nuovo, riaprendo la finestra **Opzioni Cartella** e selezionando nuovamente l'opzione **Nascondi le estensioni** per i tipi di file conosciuti. In Windows 8, deselezionate la casella **Estensioni nomi file** nella barra multifunzione di Esplora file.

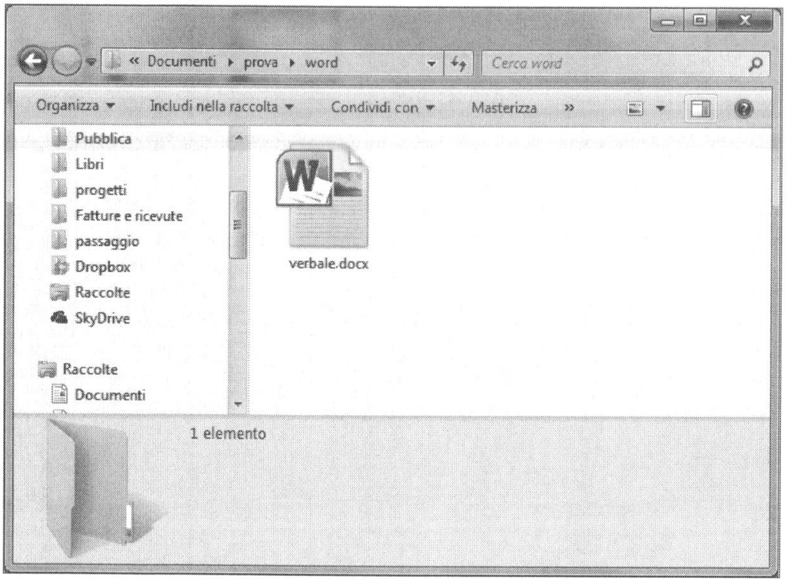

Figura 2.2 - Il file con la sua estensione.

Selezionate il file e rinominatelo: sostituite all'estensione .docx l'estensione .zip (naturalmente, Windows vi avvisa che, cambiando estensione, il file potrebbe non essere più utilizzabile; confermate e proseguite). Ora il file avrà l'icona della cartella con la cerniera (Figura 2.3), ma, per il resto, è rimasto immodificato.

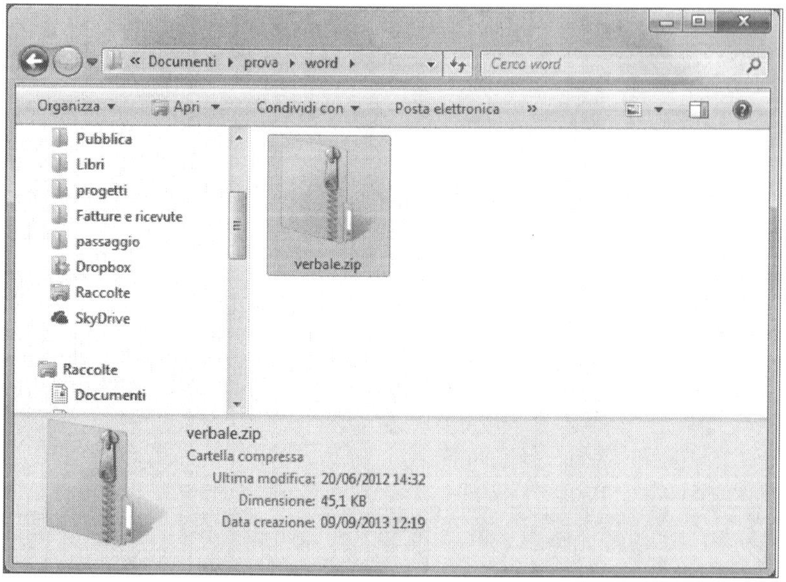

Figura 2.3 - Il file ora ha estensione .zip.

A questo punto, vi basta selezionare il file col tasto destro del mouse e, dal relativo menu contestuale, scegliere **Estrai tutto** per avviare la procedura di estrazione del file. Concludete la procedura di estrazione: alla fine avrete una cartella contenente diversi file XML (Figura 2.4).

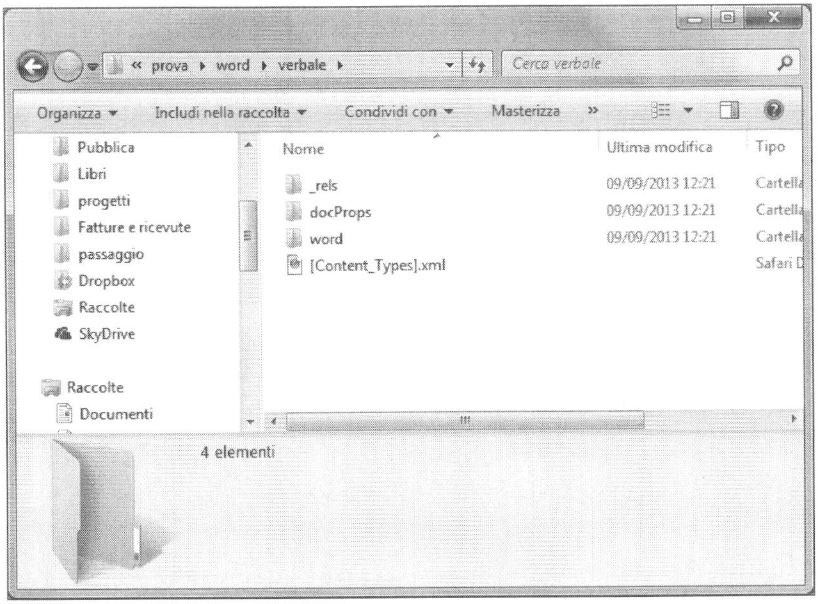

Figura 2.4 - Il file estratto.

Ci sono più file di quelli che costituiscono il sistema base XML, ma questo non importa (occorrerebbero spiegazioni eccessive per questa sede). Quello che importa, invece, è che, se entrate nella cartella che si chiama Word, trovate diversi file XML che descrivono il contenuto e l'aspetto del file verbale da cui siamo partiti. Il file document.xml contiene il testo del documento Word: fate clic su di esso con il tasto destro del mouse e scegliete **Apri con** e quindi **XML Editor** (o Blocco Note).
Vedrete subito il contenuto del vostro file "trasformato" in XML (Figura 2.5).

NOTA

In un file Word, Excel o PowerPoint ci sono anche elementi che non possono essere descritti in XML, come le immagini. In tal caso questi file sono aggiunti alla cartella che viene poi compressa e rimangono binari. Il file XML contiene i riferimenti a questi file.

NOTA

È anche possibile aprire questo file con Blocco Note, ma il testo sarebbe difficile da leggere perché tutto dello stesso colore e non indentato. Usiamo XML Editor solo per comodità.

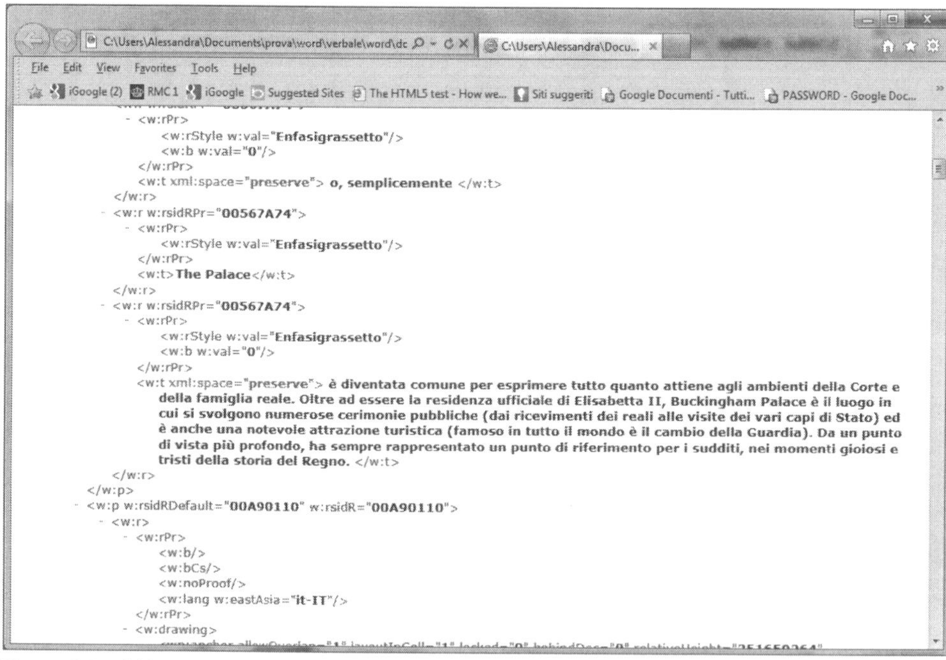

Figura 2.5 - Il file aperto con XML Editor.

Per la maggior parte degli utenti questa "conversione in XML" potrebbe non avere utilità immediata, ma chi ha la necessità di portare contenuti da un contesto all'altro avrà un netto vantaggio dall'uso di questo formato di file.

NOTA

Per poter aprire nuovamente il file originale con Word 2013 dovete uscire dalla cartella con i file estratti, individuare il file .zip e ricambiargli l'estensione in .docx.

Un vantaggio immediato dell'uso di questo formato di file (non convertito in .zip e scompattato, ma nel suo stato normale) è dato dalle sue dimensioni.
Essendo, come abbiamo visto, un file compresso, un file che usa il formato Microsoft Office Open XML è più piccolo di un file analogo salvato nei formati Office tradizionali (.doc, .xls, .ppt).

La Figura 2.6 mostra il file verbale che abbiamo utilizzato per gli esperimenti precedenti, sia in formato Microsoft Office Open XML, sia nel vecchio formato .doc.

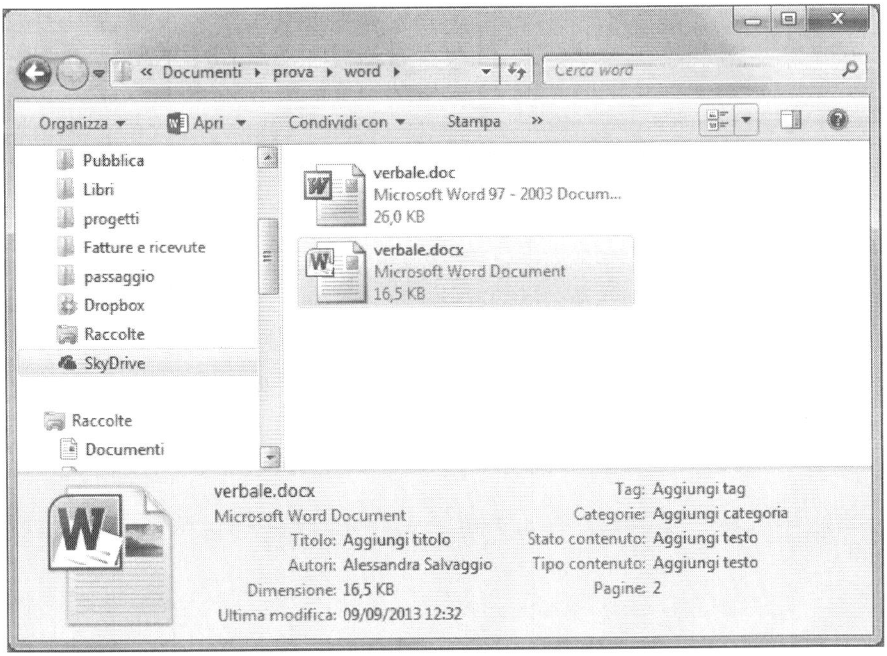

Figura 2.6 - Confronto fra le dimensioni di un file .docx e un file .doc.

Si tratta di un piccolo file, ma il vantaggio è evidente: 16,5 KB contro 20 KB.

L'evoluzione del formato Microsoft Office Open XML

Fin dal tempo della sua prima introduzione con Office 2007, Microsoft ha sottoposto il formato Office Open XML sia a **ECMA** (European Computer Manufacturers Association) sia a **ISO** (International Standards Organisation) perché fosse accettato come standard.
ISO ha contestato il fatto che il formato Office Open XML contenesse alcune caratteristiche di compatibilità all'indietro con i precedenti formati, non ben documentate, come la possibilità di disporre il documento come in Word 95.
Tutte queste funzionalità, secondo le richieste di ISO, devono essere considerate deprecate e via via eliminate dal formato Office Open XML.
Microsoft ha, dunque, definito una versione di Office Open XML priva di queste funzionalità, che è stata standardizzata come **Strict Office Open XML**; la versione precedente, comprendente queste funzionalità, è diventata standard con il nome di **Transitional Office Open XML.**

Sia Office 2007 sia Office 2010 sono in grado di leggere la versione Strict di Office Open XML, ma non di salvare in questo formato, dato che alcune loro caratteristiche interne necessitano di funzionalità escluse da Strict Office Open XML.
Office 2013, invece, è in grado di gestire pienamente Strict Office Open XML, cioè di aprire, modificare, salvare e creare file in questo formato.
Strict Office Open XML non è il formato predefinito di Office 2013 che utilizza normalmente la versione Transitional. Se vi occorre, potete comunque scegliere questo formato in fase di salvataggio (Figura 2.7).

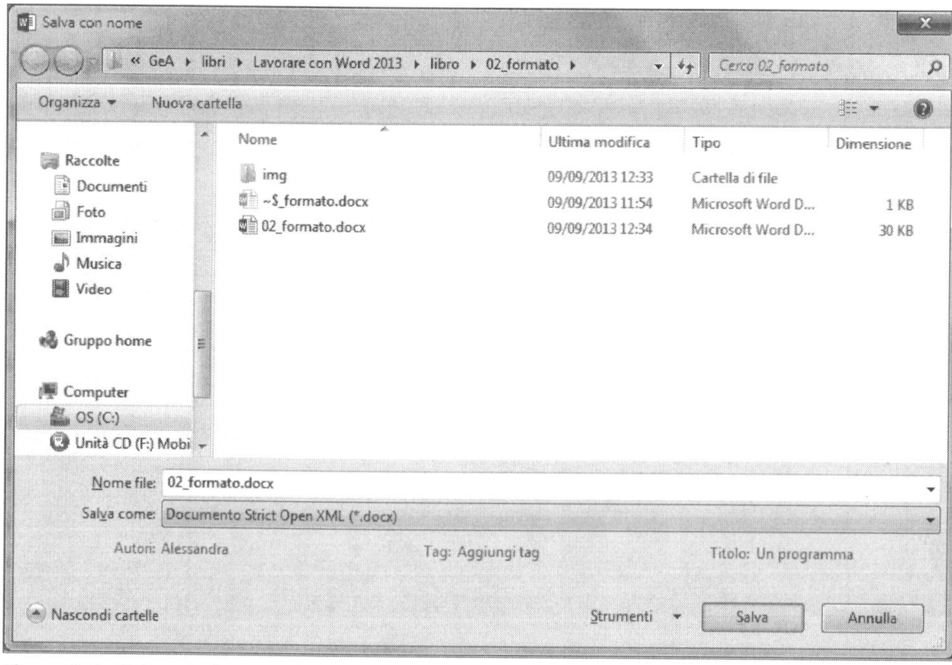

Figura 2.7 - Salvare in formato Strict Office Open XML.

È possibile, inoltre, rendere questo il formato predefinito. Per farlo, aprite la finestra **Opzioni** e, nella scheda **Salvataggio**, scegliete **Documento calcolo Open XML Strict (*.docx)** dall'elenco a discesa **Formato per il salvataggio dei file**.
Qualunque formato scegliate, tenete presente che i file Strict Office Open XML utilizzano la stessa estensione dei file Transitional Office Open XML (DOCX, XLSX, PPTX).

Differenze tra il formato Microsoft Office Open XML di Office 2013 e quello di Office 2010/07

Finora abbiamo considerato identico il formato di file di Word 2007, 2010 e 2013 nella versione Transitional. Di fatto lo è, ma ci sono alcune funzionalità introdotte dalle versioni più recenti di Word che non potranno poi essere lette dalle versioni più vecchie del programma.

In ogni caso, Word 2013 permette di verificare problematiche di compatibilità sia verso Word 2010/07, sia verso le versioni ancora precedenti.

Per rilevare eventuali problematiche di compatibilità di un file, portatevi alla scheda **File** e visualizzate la sezione **Informazioni**. Qui premete il pulsante **Verifica documento** e, dal relativo menu, scegliete **Verifica compatibilità**.

Vi verrà mostrata la finestra **Verifica compatibilità** (Figura 2.8) con il riepilogo di eventuali problemi di compatibilità.

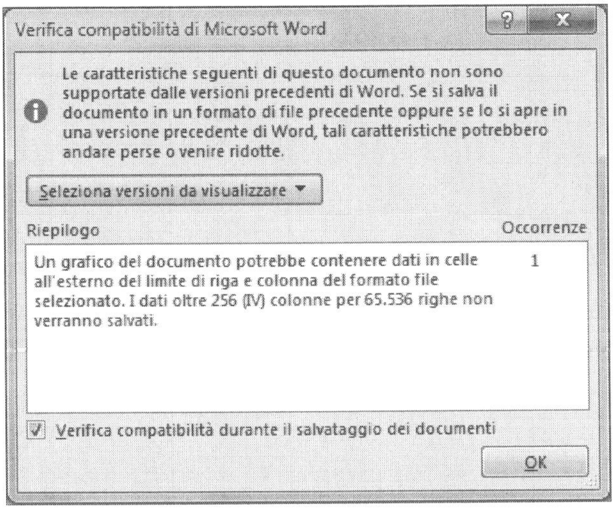

Figura 2.8 - La finestra Verifica compatibilità.

Per impostazione predefinita, vengono verificati i problemi di compatibilità verso tutte le versioni precedenti di Word a partire dalla 97-2003. Si può scegliere quale versione considerare nella verifica di compatibilità dall'elenco attivato dal pulsante **Seleziona la versione da visualizzare**.

Modalità di compatibilità

Word 2013, come già Word 2010/07, è in grado di aprire senza problemi i file delle precedenti versioni di Word. Questi vengono aperti nella cosiddetta **modalità di compatibilità**, che garantisce che sarà possibile riaprire il file con la versione di Office con cui è stato creato. In modalità di compatibilità, infatti, sono disabilitate molte funzionalità proprie di Word 2013 e non compatibili con le precedenti versioni della suite. Quando un file è aperto in modalità di compatibilità, questo viene segnalato nella barra del titolo, accanto al nome del file stesso (Figura 2.9).

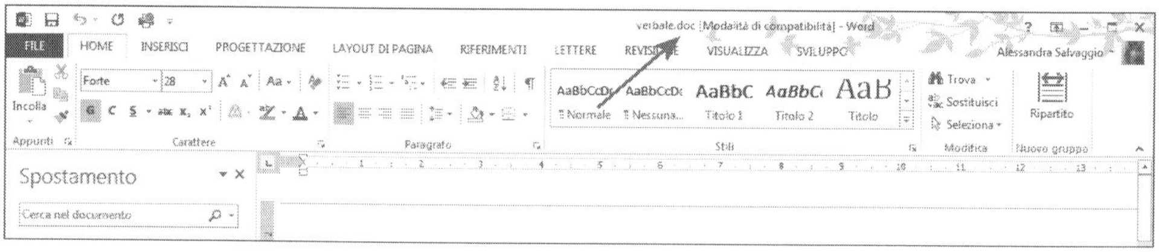

Figura 2.9 - Un file aperto in modalità di compatibilità.

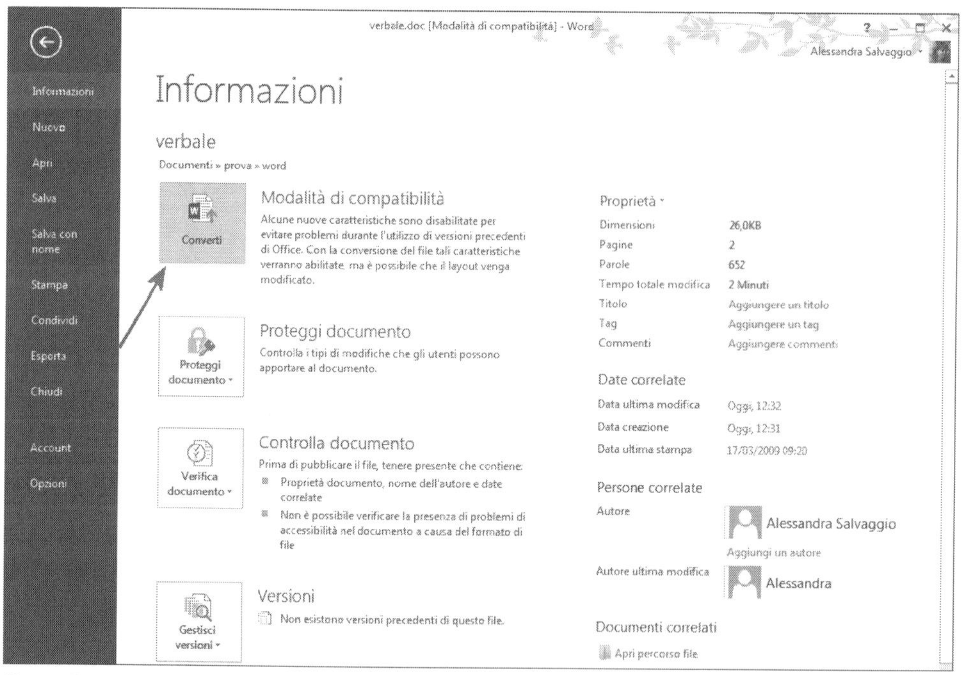

Figura 2.10 - Convertire un file al nuovo formato di Office.

Se si desidera usare a pieno tutte le nuove funzionalità di Office e non si hanno problemi di compatibilità all'indietro, conviene, senza dubbio, convertire il file al nuovo formato.

Dopo averlo aperto, occorre portarsi alla vista **Backstage** (scheda **File**) e, nella categoria **Informazioni**, premere il pulsante **Converti** (Figura 2.10).
Vi verrà chiesta conferma dell'operazione. Quindi sarete informati che tutto è avvenuto correttamente e che, per poter usufruire di tutte le funzionalità del nuovo formato, occorre chiudere e riaprire il file convertito. Confermate per procedere.
Il file nel nuovo formato sostituisce quello nel vecchio, che non esiste più.

Nuovo formato per i file con macro

Già nelle versioni precedenti era possibile espandere le capacità di Office scrivendo codice VBA (Visual Basic for Applications). Le singole porzioni di questo codice vengono chiamate **macro**. Le macro, in quanto contengono istruzioni che possono essere eseguite senza che l'utente se ne accorga, sono potenzialmente pericolose.
A partire da Office 2007, si è deciso di distinguere il formato dei file Office che usano macro da quello dei file che non le usano. La differenza è evidente già dalla loro icona: quella dei file con macro è caratterizzata, infatti, da un punto esclamativo su un cartiglio. Nella Figura 2.11 potete vedete un file che non contiene macro e uno che le contiene.

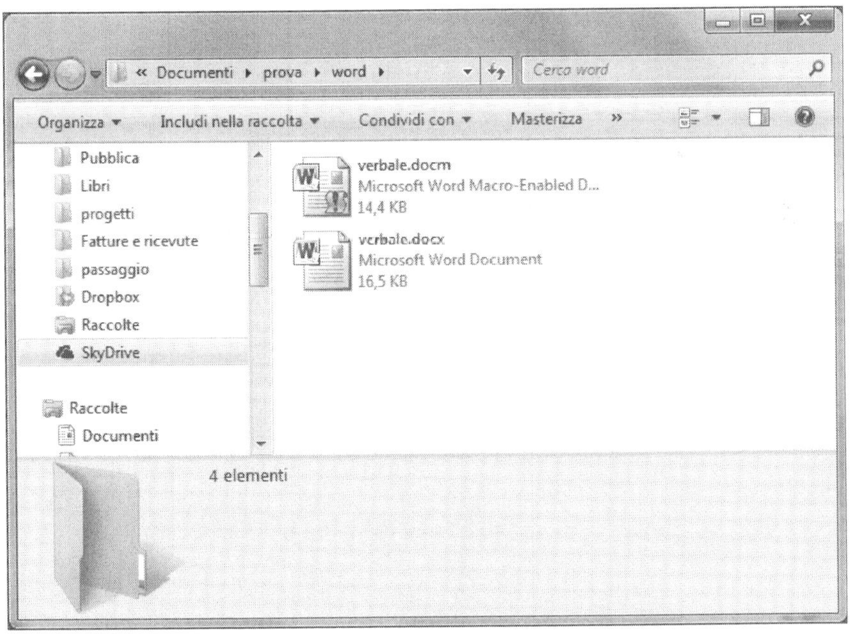

Figura 2.11 - L'icona di un file Word che contiene codice VBA.

Osservando la Figura 2.11, si nota anche che l'estensione dei file che contengono macro è diversa da quella degli altri file.

Per i file senza macro Word usa l'estensione .docx, mentre per quelli con macro usa l'estensione .docm.

NOTA

Un discorso analogo a quello fatto per Word vale anche per Excel e PowerPoint. Infatti, Excel per i file senza macro usa l'estensione .xlsx e PowerPoint usa .pptx, mentre per quelli con le macro le estensioni usate sono, rispettivamente, .xlsm e.pptm.

NOTA

Potete vedere l'estensione dei file solo se lo avete esplicitamente chiesto a Windows, come abbiamo spiegato sopra.

Queste estensioni sono usate anche per i file che contengono componenti ActiveX, anch'essi potenzialmente pericolosi.
In questo modo, macro e ActiveX sono salvati in un file di tipo diverso rispetto agli altri. Questo permette di isolare più facilmente il potenziale pericolo ed eventualmente di bloccarlo.
Basterebbe, per esempio, che l'amministratore di un PC vietasse l'esecuzione di quel file, per evitare l'esecuzione della macro o del componente ActiveX potenzialmente pericoloso.
Se scompattate un file che contiene macro (Figura 2.12), come abbiamo spiegato sopra, troverete una cartella che si chiama word e al suo interno un file **vbaProject.bin**: le macro sono salvate in questo file.

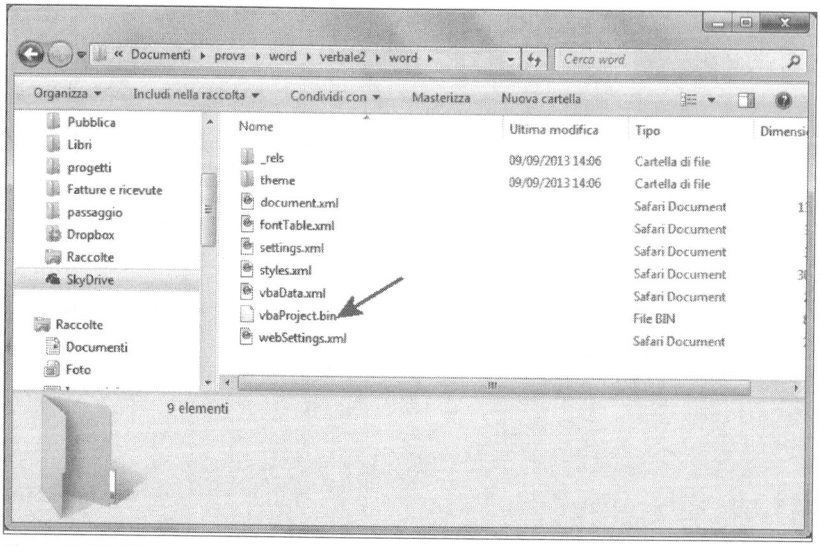

Figura 2.12 - Il contenuto scompattato di un file che contiene macro.

Se il file contiene oggetti ActiveX, la cartella contiene anche una sottocartella di nome ActiveX che, a sua volta, contiene il file ActiveX1.bin, in cui sono salvati eventuali controlli ActiveX.
Quando cercate di salvare un file che contiene macro senza specificare il tipo di file che volete usare, Office vi avvisa che non è possibile usare il formato base (Figura 2.13).

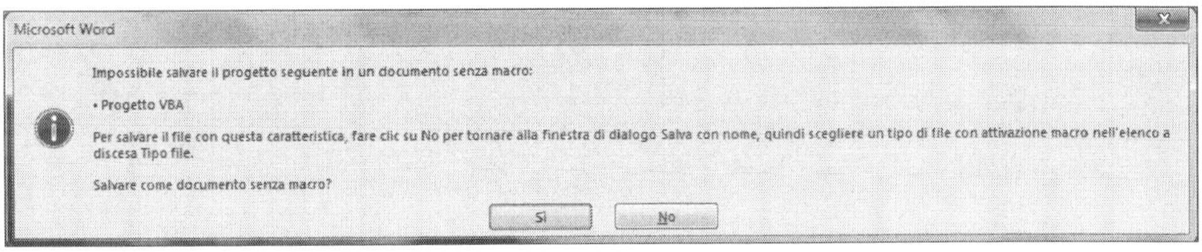

Figura 2.13 - Office avvisa che occorre usare un formato file che accetta le macro.

NOTA

Se nella finestra della Figura 2.13 scegliete Sì e salvate comunque in formato .xlsx, la macro che avete inserito nel file non sarà in alcun modo eseguibile e utilizzabile.

Nella finestra di avviso, scegliete **No**. In questo modo, Office vi mostrerà la finestra **Salva con nome** nella quale potrete scegliere il formato corretto (.xlsm) per conservare le vostre macro (Figura 2.14).

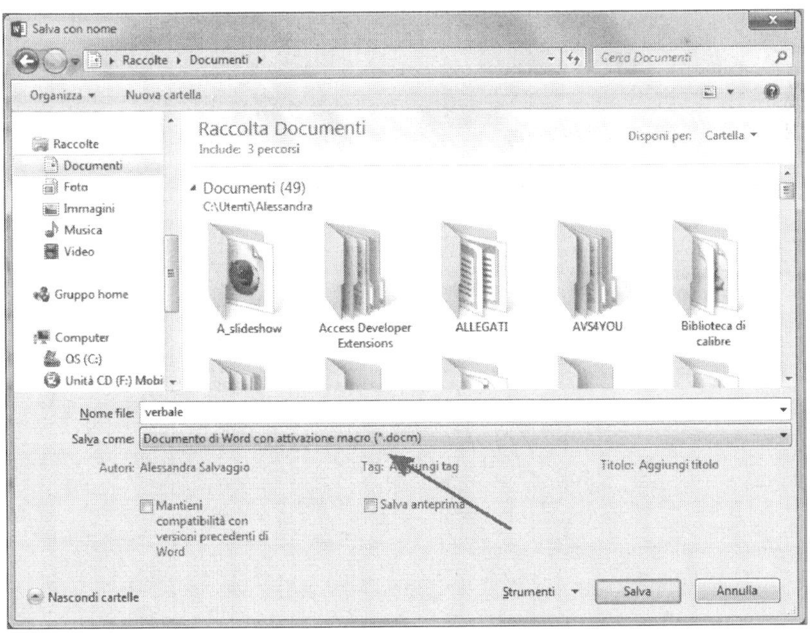

Figura 2.14 - Salvare un file con attivazione di macro.

Supporto per i formati Open Office

Office offre un supporto nativo per il formato Open Document Format (ODF), quello adottato da Open Office e Libre Office.

> **NOTA**
> Anche ODF è un formato standard basato su XML.

Addirittura, alla prima apertura di un programma Office (la scelta fatta in un programma viene estesa anche agli altri), occorre scegliere se si vuole usare come formato predefinito il formato Microsoft Office Open XML o il formato Open Document Format (il formato di Open Office).

Questo supporto è garantito anche dalla versione Office 2010. Questa versione, però, si limitava al supporto per il formato ODF 1.1. Ora Office 2013 aggiunge il supporto per la versione 1.2.

> **NOTA**
> In realtà il supporto per ODF 1.1 è stato introdotto da Office 2007 SP 2.

Come abbiamo già visto, parlando di Strict Office Open XML, in qualsiasi momento è possibile cambiare il formato predefinito per il salvataggio dei file.

> **NOTA**
> Ricordo che il formato predefinito si cambia dalla finestra **Opzioni** di ogni applicazione. Nella categoria **Salvataggio**, in alto si trova l'elenco a discesa **Formato per il salvataggio dei file** da cui si può scegliere il formato predefinito.

Indipendentemente dal formato predefinito, dalla scheda **Esporta** del Backstage, come abbiamo spiegato nel Capitolo 1, sarà comunque sempre possibile scegliere un formato di salvataggio diverso per ogni specifico file.

Salvare file in PDF

In Office 2007 è stata aggiunta la possibilità di salvare i propri file in formato PDF. Questa funzionalità è stata mantenuta nelle versioni successive di Office.

Nel Capitolo 1 ho già detto che, per salvare un file in questo formato, è necessario lavorare nella scheda **Esporta** del Backstage.

Word 2013 è in grado anche di aprire file in formati PDF e modificarli, ma a questo dedicheremo un apposito capitolo.

NOTA

Per maggiori dettagli sui formati supportati da Office, vi rimando all'articolo **New file format options in the new Office**, in inglese, che trovate alla pagina http://blogs.office.com/b/office-next/archive/2012/08/13/the-new-office-expands-file-format-options.aspx.

3

Le visualizzazioni

Prima di **cominciare** a scrivere in un **nuovo documento**, accenniamo ai **diversi modi** in cui è possibile "**guardarlo**".

Un documento Word può essere "visto" in modalità diverse. Ogni modalità ha caratteristiche peculiari che la rendono adatta a un particolare tipo di utilizzo.
Queste diverse modalità, dette **visualizzazioni**, sono accessibili dalla scheda **Visualizza**. Di seguito ne indichiamo le caratteristiche. Vi mostreremo come si trasforma lo stesso documento nelle varie visualizzazioni. Gli esempi che abbiamo visto finora erano in visualizzazione **Layout di stampa**. È la visualizzazione predefinita, quella, cioè, che vi viene proposta da Word al primo utilizzo. In questa visualizzazione vedrete il documento nella maniera più simile a quella con cui comparirà in stampa: vedrete i margini, le immagini, le intestazioni... insomma, tutto quello che ci sarà nel foglio stampato (Figura 3.1).
La visualizzazione **Bozza**, invece, è indicata per l'inserimento del testo. Non si vedono le immagini, i margini, le note, le intestazioni e i piè di pagina (di tutti questi elementi parleremo nei prossimi capitoli). Questo semplifica a Word il lavoro di aggiornamento della pagina e vi mette a disposizione più spazio per scrivere (Figura 3.2).

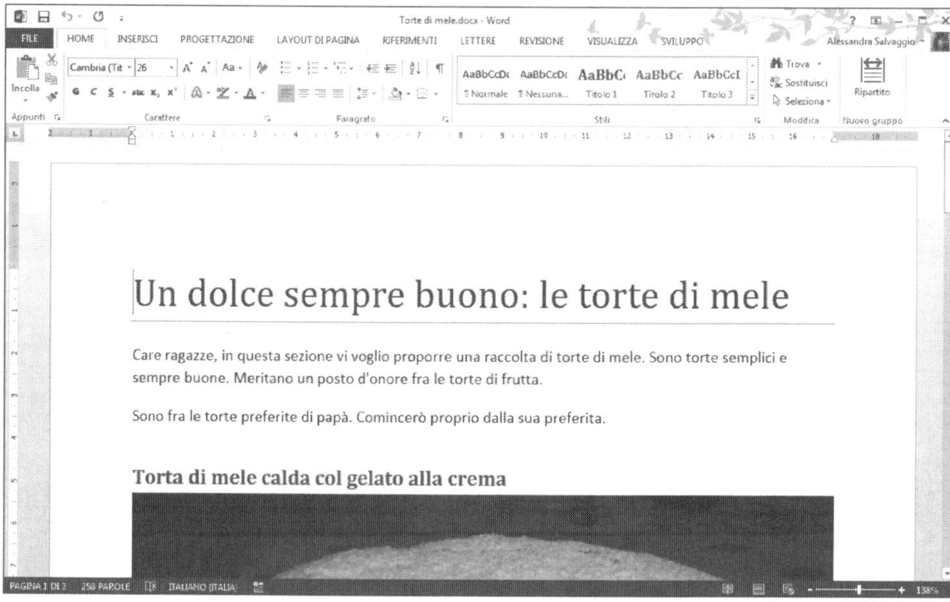

Figura 3.1 - Il file in visualizzazione Layout di stampa.

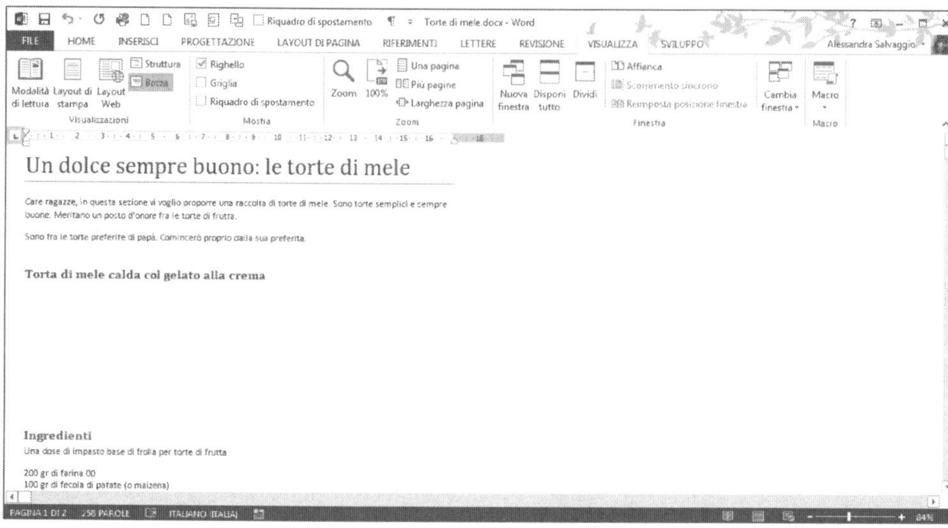

Figura 3.2 - Il file in visualizzazione Bozze.

Il **Layout web** vi mostra come sarebbe la pagina se la salvaste per l'utilizzo su Internet. Per salvare una pagina per usarla su Internet, fate clic sul pulsante **File** per aprire il **Backstage**. Portatevi nella sezione **Salva e invia** e fate clic sul pulsante **Cambia tipo di file**. Nella colonna di destra scegliete **Pagina Web in file unico**.

La visualizzazione **Struttura**, invece, permette di organizzare la struttura di un documento individuando titoli di primo, secondo, terzo livello e così via. È molto utile per testi di notevoli dimensioni.

> **NOTA**
> Torneremo sulla visualizzazione Struttura e spiegheremo come utilizzarla nel Capitolo 18.

Una visualizzazione interessante è la cosiddetta **Modalità di lettura** (Figura 3.3) pensata per ottimizzare la lettura di un documento a video, in particolare su strumenti come i tablet windows.
Questa modalità simula la lettura sugli e-reader, strumenti ormai sempre più diffusi.

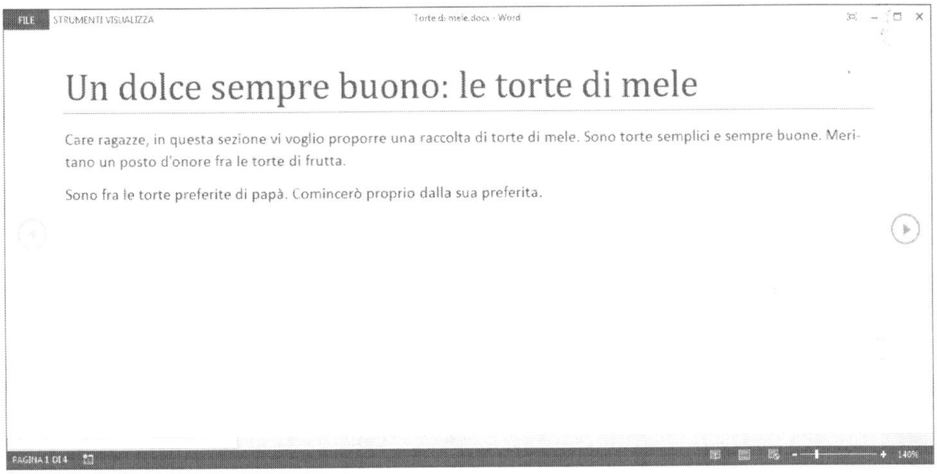

Figura 3.3 - Il file in Modalità di lettura.

La barra multifunzione viene nascosta. Rimangono visibili solo due voci di menu in alto a sinistra: **Strumenti** e **Visualizza**.

> **NOTA**
> Anche se queste due voci sono molto vicine e appaiono quasi come una unica voce di menu, in realtà sono ben distinte.

Dal menu strumenti potete accedere alla funzione **Trova**, che permette di ricercare una parola o una frase nel documento. Dopo aver selezionato il testo da ricercare,

scegliete **Strumenti > Trova** per visualizzare le occorrenze della parola nel documento. Comparirà il **Riquadro di spostamento** (ne riparleremo con maggiore dettaglio più avanti) sulla sinistra che potete usare per spostarvi da una occorrenza all'altra.
Se, invece, dopo aver selezionato una parola, scegliete **Strumenti > Cerca con Bing**, avvierete una ricerca di quella parola su Internet con il motore di ricerca Microsoft Bing. I risultati della ricerca saranno mostrati nel browser predefinito.
Il menu **Visualizza** presenta voci ancora più interessanti (Figura 3.4).

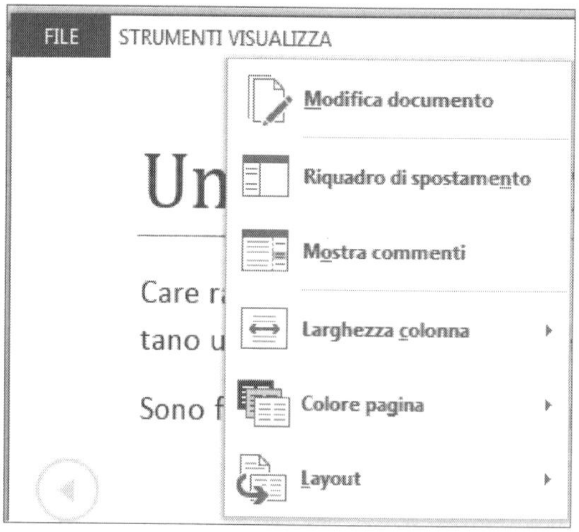

Figura 3.4 - Il menu Visualizza in Modalità di lettura.

A parte la voce **Modifica documento**, che permette di tornare in modalità di modifica del documento, le voci più interessanti di questo menu sono **Larghezza colonna**, che permette di allargare o restringere l'area in cui si espande la pagina, e, soprattutto, **Colore pagina**, che consente di modificare il colore di sfondo della pagina.
È risaputo che la lettura di un testo scuro su uno sfondo chiaro e luminoso come il monitor di un pc o di un tablet affatica gli occhi. Per questo Word permette di passare a uno sfondo seppia o, addirittura, di invertire il colore di sfondo e quello del testo. Si tratta di modifiche che non hanno effetto sul documento, ma solo sulla sua visualizzazione.

Lo zoom

Concludiamo questo breve capitolo accennando allo zoom. Quando visualizzate un documento Word, qualsiasi visualizzazione scegliate, avete la possibilità di modificarne lo zoom, ossia la proporzione con cui lo vedete rispetto alle dimensioni originali. Queste ultime non cambiano, varia solo il modo in cui vedete il documento. Per cambiare lo zoom di un documento basta ricorrere ai comandi che ritrovate nel riquadro **Zoom** della scheda **Visualizza** (Figura 3.5).

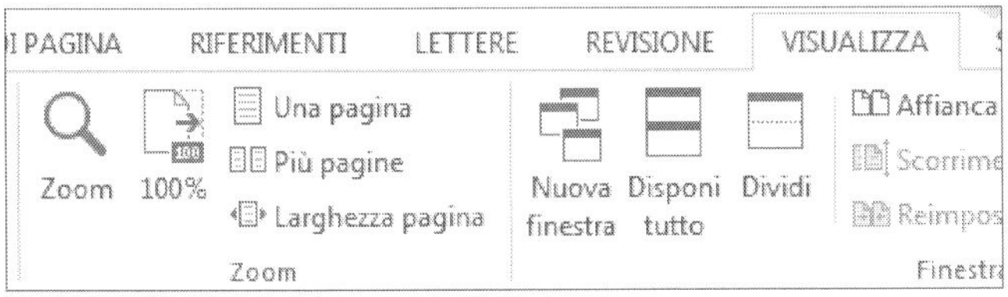

Figura 3.5 - Modificare lo zoom.

Se premete il pulsante **Zoom**, visualizzerete un'apposita finestra in cui potrete scegliere la percentuale di zoom che desiderate. Con i pulsanti **Una pagina** e **Più pagine**, potete chiedere a Word di selezionare automaticamente la percentuale di zoom necessaria per visualizzare rispettivamente una pagina intera o più pagine intere.
Larghezza pagina, invece, imposta automaticamente la percentuale di zoom in modo che si veda per intero la larghezza di una pagina (margini compresi).
Questo vi permette non solo di adeguare la vista del documento al vostro schermo e quindi di rendere più facile la lettura, ma anche di visualizzare una pagina nel suo complesso, un'opzione utile soprattutto quando lavorate a documenti come locandine o volantini, che devono avere un aspetto globale ben studiato.

Riprendere un documento da dove lo si era lasciato

Concludo questo capitolo con una novità molto interessante introdotta proprio con Word 2013.
In particolare, quando si sta leggendo o rivedendo un testo molto lungo e si deve interrompere (chiudendo Word e il documento, magari anche spegnendo il computer), è utile "ricordarsi" dove si era arrivati.
Word 2013 è in grado di impostare una sorta di segnalibro e di ricordarvi, alla successiva apertura di un file, qual è l'ultimo punto al quale avete lavorato (Figura 3.6).

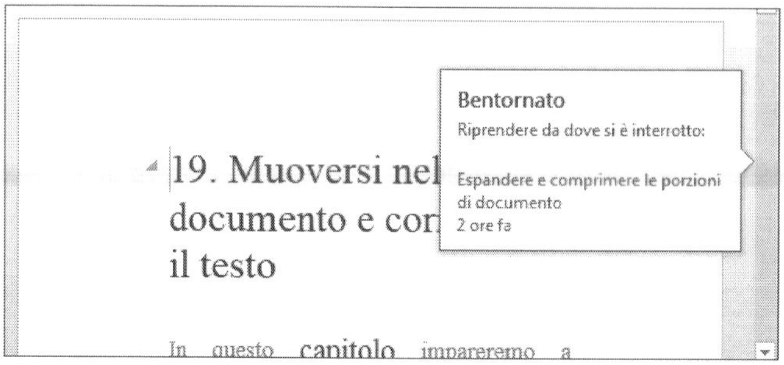

Figura 3.6 - Word chiede se volete portarvi all'ultimo punto del documento che è stato elaborato.

Basta fare clic sul fumetto di avviso per essere riportati esattamente nel punto del documento in cui ci si trovava all'ultimo salvataggio del file.
Il fumetto può anche presentarsi minimizzato, ma è sufficiente fare clic su di esso per riespanderlo.

4

Inserire il testo

Servono solo poche pagine per spiegare come inserire facilmente del testo in un documento Word.

Inserimento e cancellazione del testo

All'interno dell'area di lavoro il punto di inserimento del testo è segnalato dalla presenza di un cursore lampeggiante (I).
È possibile spostare il punto di inserimento nel testo già digitato, oltre che facendo clic con il mouse, mediante le frecce della tastiera (Figura 4.1).

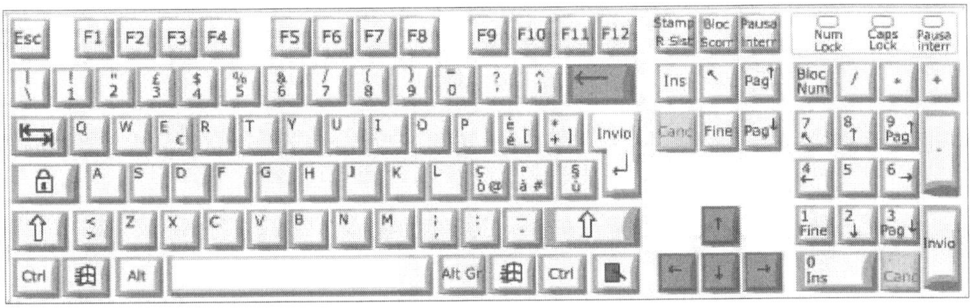

Figura 4.1 - Le frecce, il tasto Backspace e il tasto Canc.

Per spostare il punto di inserimento in un punto nuovo (generalmente verso il basso del documento), occorre fare clic con il mouse in quel punto.
Per cancellare il testo inserito, se questo si trova a **sinistra** del punto di inserimento, occorre premere il tasto **Backspace** (è un pulsante con una freccia rivolta verso sini-

stra, Figura 4.1) tante volte quanti sono i caratteri da cancellare; se, invece, il testo da eliminare si trova a **destra**, si usa uno dei tasti **Canc** (Figura 4.1).
Per eliminare intere porzioni di testo, occorre selezionarle (lo imparerete nel Capitolo 5) e ricorrere agli stessi tasti utilizzati per le singole lettere.

Inserire caratteri speciali

A volte è necessario inserire in un documento dei caratteri normalmente non disponibili sulla tastiera, come il simbolo del copyright (©), dei marchi depositati (®), frazioni ecc.
Potete recuperare i principali simboli nel menu del pulsante **Simbolo**, che trovate nel gruppo **Simboli** (l'ultimo a destra) della scheda **Inserisci** (Figura 4.2).

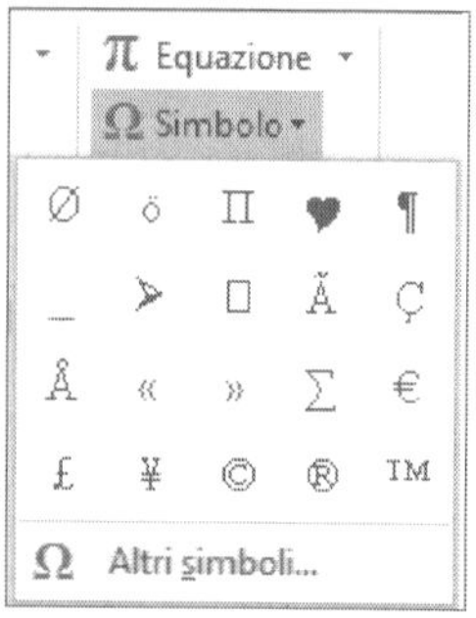

Figura 4.2 - Inserire un simbolo.

Se il simbolo che vi occorre non è fra questi, fate clic sulla voce **Altri simboli**, in fondo al menu. Word vi mostrerà la finestra di dialogo **Simbolo** (Figura 4.3).

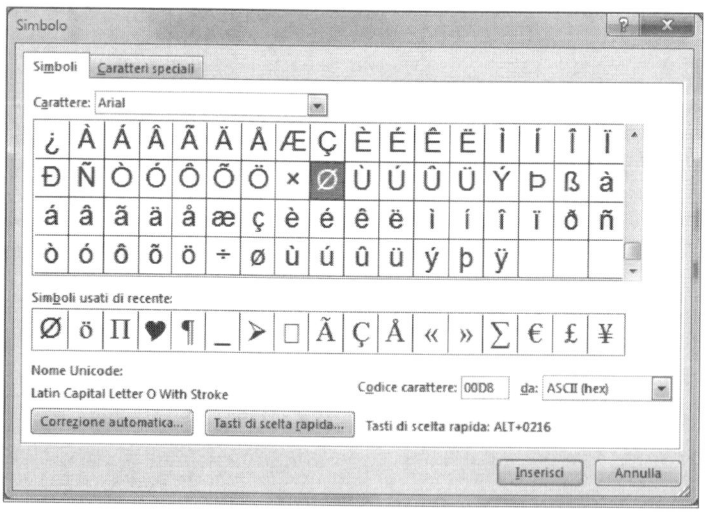

Figura 4.3 - La finestra Simbolo.

Facendo clic sui simboli proposti, ne viene fornita un'anteprima. Per inserire un simbolo, basta selezionarlo con un clic e premere il pulsante **Inserisci**. Quando un simbolo è stato inserito, il pulsante **Annulla** viene sostituito da **Chiudi**, utilizzabile per chiudere la finestra di dialogo.

Nella scheda **Caratteri speciali** sono disponibili altri caratteri utili.

Fra questi potete trovare, per esempio, il "segno meno unificatore". Si tratta di un trattino che si può usare per creare parole composte che non devono essere spezzate su due righe, qualora si trovino a fine riga. Se le parole fossero composte con il normale trattino accessibile dalla tastiera, a fine riga, in caso di necessità, sarebbero divise su più righe.

Un altro carattere interessante è lo "spazio unificatore". Si comporta come il "segno meno unificatore", anche se non viene inserito alcun carattere. In pratica, si tratta di uno spazio vuoto che, però, non permette che le parole ai lati dello spazio siano divise, qualora si trovino a fine riga.

5

Selezionare il testo

In questo **breve capitolo** ci soffermeremo sulle **tecniche** usate per **selezionare** il testo. Spesso, infatti, avremo **bisogno** di selezionarlo per **eliminarlo**, **modificarlo** o applicarvi qualche **formattazione**.

Prima di imparare a selezionare gli elementi in una pagina, dovremo imparare a chiamarli con il nome giusto. Mi riferisco, in particolare, ai **paragrafi**. Si crea un paragrafo nuovo ogni volta che si preme il tasto **Invio**, posto sotto il tasto Backspace ed evidenziato nella Figura 5.1.

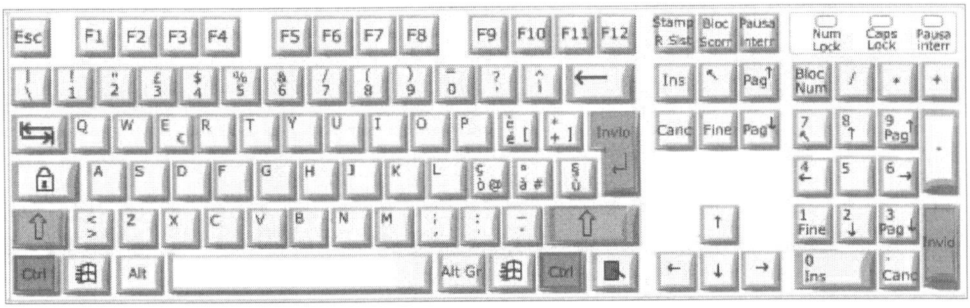

Figura 5.1 - I tasti Invio, Maiusc e Ctrl.

Siccome molte delle formattazioni al testo, come vedremo meglio in seguito, vengono applicate a livello di paragrafo, occorre fare attenzione a dove si pongono le interruzioni di paragrafo. Premendo il pulsante **Mostra tutto** (¶), nel gruppo **Paragrafo** della scheda **Home**, verrà visualizzato il simbolo "¶" a ogni interruzione di paragrafo.

> **NOTA**
> Oltre ai paragrafi, si vedono le interruzioni di pagina e di sezione e gli spazi fra le parole. Questi ultimi sono indicati da un puntino "·". In generale, vengono mostrati i cosiddetti caratteri nascosti. Per non visualizzare più questi ultimi, basterà premere nuovamente il pulsante **Mostra tutto** (¶).

Per andare a capo senza creare un nuovo paragrafo, basta premere il tasto **Maiusc** (evidenziato nella Figura 5.1 e caratterizzato da una freccia rivolta verso l'alto) contemporaneamente a **Invio**. Se scegliete di visualizzare i caratteri nascosti premendo il pulsante **Paragrafo** (¶), i ritorni a capo che non costituiscono paragrafo sono indicati da una freccia piegata a sinistra ↵. La Figura 5.2 mostra un testo in cui sono visualizzati i caratteri nascosti. Notate i paragrafi e i ritorni a capo.

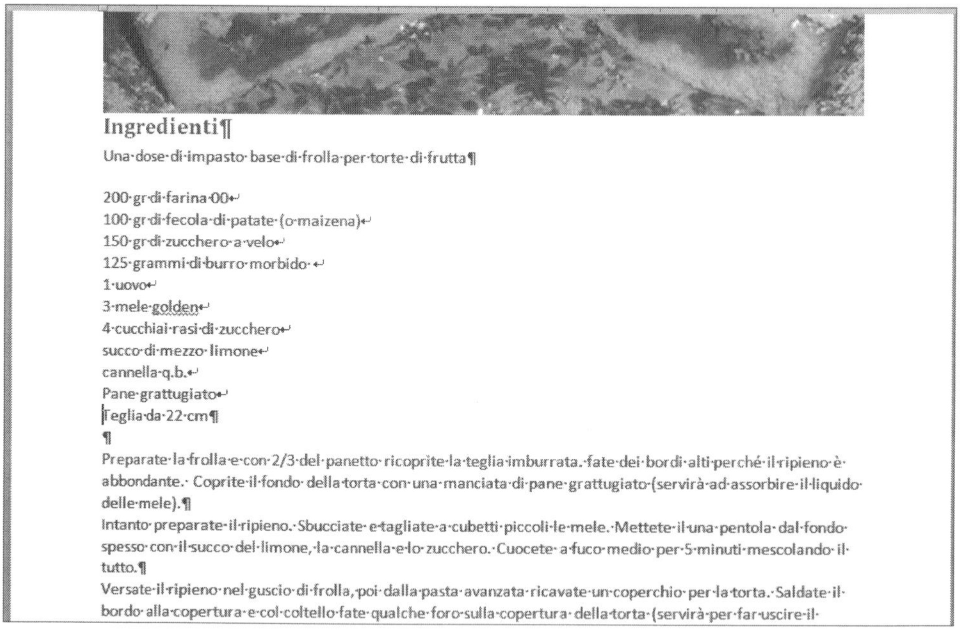
Ingredienti¶

Una·dose·di·impasto·base·di·frolla·per·torte·di·frutta¶

200·gr·di·farina·00↵
100·gr·di·fecola·di·patate·(o·maizena)↵
150·gr·di·zucchero·a·velo↵
125·grammi·di·burro·morbido·↵
1·uovo↵
3·mele·golden↵
4·cucchiai·rasi·di·zucchero↵
succo·di·mezzo·limone↵
cannella·q.b.↵
Pane·grattugiato↵
Teglia·da·22·cm¶
¶
Preparate·la·frolla·e·con·2/3·del·panetto·ricoprite·la·teglia·imburrata.·fate·dei·bordi·alti·perché·il·ripieno·è·abbondante.· Coprite·il·fondo·della·torta·con·una·manciata·di·pane·grattugiato·(servirà·ad·assorbire·il·liquido·delle·mele).¶
Intanto·preparate·il·ripieno.·Sbucciate·e·tagliate·a·cubetti·piccoli·le·mele.·Mettete·il·una·pentola·dal·fondo·spesso·con·il·succo·del·limone,·la·cannella·e·lo·zucchero.·Cuocete·a·fuco·medio·per·5·minuti·mescolando·il·tutto.¶
Versate·il·ripieno·nel·guscio·di·frolla,·poi·dalla·pasta·avanzata·ricavate·un·coperchio·per·la·torta.·Saldate·il·bordo·alla·copertura·e·col·coltello·fate·qualche·foro·sulla·copertura·della·torta·(servirà·per·far·uscire·il·

Figura 5.2 - I caratteri nascosti.

Ora che abbiamo chiarito che cos'è un paragrafo, possiamo dedicarci alla selezione. Inizieremo dalle operazioni più semplici.
Per selezionare una **singola parola**, fate doppio clic su di essa. Il testo selezionato appare evidenziato (Figura 5.3).

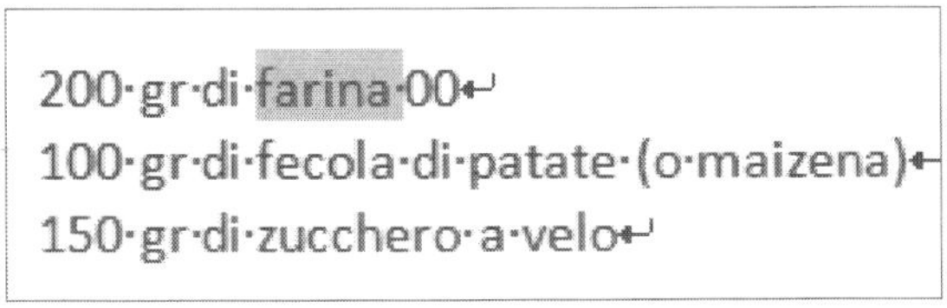
200·gr·di·farina·00
100·gr·di·fecola·di·patate·(o·maizena)
150·gr·di·zucchero·a·velo

Figura 5.3 - È stata selezionata la parola "farina".

Se volete selezionare un **intero paragrafo**, fate triplo clic (cioè tre clic consecutivi ravvicinati) al suo interno.
Se volete selezionare un'intera riga, ponetevi con il puntatore del mouse sul margine sinistro in corrispondenza della riga da selezionare. Il puntatore del mouse si trasformerà in una freccia bianca rivolta a destra: ora vi basta fare clic. Tutta la riga in corrispondenza della quale avete fatto clic sarà selezionata (Figura 5.4).

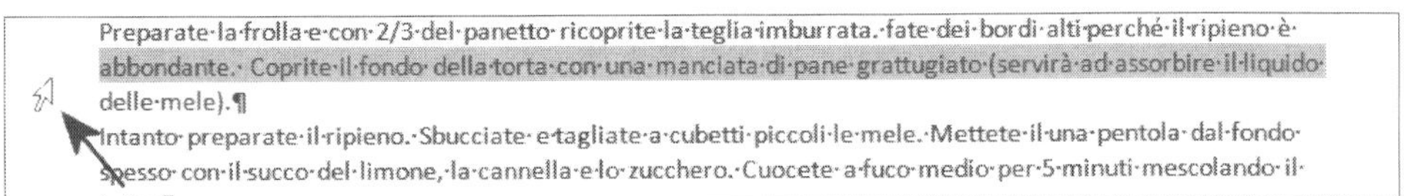
Preparate·la·frolla·e·con·2/3·del·panetto·ricoprite·la·teglia·imburrata.·fate·dei·bordi·alti·perché·il·ripieno·è·
abbondante.·Coprite·il·fondo·della·torta·con·una·manciata·di·pane·grattugiato·(servirà·ad·assorbire·il·liquido·
delle·mele).¶
Intanto·preparate·il·ripieno.·Sbucciate·e·tagliate·a·cubetti·piccoli·le·mele.·Mettete·il·una·pentola·dal·fondo·
spesso·con·il·succo·del·limone,·la·cannella·e·lo·zucchero.·Cuocete·a·fuco·medio·per·5·minuti·mescolando·il·
tutto.¶

Figura 5.4 - Selezionare un'intera riga.

Se volete selezionare una porzione di testo che non corrisponde a un paragrafo, fate clic nel punto in cui volete che inizi la selezione; poi, tenendo premuto **Maiusc**, fate clic nel punto in cui volete terminare la selezione. Potete anche fare clic nel punto in cui volete che inizi la selezione e, sempre tenendo premuto **Maiusc**, muovervi con le frecce della tastiera fino a comprendere tutta l'area che volete selezionare. C'è anche una terza possibilità: fate clic nel punto in cui volete che la selezione cominci e, senza rilasciare il mouse, spostatevi fino al punto in cui volete che essa termini. A mano a mano che vi muovete, il testo si selezionerà.
Con queste ultime tre tecniche potete selezionare anche una porzione di parola.
Word vi permette di effettuare anche selezioni multiple.

Se volete selezionare due (o più) elementi contigui, per esempio due righe successive, dovete tenere premuto **Maiusc** mentre selezionate gli elementi successivi al primo. Se, invece, gli elementi da selezionare non sono contigui, dovete tenere premuto il tasto **Ctrl** (evidenziato nella Figura 5.1) mentre selezionate gli elementi successivi al primo. Oltre al testo è possibile selezionare anche oggetti, come le immagini e i disegni, semplicemente facendo clic su di essi. Un oggetto selezionato appare circondato dalle maniglie di ridimensionamento (Figura 5.5), che servono, come dice il nome stesso, anche per ridimensionarlo.

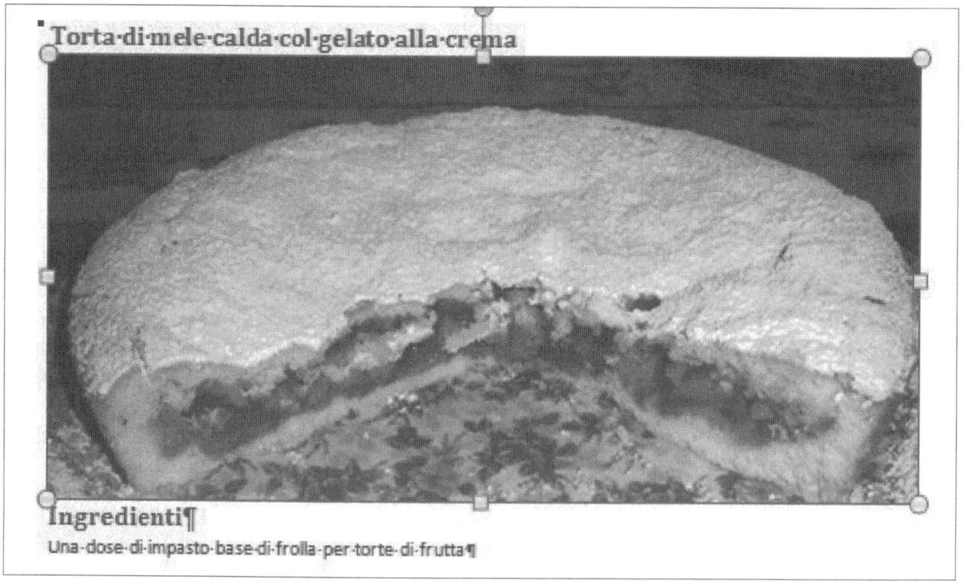

Figura 5.5 - Un'immagine selezionata.

Per quanto riguarda la selezione delle tabelle e delle loro parti, ne riparleremo nel Capitolo 13; per ora vi basti sapere che dovete fare clic in una cella qualsiasi della tabella e portarvi nella scheda **Layout** degli **Strumenti tabella**. Qui, nel gruppo **Tabella** (il primo a sinistra), aprite il menu del pulsante **Seleziona**, quindi scegliete l'elemento che desiderate selezionare.
Infine, ricordiamo che, per selezionare l'intero documento, nel gruppo **Modifica** della scheda **Home** dovete aprire il menu del pulsante **Seleziona** e qui scegliere **Seleziona tutto**.

Eliminare una selezione

Per concludere questo capitolo, faremo un rapido cenno a come si elimina una selezione.
Se volete deselezionare tutto quello che è stato selezionato, vi basta fare clic in qualsiasi punto del documento fuori dalla selezione.
Se volete deselezionare una parte di un'area selezionata, tenete premuto **Maiusc** e, utilizzando le frecce, muovetevi fino a quando non avrete tolto dalla selezione la porzione da eliminare (muovendovi in senso contrario, ingrandirete la selezione).
Se volete ridurre una selezione multipla, tenete premuto **Ctrl** e fate clic sull'elemento selezionato che volete deselezionare.

6

Formattare il carattere

In questo capitolo inizieremo a modificare il testo inserito a partire dai caratteri; nel prossimo affronteremo i paragrafi.

Per apportare modifiche relative al carattere, dovete prima selezionare il testo da modificare con le tecniche che avete appreso nel Capitolo 5.
Per scrivere i vostri testi, potete usare tipi di carattere diversi, ossia "alfabeti" con lettere di aspetto differente.
Per impostazione predefinita, Word vi propone il **Calibri** di dimensione 11 pt. Potete cambiare il tipo di carattere e scegliere tra quelli installati sul vostro computer. Oltre al tipo di carattere, potete modificare la dimensione, lo stile, il colore e altro ancora.

NOTA

Nelle vecchie versioni di Office, il font predefinito era Times New Roman. Calibri lo sostituisce ed è distribuito anche tra i font base di Windows.

Per modificare il carattere (o font) di un testo già scritto, occorre selezionarlo e seguire la procedura illustrata di seguito; se, invece, si vuole modificare il carattere prima di scrivere, basta seguire questa procedura.
Nel gruppo **Carattere** della scheda **Home** (Figura 6.1) trovate i comandi più comuni per la formattazione dei caratteri.

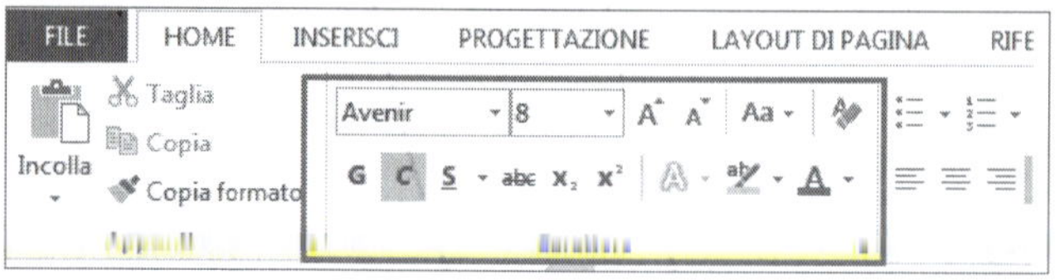

Figura 6.1 - Modificare il carattere.

Dal primo elenco a discesa, **Tipo di carattere**, potete scegliere il tipo di carattere che desiderate e, di fianco, la sua dimensione. La dimensione si esprime in punti tipografici. Potete scegliere il valore nell'elenco, oppure (e siete obbligati a farlo se il valore che desiderate non compare) potete digitarlo direttamente.

Ancora più a destra, trovate i pulsanti per ingrandire e rimpicciolire il carattere, senza specificare una dimensione ma semplicemente in riferimento alla dimensione corrente.

Portandovi ancora più a destra, trovate un pulsante (**Maiuscole/minuscole**) che vi permette di aprire un menu molto utile (Figura 6.2).

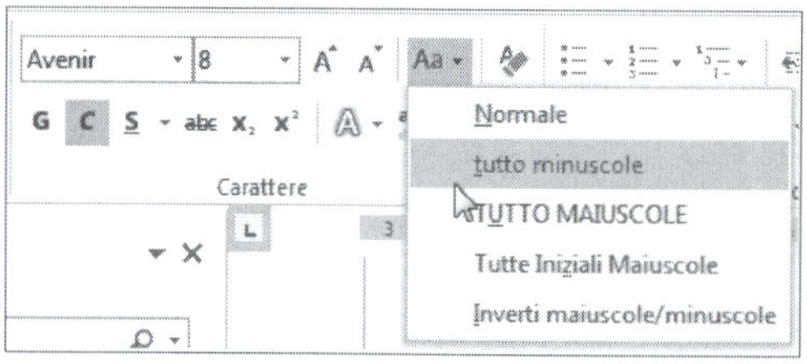

Figura 6.2 - Il menu del pulsante Maiuscole/minuscole.

Le voci di questo menu, infatti, vi permettono di convertire il testo selezionato in maiuscolo, minuscolo o in diverse combinazioni di essi.

L'ultimo pulsante a destra cancella ogni impostazione di stile, tornando alle impostazioni predefinite.

Nella riga sottostante, a sinistra, trovate i pulsanti per impostare lo stile per il vostro testo, cioè se lo volete normale, **grassetto** (il tratto del carattere diventa un po' più spesso), *corsivo* (cioè leggermente inclinato a destra) o sottolineato. Facendo clic sulla piccola freccia posta accanto al pulsante che aggiunge la sottolineatura, potete scegliere il tipo di sottolineatura che desiderate (Figura 6.3).Se impostate una sottolineatura, avrete anche la possibilità di scegliere il colore per la riga (**Colore sottolineatura**), che può essere diverso da quello scelto per il carattere.

Appena a destra del pulsante per la sottolineatura, trovate, nell'ordine, il pulsante per barrare il testo (~~testo barrato~~), quello per porlo in pedice ($_{\text{Pedice}}$: il carattere ha una dimensione minore del normale ed è posto un po' più in basso) e quello per porlo in apice (^{Apice}: il carattere ha una dimensione minore del normale ed è posto un po' più in alto).

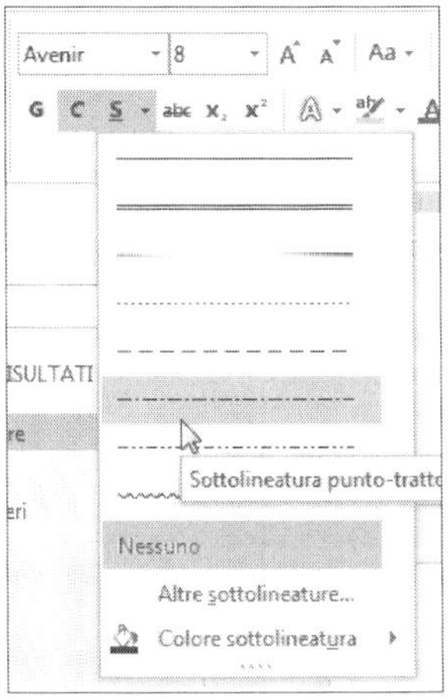

Figura 6.3 - Scegliere il tipo di sottolineatura.

Ancora a destra, trovate un pulsante che rappresenta un'interessante novità introdotta con Word 2010 e mantenuta nella versione 2013. Si tratta di un nuovo strumento che permette di applicare degli effetti al testo che può diventare un vero e proprio oggetto grafico, almeno dal punto di vista estetico; il testo formattato con questo strumento rimane, infatti, testo vero e proprio, quindi in linea con il testo non formattato, inserito nel contesto del paragrafo in cui si trova e modificabile con gli strumenti di testo.
Applicare un effetto a un testo è semplicissimo: basta selezionarlo e modificarlo con i comandi del menu del pulsante **Effetti testo** (Figura 6.4).

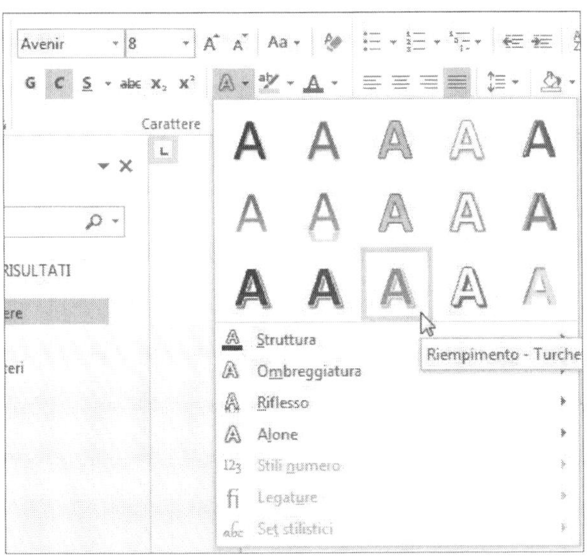

Figura 6.4 - Il menu del pulsante Effetti testo.

La prima parte del menu presenta diversi effetti preimpostati. Se nessuno di essi vi soddisfa, potete costruirne di personalizzati, usando gli altri comandi del menu. In particolare, dalla voce **Struttura**, potete scegliere il colore da applicare al contorno del testo, lo spessore del suo bordo e il tipo di linea con cui viene disegnato.

Questo effetto diventa più evidente se si sceglie una dimensione abbastanza grande per il testo e un colore di contorno diverso da quello usato per il riempimento.

Per cambiare il colore di riempimento del testo, è sufficiente usare il normale menu del pulsante **Colore carattere** (di cui parliamo un po' più avanti): quello, cioè, che si usa normalmente per cambiare il colore del testo.

Tornando al menu del pulsante **Effetti testo**, basterà ricordare che le altre sue voci permettono di aggiungere ombre, aloni colorati e riflessi. Ognuno di questi elementi può essere completamente personalizzato scegliendo la voce **Opzioni nome effetto** di ciascun tipo di effetto.

Dopo la descrizione di questa nuova funzionalità di Word, torniamo alla descrizione del gruppo **Carattere** della scheda **Home**. Gli ultimi due pulsanti del riquadro vi permettono, rispettivamente, di applicare un'evidenziazione al carattere (un po' come se usaste un comune evidenziatore) e di impostare il colore del carattere stesso.

Per quanto riguarda l'evidenziazione, Word si comporta in modo diverso se avete selezionato o meno un testo prima di premere il relativo pulsante.

Se avete selezionato un testo, questo viene semplicemente evidenziato del colore scelto; se, invece, non avete selezionato nulla, il cursore si trasforma in un evidenziatore. Con questo potete selezionare il testo che volete evidenziare. Potete selezionare, uno dopo l'altro, più testi, anche non contigui.

Quando avete finito di evidenziare, premete il tasto **Esc** sulla tastiera per tornare al cursore normale.

Ci sono altre possibili formattazioni da applicare al carattere. Per queste, però, bisogna ricorrere alla finestra di dialogo **Carattere** (Figura 6.5). Per aprirla, utilizzate l'apposito attivatore posto in basso a sinistra nel riquadro del gruppo.

Molte delle formattazioni che potete scegliere da questa finestra sono analoghe a quelle che trovate direttamente sulla barra multifunzione. Altre si trovano solo qui. Per esempio, dall'elenco **Stile sottolineatura**, si può impostare più in dettaglio lo stile della sottolineatura: non solo potete scegliere la forma della linea (come già potevate fare dall'apposito pulsante di cui abbiamo parlato prima), ma anche specificare se la sottolineatura debba essere limitata alle parole, escludendo gli spazi vuoti (**A parola**).

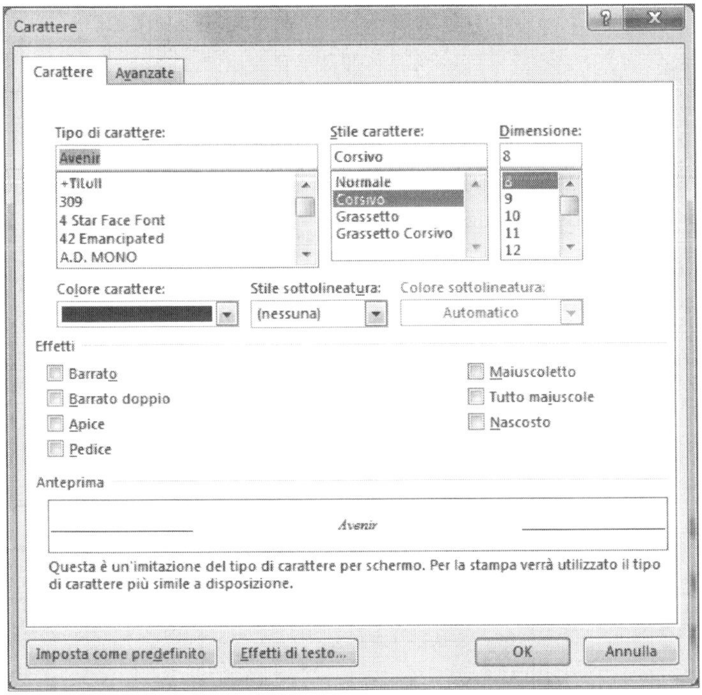

Figura 6.5 - La finestra di dialogo Carattere.

Guardando ancora più sotto, trovate la sezione **Effetti**:

> **NOTA**
>
> Si tratta di effetti più semplici di quelli applicabili dal pulsante effetti testo che abbiamo descritto prima.

Qui ci sono una serie di caselle combinate che vi permettono di applicare un effetto (o più effetti) al testo. Alcuni sono applicabili anche dalla barra multifunzione. Gli effetti disponibili sono i seguenti:

- ~~Barrato~~
- ~~Barrato doppio~~
- Apice
- Pedice
- Maiuscoletto
- TUTTO MAIUSCOLE

A mano a mano che applicate le modifiche al carattere, nel riquadro **Anteprima** vedrete come si trasforma il vostro testo.

A parte queste impostazioni di base, per la formattazione del carattere potete ricorrere alle opzioni della seconda scheda della finestra **Carattere**: **Avanzate** (Figura 6.6).

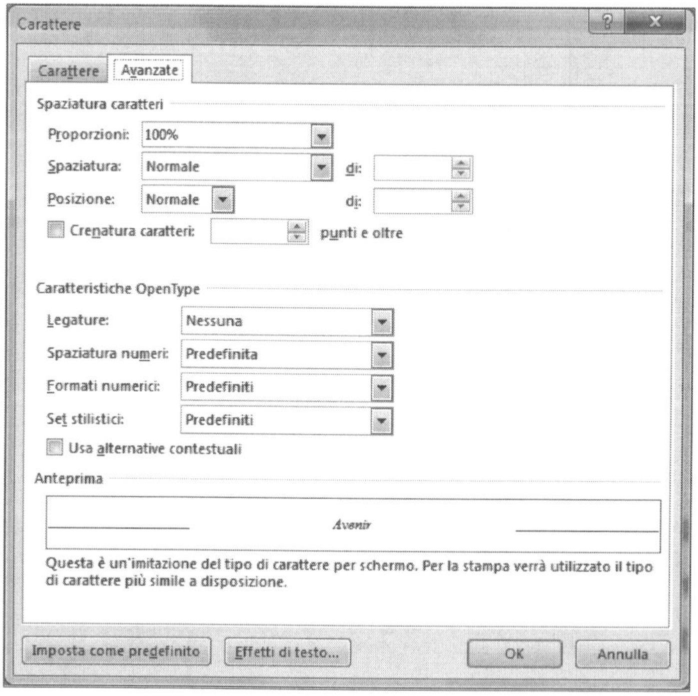

Figura 6.6 - La finestra Carattere alla scheda Avanzate.

Cominciamo dalla sezione **Spaziatura caratteri**.

Dall'elenco a discesa **Proporzioni** potete scegliere se volete ingrandire o rimpicciolire, di una data percentuale, il vostro carattere. Per la verità, è un'opzione che non si usa molto; normalmente si preferisce modificare le dimensioni reali del carattere, come abbiamo descritto poco sopra.

Sono un po' più utilizzate le opzioni **Spaziatura** e **Posizione**, che permettono, rispettivamente, di determinare quanto spazio deve essere posto fra i caratteri selezionati e di quanti punti i caratteri debbano essere messi in apice o in pedice. Per tutte e due le opzioni si deve specificare, in punti, la misura della spaziatura o dell'apice o pedice. La spaziatura, soprattutto, può essere utile quando state componendo un testo "grafico" (un volantino, un menu, un cartellone ecc.) e avete bisogno, con una o due parole, di riempire uno spazio, senza ingrandire troppo la dimensione del carattere.

La **Crenatura caratteri** permette di diminuire la distanza fra quei caratteri fra i quali la distanza normale apparirebbe più grande di quello che è, producendo un senso di vuoto.

Con un esempio tutto risulta più chiaro. Se provate a scrivere le lettere maiuscole V e A l'una accanto all'altra, a causa della loro forma, queste vi appariranno più distanti di altre coppie di lettere, per esempio O e M (Figura 6.7).

Figura 6.7 - Le lettere V e A appaiono più distanti delle lettere M e O.

I caratteri della Figura 6.7 usano lo stesso font (Calibri) e la stessa dimensione (48 punti). Ora provate a selezionare i caratteri VA e ad attivare l'opzione **Crenatura caratteri**, quindi scegliete un valore per la crenatura inferiore alla dimensione scelta per il carattere: le due lettere si "avvicineranno" e il risultato visivo sarà più armonico e gradevole. Inoltre, la distanza fra le lettere apparirà più simile a quella fra la M e la O, anche se a queste ultime non è applicata alcuna crenatura e, di fatto, abbiamo avvicinato le lettere V e A.

Nella Figura 6.8 abbiamo applicato una crenatura di 38 punti (il carattere ha una dimensione di 48 punti).

Figura 6.8 - Applicare una crenatura alle lettere V e A.

Per concludere la descrizione della scheda **Avanzate** della finestra **Carattere** (Figura 6.6), osserviamo la sezione **Caratteristiche OpenType**.

OpenType è un nuovo tipo di carattere che supporta funzionalità avanzate e caratteristiche (come i formati numerici e le legature) che il progettista del carattere può avere incluso nel carattere stesso.

Prima di applicare le caratteristiche OpenType al proprio testo, occorre verificare se il font che si sta utilizzando è di tipo OpenType. Nell'elenco dei caratteri di Word i font OpenType mostrano l'icona di una O verde e nera (Figura 6.9).

NOTA

L'estensione di un file di font OpenType può anche essere .TTF come quella dei font True Type.

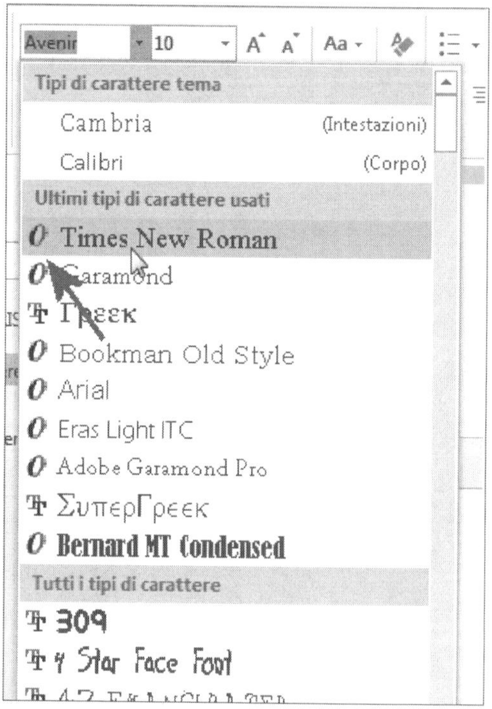

Figura 6.9 - L'icona dei caratteri OpenType.

NOTA

I Caratteri True Type hanno, come estensione, una doppia T.

Una volta che si è verificato che si sta usando un carattere OpenType, si possono applicare le caratteristiche della finestra carattere.
In particolare, si può lavorare sulla **Legatura**, che rappresenta il modo di legare particolari coppie di caratteri, come se si trattasse di un carattere solo.
Si può anche scegliere come gestire i **Formati numeri**, la **Spaziatura dei numeri** e **I set stilistici**.
Per maggiori informazioni sull'impostazione di queste caratteristiche, potete consultare la guida di Word.

Copia formato

Quando si è assegnato il formato corretto a un testo, è possibile copiare e incollare questa formattazione su un altro testo.

Per fare questo, occorre selezionare il testo a cui è stato applicato il formato da copiare e premere il pulsante **Copia formato**, nel gruppo **Appunti** della scheda **Home** (Figura 6.10).

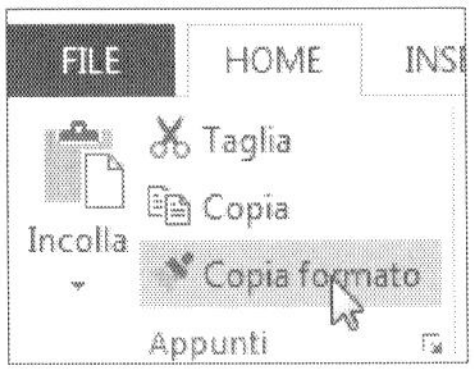

Figura 6.10 - Copia formato.

Con il puntatore del mouse, che avrà assunto la forma di un pennello, fate clic sulla parola (se si tratta di più di una parola, dovete selezionare tutte quelle su cui volete copiare il formato) a cui applicare la formattazione copiata.

Se dovete copiare una formattazione in più parti di un documento, dopo aver selezionato il testo con la formattazione da copiare, fate **doppio clic** sul pulsante **Copia formato** e fate clic su tutte le parole, una dopo l'altra, a cui dovete applicare il formato copiato. Alla fine della procedura, per uscire dalla modalità di copia del formato, fate nuovamente clic sul pulsante **Copia formato** o premere il tasto **Esc**.

Incorporare i caratteri

Quando scegliamo un particolare font e vogliamo o dobbiamo distribuire il file che usa questo carattere, occorre essere consapevoli del fatto che, se quello specifico carattere non è presente sul computer dell'utente che visualizza il nostro file, egli vedrà il file in modo un po' diverso da come lo abbiamo creato noi e, ovviamente, con un font differente.

Se è importante che sia mantenuto il carattere che abbiamo scelto, possiamo incorporare il carattere nel file, anche se questa operazione, come è prevedibile, aumenta le dimensioni del file Word.

Per incorporare in un file il font o i font che sono utilizzati al suo interno, dopo aver aperto il file, occorre aprire la finestra **Opzioni di Word** (scheda **File**, pulsante **Opzioni**) e portarsi alla scheda **Salvataggio**.

Qui occorre attivare l'opzione **Incorpora caratteri nel file**. L'incorporazione dei caratteri può essere ulteriormente raffinata con le opzioni **Incorpora solo caratteri utilizzati nel documento** e **Non incorporare caratteri di sistema standard**.

Entrambe queste opzioni puntano a contenere le dimensioni del file che incorpora i caratteri. Se si attiva la prima opzione, non verrà incorporato tutto il carattere per intero, ma solo la porzione usata nel documento. Semplificando al massimo, potremmo dire che se nel documento si usano solo le lettere minuscole, verranno incorporate solo quelle. Allo stesso modo, se la lettera z non è mai usata, non sarà incorporata nel file. La seconda opzione evita che siano inglobati nel file i caratteri di sistema, ossia quelli inclusi nel sistema operativo, presumibilmente disponibili a tutti gli utenti di un particolare sistema operativo.

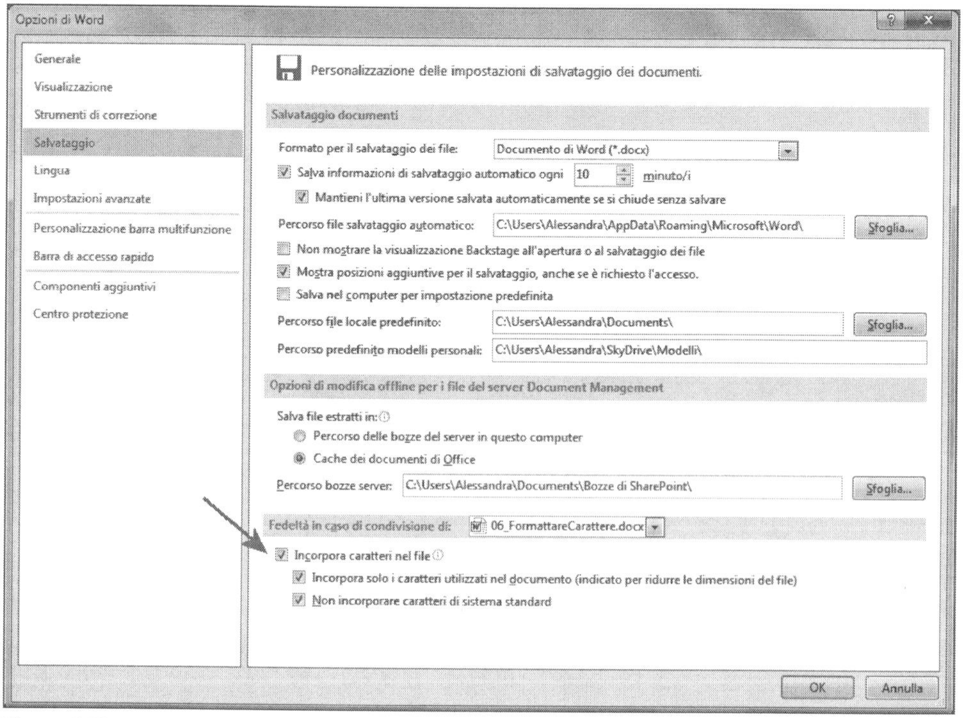

Figura 6.11 - L'opzione Incorpora caratteri nel file.

Formattare il paragrafo

Dopo le modifiche al **carattere**, è venuto il **momento** di imparare a **modificare** i **paragrafi**.

Molte formattazioni del testo vengono applicate a livello di paragrafo, per esempio la spaziatura, l'interlinea e l'allineamento.
Per modificare uno o più paragrafi già scritti occorre evidenziarli; oppure, se si tratta di un paragrafo solo, basta fare clic al suo interno.
Se nulla è evidenziato e non siete all'interno di un paragrafo già inserito, verrà modificato il paragrafo inserito di seguito.
Le formattazioni relative al paragrafo possono essere applicate dal gruppo **Paragrafo** della scheda **Home** (Figura 7.1).

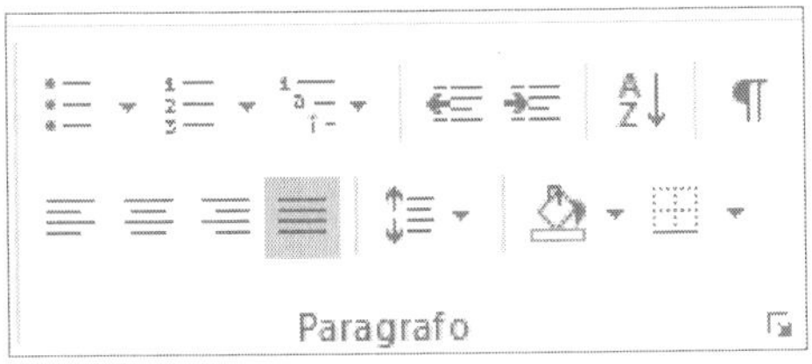

Figura 7.1 - Le formattazioni relative al paragrafo.

Come vedete, i tipi possibili di formattazione sono tanti. Cominciamo con l'allineamento. Si tratta dei primi pulsanti a sinistra sulla seconda riga.

Allineamento

Word prevede quattro tipi di allineamento del testo:

- a sinistra;
- a destra;
- centrato;
- giustificato (il testo viene allineato sia al margine destro, sia a quello sinistro).

L'allineamento predefinito è a sinistra.

Interlinea

Il pulsante appena più a destra di quelli che permettono di modificare l'allineamento del testo vi consente di lavorare con l'**interlinea**. L'interlinea è lo spazio fra due righe misurato a partire dalle rispettive linee di base. Per impostazione predefinita, Word nel testo vi propone un'interlinea **Singola**, ossia uguale al corpo del carattere aumentato di due punti. Ovvero, se avete scelto un carattere di 12 punti, la distanza tra le linee di base di due righe successive sarà di 14 pt.

> **NOTA**
> Se su una riga sono presenti parole scritte in caratteri e dimensioni differenti, nel calcolo dell'interlinea si tiene conto del carattere più grande.

Se fate clic sul pulsante **Interlinea**, visualizzerete un menu da cui potrete scegliere le impostazioni più adatte (Figura 7.2).

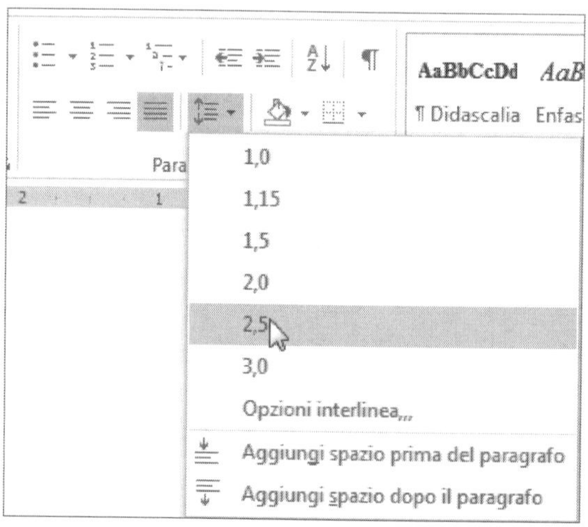

Figura 7.2 - Le possibili impostazioni per l'interlinea.

I primi valori che vi vengono proposti sono numeri e vi permettono di definire l'interlinea come **Multipla**, ossia impostata in base alla dimensione del testo moltiplicato per il valore scelto.

Le ultime due voci del menu vi consentono di distanziare il paragrafo da quello precedente e/o da quello successivo.

Nello specifico, se scegliete di aumentare lo spazio **sopra** il paragrafo, lo aumenterete a 12 punti; i punti di spaziatura aggiunti **sotto** il paragrafo sono, invece, 10. Se aggiungete uno spazio sopra e/o sotto il paragrafo corrente, le due voci del menu si trasformano e vi permettono di rimuovere lo spazio aggiunto.

La voce di menu **Opzioni interlinea** vi permette di aprire la finestra **Paragrafo** alla scheda **Rientri e spaziatura** (Figura 7.3), che vi mette a disposizione molte più opzioni per Interlinea e Spaziatura. Potete aprire questa finestra anche dall'attivatore di finestre di dialogo del gruppo **Paragrafo**.

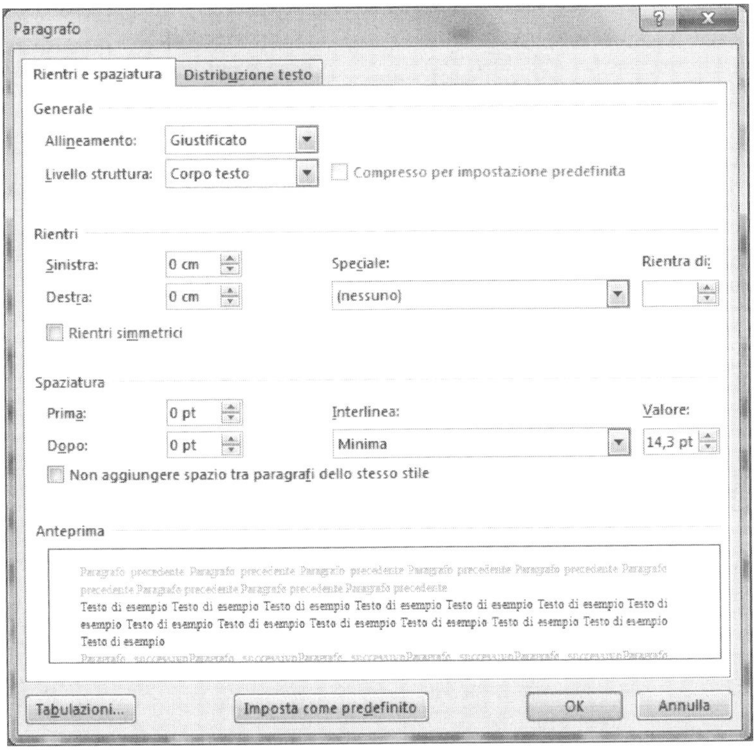

Figura 7.3 - La finestra Paragrafo alla scheda Rientri e spaziatura.

Dall'elenco a discesa **Interlinea** è possibile modificare le impostazioni predefinite per l'interlinea.

Le scelte disponibili, più numerose di quelle presenti nel menu analizzato prima, sono le seguenti:

- **Singola: è l'interlinea standard di Word;**
- **1,5 righe**: **imposta** l'interlinea a una volta e mezza quella standard;
- **Doppia**: imposta un'interlinea doppia rispetto a quella standard;
- **Esatta**: lo spazio dell'interlinea è esattamente pari al valore digitato nella casella **Valore**;
- **Minima**: l'interlinea ha come valore in punti minimo quello inserito nella casella **Valore**. In caso di necessità, per esempio in presenza di elementi grossi, Word aumenta l'interlinea, che comunque non scende mai al di sotto del valore impostato;
- **Multipla**: è la stessa interlinea che si può ottenere dal menu della Figura 7.2. Qui avete la possibilità di digitare il valore per cui moltiplicare la dimensione del carattere.

Rientri

Dalla sezione **Rientri** della finestra **Paragrafo** alla scheda **Rientri e spaziatura** (Figura 7.3) possiamo determinare di quanto un paragrafo si discosti dal margine, sinistro o destro. Word vi chiede di specificare di quanti centimetri volete far rientrare il vostro testo rispetto al margine destro e al margine sinistro. Il rientro vi può servire, per esempio, per distinguere un paragrafo rispetto agli altri.
Word vi mette a disposizione anche tipi di rientro particolari: si tratta di **Prima riga** e **Sporgente**, che potete selezionare dall'elenco a discesa **Speciale**. Il primo è il più usato e vi consente di far rientrare solo la prima riga di un paragrafo. Se scegliete il secondo, invece, si fa rientrare tutto il paragrafo, a esclusione della prima riga, del valore immesso nella casella **Rientra di**.
In entrambi i casi dovete specificare la quantità del rientro.
Se volete, potete impostare il rientro direttamente dagli appositi pulsanti  della barra multifunzione, nel riquadro **Paragrafo**.
In questo caso, però, potete impostare solo rientri o sporgenze semplici di tutte le righe di un paragrafo.
Le opzioni per il rientro e la spaziatura sono disponibili anche nel gruppo **Paragrafo** della scheda **Layout di pagina**.

Distribuzione del testo nella pagina

Torniamo a parlare della finestra **Paragrafo** (ricordate che potete aprirla con l'attivatore di finestre di dialogo del gruppo **Paragrafo**). Questa volta, però, ci portiamo alla scheda **Distribuzione testo** (Figura 7.4).

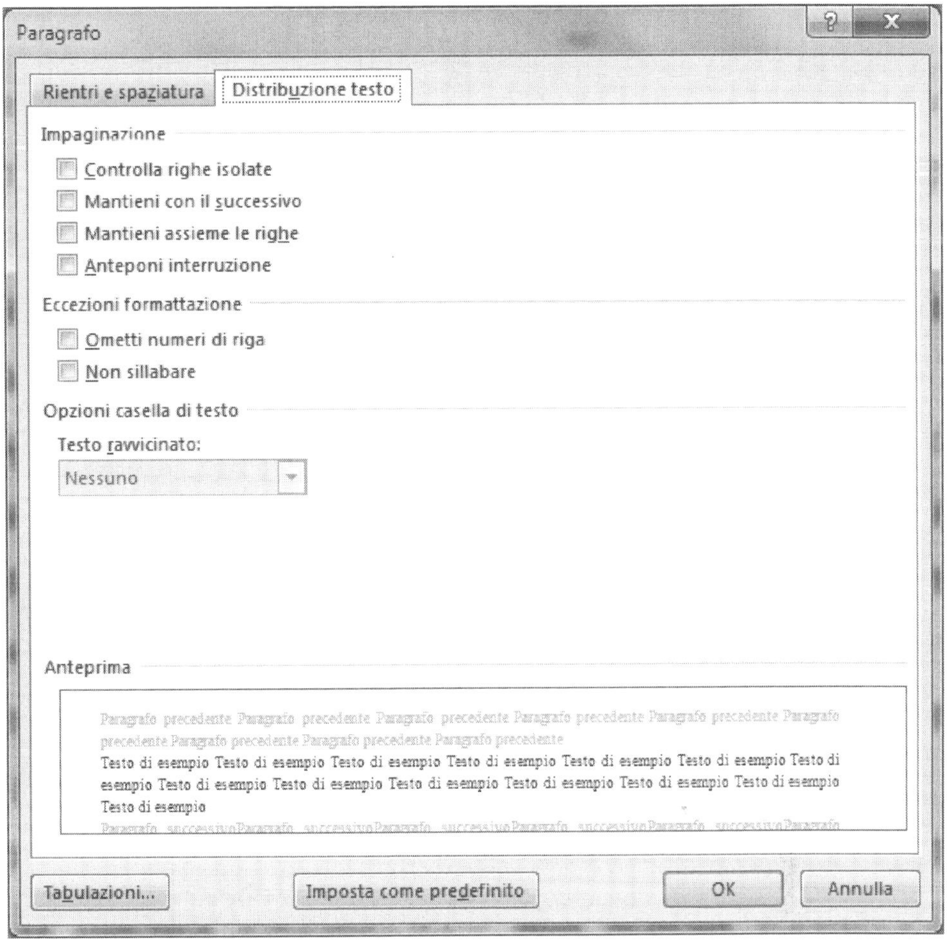

Figura 7.4 - La scheda Distribuzione testo della finestra Paragrafo.

Normalmente, quando il testo digitato arriva alla fine della pagina, Word inserisce automaticamente una nuova pagina e fa scorrere il testo in eccesso nella nuova pagina inserita. Questa scheda ci permette, però, di controllare come viene posizionato il testo in diverse pagine, determinando come si comporta a fine pagina il testo del paragrafo o dei paragrafi selezionati. Vediamo come.

Selezionando la voce **Controlla righe isolate**, si evita che la prima o l'ultima riga di un paragrafo siano in una pagina diversa rispetto all'intero paragrafo.

Volendo, invece, che un paragrafo non si spezzi in due pagine in **nessun caso** (cioè non solo per la prima e l'ultima riga), occorre selezionare **Mantieni assieme le righe**.

L'opzione **Mantieni con il successivo**, invece, fa sì che il paragrafo rimanga sulla stessa pagina del successivo e questo è molto utile, per esempio, in paragrafi che contengono immagini seguite da paragrafi con la didascalia (in questo modo la figura e la relativa didascalia saranno sempre sulla stessa pagina).

NOTA

Parleremo di didascalie e gestione del paragrafo che le ospita nel Capitolo 20.

Infine, se si desidera che un paragrafo venga automaticamente spostato in una nuova pagina, selezioniamo la voce **Anteponi interruzione**. Questa opzione è utile, per esempio, per i titoli di nuovi capitoli del vostro documento.
Infine, rimangono le opzioni della sezione **Eccezioni formattazione**: **Ometti numeri di riga** e **Non sillabare**.
La prima opzione impedisce la visualizzazione dei numeri di riga accanto ai paragrafi selezionati. Questa opzione non ha alcun effetto sui documenti o sulle sezioni senza numeri di riga.

NOTA

Se volete visualizzare i numeri di riga, dovete portarvi alla scheda **Layout** di pagina della barra multifunzione e, nel gruppo Imposta pagina, aprire il menu del pulsante **Numeri di riga**. Qui potete specificare quali tipi di numerazione desiderate per le righe del vostro testo.

La seconda opzione, **Non sillabare**, esclude il paragrafo dalla sillabazione automatica, che permette di dividere in sillabe le parole a fine riga. La sillabazione è accessibile dalla scheda **Layout di pagina** della barra multifunzione, nel gruppo **Imposta pagina**.

Tabulazioni

Le tabulazioni servono per posizionare il testo in una determinata posizione **orizzontale** del foglio. Per impostazione predefinita, sono già stabilite delle tabulazioni ogni 1,25 cm. Infatti, premendo il tasto **Tab**, che vedete evidenziato nella Figura 7.5, ci si muove a salti di 1,25 cm. Premendo **Tab** una volta, si può comodamente indentare la prima riga di un paragrafo.
È possibile anche modificare il valore o il tipo delle tabulazioni dalla finestra **Tabulazioni** (Figura 7.6), attivabile dal pulsante **Tabulazioni** della finestra **Paragrafo**.

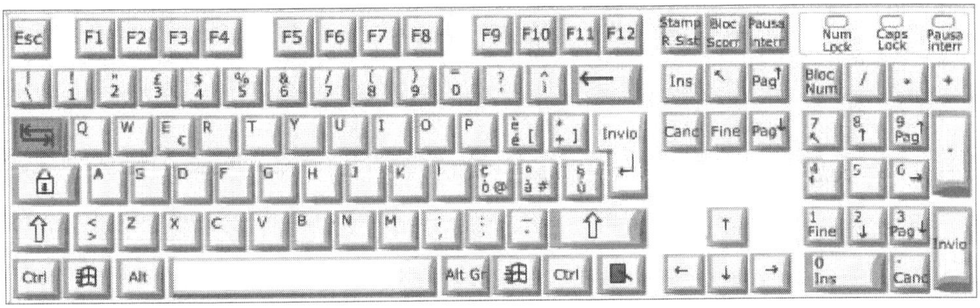

Figura 7.5 - Il tasto Tab.

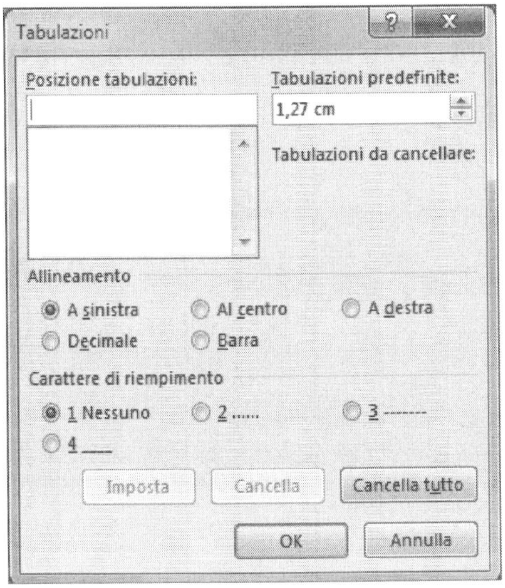

Figura 7.6 - La finestra Tabulazioni.

È più facile capire come funzionano le tabulazioni se visualizziamo i righelli, cioè due barre graduate che si posizionano in alto e a sinistra del documento e vi mostrano le sue dimensioni e la misura della posizione degli elementi nelle pagine.

Per visualizzare i righelli, portatevi alla scheda **Visualizza** della barra multifunzione (prima, se l'avete aperta, dovete chiudere la finestra **Tabulazioni**). Nel gruppo **Mostra/nascondi** selezionate l'opzione **Righello**.

Ora possiamo tornare alle nostre tabulazioni e alla finestra della Figura 7.6. Per impostare una tabulazione occorre inserirne il valore in centimetri nel campo **Posizione tabulazioni** e selezionare l'opzione di allineamento desiderata, quindi premere il tasto **Imposta**. Gli allineamenti possibili sono:

- **A sinistra** (Figura 7.7): è l'allineamento predefinito. Il margine sinistro del testo è allineato al punto di tabulazione (indicato sul righello orizzontale dal segno);

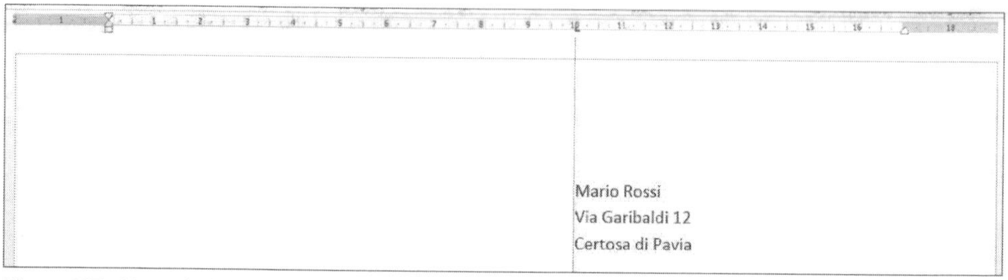

Figura 7.7 - Una tabulazione a sinistra.

- **A destra** (Figura 7.8): il margine destro del testo è allineato al punto di tabulazione (indicato sul righello orizzontale dal segno);

Figura 7.8 - Una tabulazione a destra.

- **Al centro** (Figura 7.9): il testo è centrato rispetto al punto di tabulazione (indicato sul righello orizzontale dal segno);

Figura 7.9 - Una tabulazione al centro.

- **Decimale** (Figura 7.10): si usa per allineare i numeri. In particolare, la virgola decimale è allineata al punto di tabulazione (indicato sul righello orizzontale dal segno);

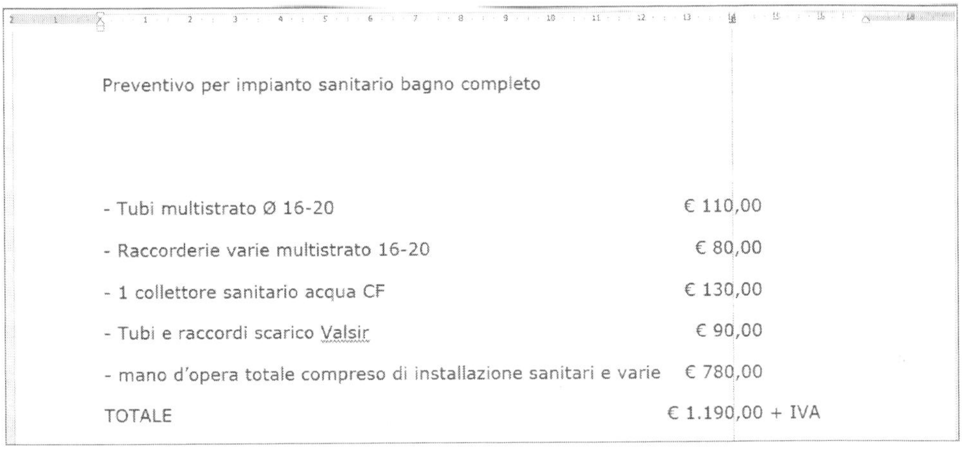

Figura 7.10 - Una tabulazione decimale.

- **Barra**: inserisce una linea verticale in corrispondenza del punto di tabulazione (indicato sul righello orizzontale dal segno). Il testo è allineato a sinistra sul punto di tabulazione.

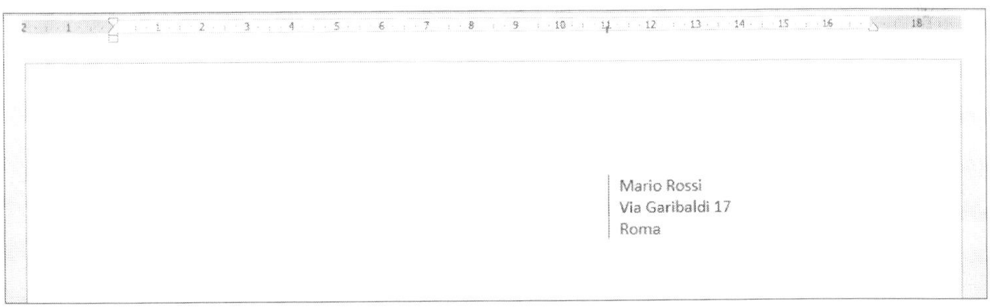

Figura 7.11 - Una tabulazione Barra.

Oltre a impostare l'allineamento del testo, possiamo selezionare un carattere di riempimento che occupi lo spazio fino alla tabulazione. Basta scegliere il tipo di riempimento adatto prima di premere il tasto **Imposta**.

Figura 7.12 - Una tabulazione a sinistra a 16 centimetri, con riempimento puntinato.

Volendo eliminare delle tabulazioni, dopo averle selezionate nella finestra **Tabulazioni** (Figura 7.6), bisogna premere il pulsante **Cancella**. Per cancellare tutte le tabulazioni, premete invece il pulsante **Cancella tutto**.

Quando avete impostato una tabulazione su una riga, essa esiste anche nelle righe successive (solo, però, se inserite del contenuto in queste righe **dopo** aver impostato la tabulazione; il discorso non vale per le righe che hanno del contenuto nel momento in cui viene impostata la tabulazione). Quando andate a capo, sarete riportati comunque all'inizio della riga, ma basta premere il tasto **Tab** per essere portati alla tabulazione. Per portarvi a una tabulazione a barra, dovete premere il tasto **Tab** più volte fino a raggiungerla.

Se su una riga esistono più tabulazioni, il tasto **Tab** vi consente di spostarvi da una all'altra.

Bordi e sfondo

Lasciamo da parte le finestre **Tabulazioni** e **Paragrafo** e torniamo al gruppo **Paragrafo** della scheda **Home** (Figura 7.1).

Concentriamoci sui pulsanti più a destra della seconda riga .

Con il primo avete la possibilità di selezionare un colore da usare come sfondo dell'intero paragrafo. L'effetto è lo stesso dell'evidenziatore, di cui abbiamo parlato nel Capitolo 6, con la differenza che, in questo caso, lo sfondo viene applicato automaticamente a tutto il paragrafo. Se fate clic sul pulsante, applicate il colore usato l'ultima volta, che è indicato da una riga colorata sul pulsante stesso sotto il secchio del colore. Se volete usare un altro colore, aprite il menu relativo a questo pulsante, usando la piccola freccia posta alla sua destra. Qui potete scegliere tra i colori predefiniti o premere il pulsante **Altri colori** per creare un colore personalizzato.

Per quanto riguarda il bordo, dal pulsante che abbiamo mostrato potete visualizzare un menu da cui è possibile scegliere a quale lato del paragrafo selezionato applicare il bordo stesso (Figura 7.13).

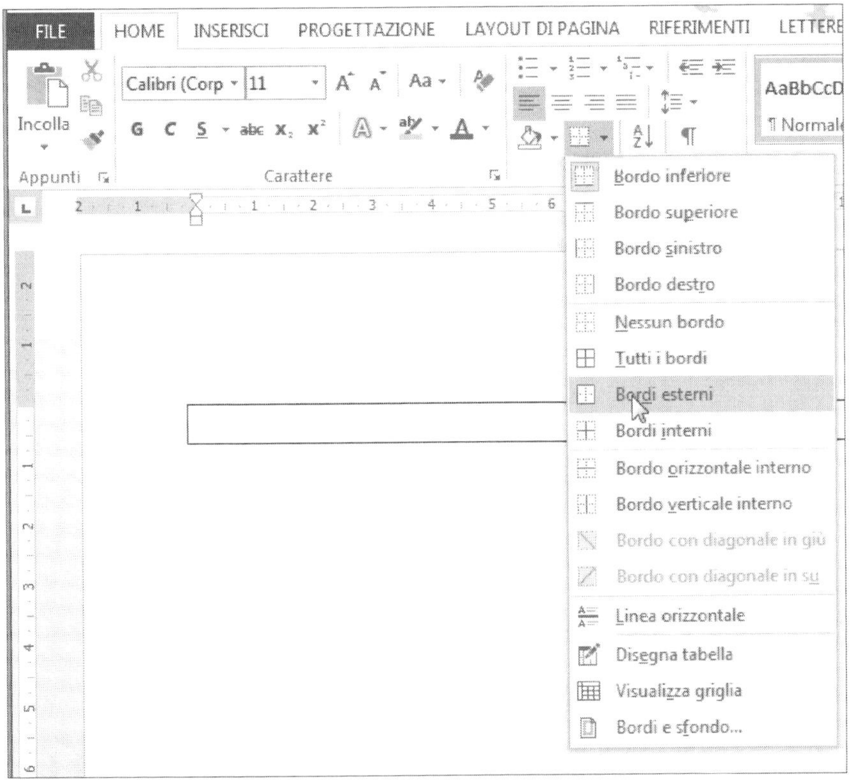

Figura 7.13 - Applicare un bordo al paragrafo.

Il bordo applicato è nero o del colore dell'ultimo bordo usato. Se volete avere un maggiore controllo sul bordo, scegliete l'ultima voce del menu: **Bordi e sfondo**. Word aprirà la finestra **Bordi e sfondo**, dalla quale potete impostare il bordo a vostro piacimento. Per una descrizione più dettagliata di questa finestra, vi rimandiamo al Capitolo 8, dove spiegheremo come applicare un bordo all'intera pagina. Per i bordi dei paragrafi la procedura è identica.

Ordinamento alfabetico

Concludiamo questo capitolo sui paragrafi accennando alla possibilità di ordinare alfabeticamente i paragrafi (e altri elementi) di un testo. Per la verità, non si tratta di un'opzione di formattazione come quelle di cui abbiamo discusso finora, ma siccome è una funzione utile, perché non parlarne?

Immaginate di avere delle parole (magari nomi, titoli di libri ecc.) da ordinare alfabeticamente, una su ogni paragrafo (Figura 7.14).

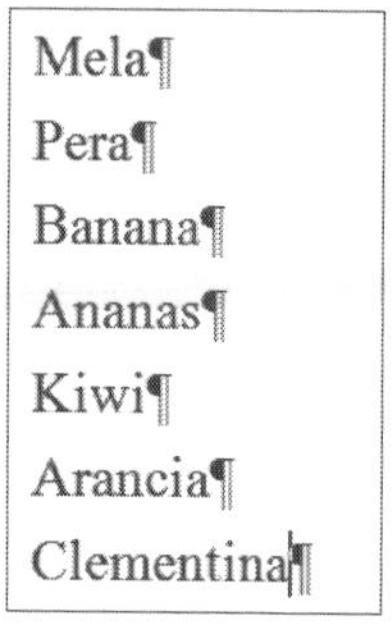

Figura 7.14 - Il testo da ordinare.

Selezionate l'elenco e premete, nel gruppo **Paragrafo** della scheda **Home**, il pulsante **Ordina** . Word vi mostrerà la finestra **Ordina testo** (Figura 7.15).

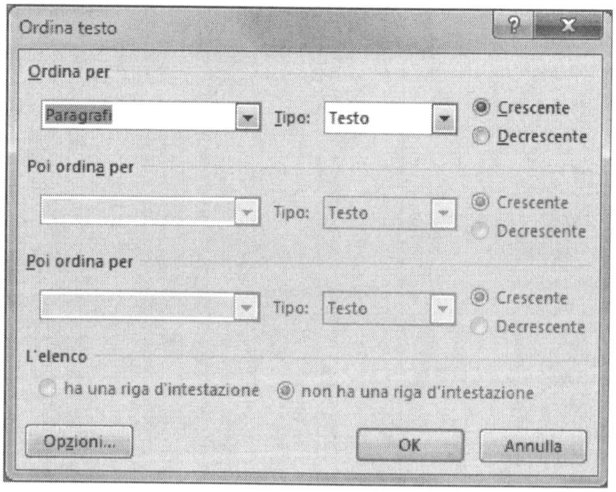

Figura 7.15 - La finestra Ordina testo.

Da questa finestra potete impostare le opzioni di ordinamento. Nel nostro caso, abbiamo usato proprio le opzioni predefinite: abbiamo, cioè, ordinato per paragrafo, ottenendo il risultato che vedete nella Figura 7.16.

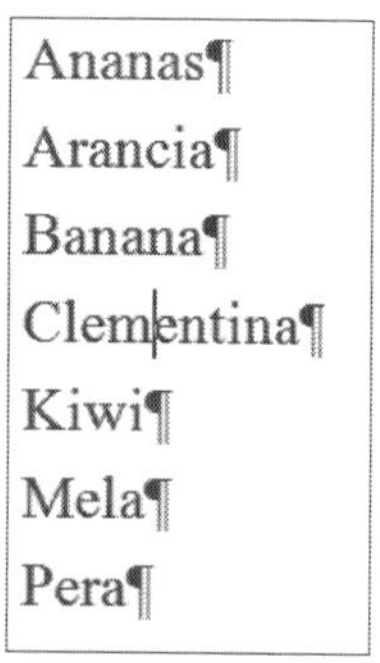

Figura 7.16 - I paragrafi ordinati.

8

Il formato della pagina

Finora abbiamo accettato le pagine che ci ha proposto Word. Non ci siamo interessati né alle loro dimensioni, né ai margini, né alle intestazioni. Ce ne occuperemo in questo capitolo.

Come per il carattere e il paragrafo, Word permette di applicare delle modifiche anche all'intera pagina. Troviamo tutti i comandi necessari nella scheda **Layout di Pagina** della barra multifunzione, in particolare nel gruppo **Imposta pagina** (Figura 8.1).

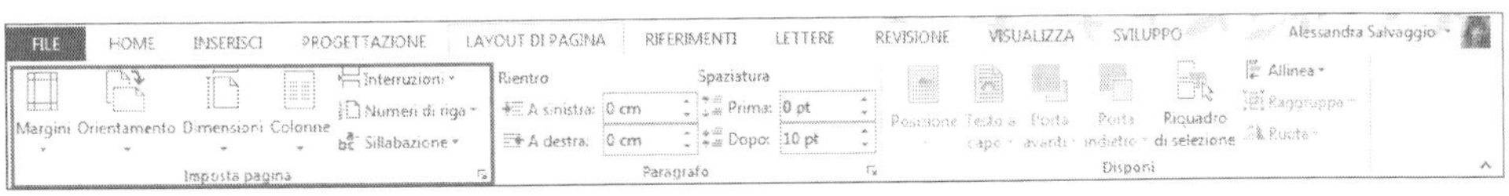

Figura 8.1 - I comandi per impostare le proprietà della pagina.

Prima di spiegare come modificare una pagina, precisiamo che, per impostazione predefinita, Word vi propone di lavorare con un documento A4 con orientamento verticale, da stampare su una sola facciata. Il margine superiore (cioè lo spazio vuoto tra il bordo del foglio e il testo) è di 2,5 cm. Tutti gli altri margini sono di 2 cm.

NOTA

Il formato A4 è quello della carta delle normali stampanti da casa e da ufficio. Le sue dimensioni sono 21 cm x 29,7 cm.
Ricordate che i formati della carta vengono indicati con la lettera A o B seguita da un numero che ne indica le dimensioni. Lo standard UNI prevede che i formati più piccoli si ottengano dal più grande dividendo il lato più lungo a metà. Per quanto riguarda i formati A, il più grande è l'A0 (84,1 cm x 118,9 cm e superficie di 1 m^2). Dividendo in due il foglio A0 sul lato lungo, si ottiene l'A1 (59,4 cm x 84,1 cm). Dividendo a metà l'A1, si ottiene l'A2 (42,0 cm x 59,4 cm); dividendo ancora a metà, si ottengono l'A3 (29,7 cm x 42,0 cm), quindi l'A4 (21 cm x 29,7 cm), poi l'A5 (14,8 cm x 21 cm), l'A6 (10,5 cm x 14,8 cm) e così via. Per quanto riguarda i formati B, il più grande è il B0 (1000 cm x 1414 cm); la sua metà è il B1 (707 cm x 1000 cm), la cui metà è il B2 (500 cm x 707 cm) e così via. Il formato Lettera o Letter viene usato prevalentemente in America e corrisponde al nostro A4, rispetto al quale è un po' più largo e più basso (21,59 cm x 27,94 cm).

Tutte queste misure possono essere modificate a vostro piacimento.
L'operazione più semplice è quella di passare dall'orientamento verticale a quello orizzontale: basta, infatti, scegliere la voce opportuna dal menu del pulsante **Orientamento** del gruppo **Imposta pagina**.
Per modificare i margini e le dimensioni della pagina, potete invece ricorrere ai menu dei pulsanti **Margini** e **Dimensioni** (Figura 8.2).
In questi menu potete trovare diverse misure preimpostate tra cui scegliere. Soprattutto per quanto riguarda le dimensioni della pagina, le soluzioni preimpostate sono moltissime e quasi sicuramente troverete quella che fa per voi. Comunque, se avete bisogno di impostare dimensioni personalizzate, è possibile ricorrere alla finestra **Imposta pagina** (Figura 8.3), che potete aprire dalle ultime voci dei due menu **Margini personalizzati** e **Altre dimensioni foglio**, o dal pulsante di visualizzazione del gruppo **Imposta pagina**. Da questa finestra avete molte più possibilità che dai menu appena descritti, in cui trovate solo le opzioni base.Si tratta di una finestra composta da tre schede e, a seconda del pulsante o della voce di menu che avete usato per aprirla, potreste vedere attiva una scheda diversa. Cominciamo ad analizzare la scheda **Margini**, che presenta molti comandi aggiuntivi rispetto al menu descritto sopra.

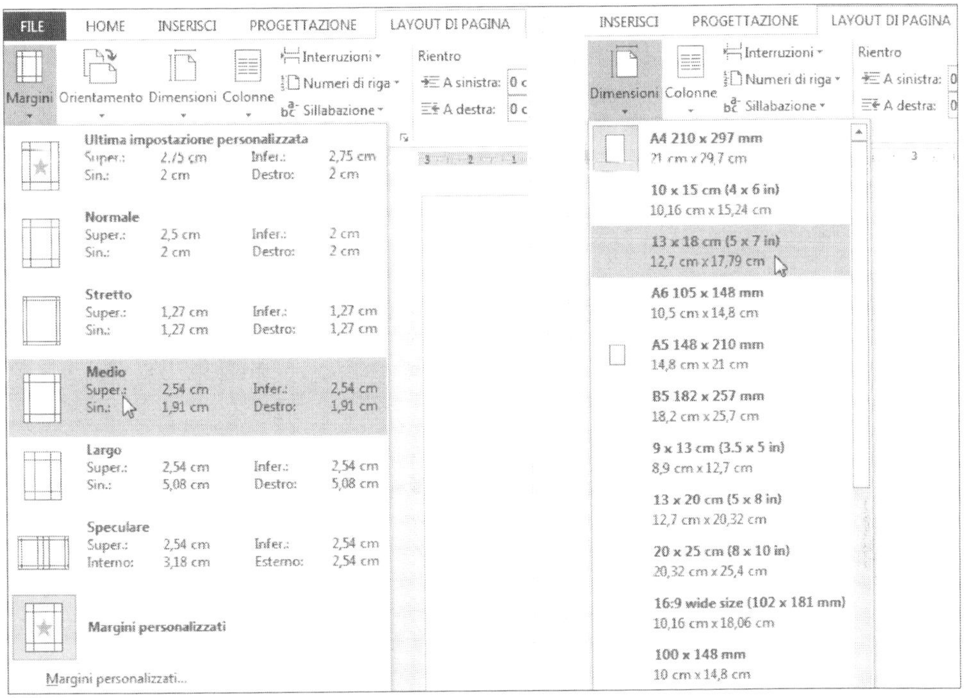

Figura 8.2 - Modificare margini e dimensioni della pagina.

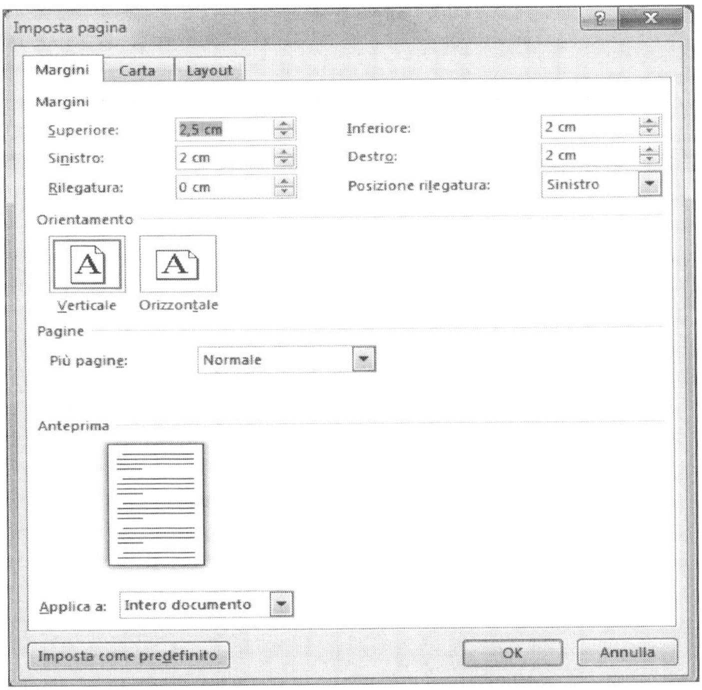

Figura 8.3 - La finestra Imposta pagina.

L'operazione più semplice è quella di modificare le dimensioni dei margini, scrivendo nei campi **Superiore**, **Inferiore**, **Sinistro** e **Destro** le misure che desiderate.
Se intendete **rilegare** le stampe del testo che state scrivendo, magari con una semplice spirale applicata con le macchine rilegatrici da ufficio, è possibile indicare a Word quanto spazio occuperà la rilegatura oltre il margine e la sua posizione (normalmente la rilegatura avviene sul lato sinistro della pagina, ma in alcuni casi potrebbe essere posta sul lato superiore o su un altro lato). Potete indicare lo spazio da lasciare per la rilegatura nel campo **Rilegatura**, esprimendolo in centimetri. Per specificare il lato del foglio su cui applicherete la rilegatura, usate l'elenco a discesa **Posizione rilegatura**.
In modo altrettanto semplice potete modificare l'orientamento della carta, facendo clic sul pulsante che desiderate nella sezione **Orientamento**.
Un po' più complessa è la scelta che dovete fare nella sezione **Pagine**. Analizziamo le opportunità che vi si presentano.
Una delle voci che potete scegliere dall'elenco a discesa **Pagine** è **Margini simmetrici**: questo vi permette di creare un tipo di documento concepito per essere stampato fronte-retro. Questo nuovo tipo di documento non avrà più un margine sinistro e un margine destro, ma un margine **Interno** (sul lato in cui i fogli saranno rilegati) e un margine **Esterno**. La scheda **Margini** verrà modificata come nella Figura 8.4.

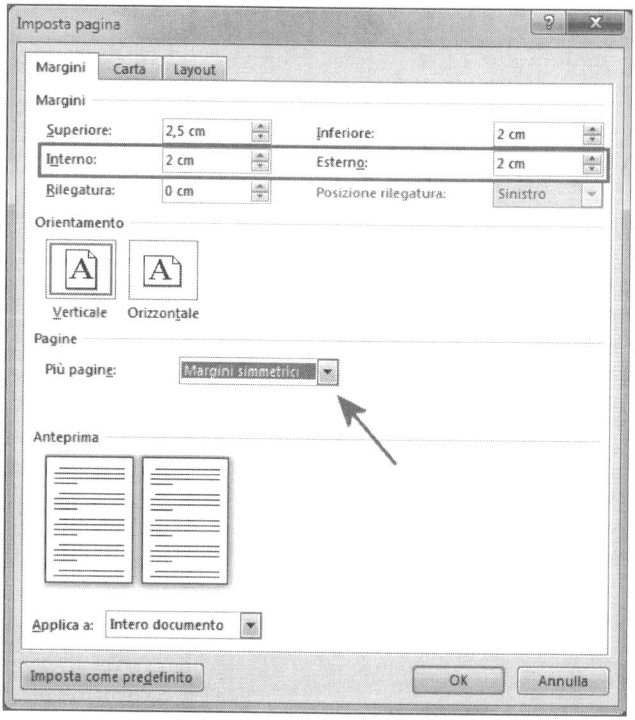

Figura 8.4 - Impostazioni per un documento con margini simmetrici.

Non sarà più neanche possibile specificare la posizione della rilegatura, che verrà posta comunque sul margine interno. Rimane la possibilità di specificarne le dimensioni.

Dall'elenco a discesa **Pagine**, potete anche scegliere di creare un documento che sarà grande quanto la metà di un foglio diviso sul lato lungo e che sarà rilegato sul lato corto (ossia il lato in cui il foglio intero è stato "tagliato"). In questo caso non ci saranno più un margine destro e un margine sinistro, ma un margine interno e un margine esterno. La rilegatura sarà sempre posta sul margine interno. Per ottenere questo tipo di struttura dovete scegliere dall'elenco **Pagine** la voce **2 pagine per foglio** (Figura 8.5) e applicare un orientamento orizzontale.

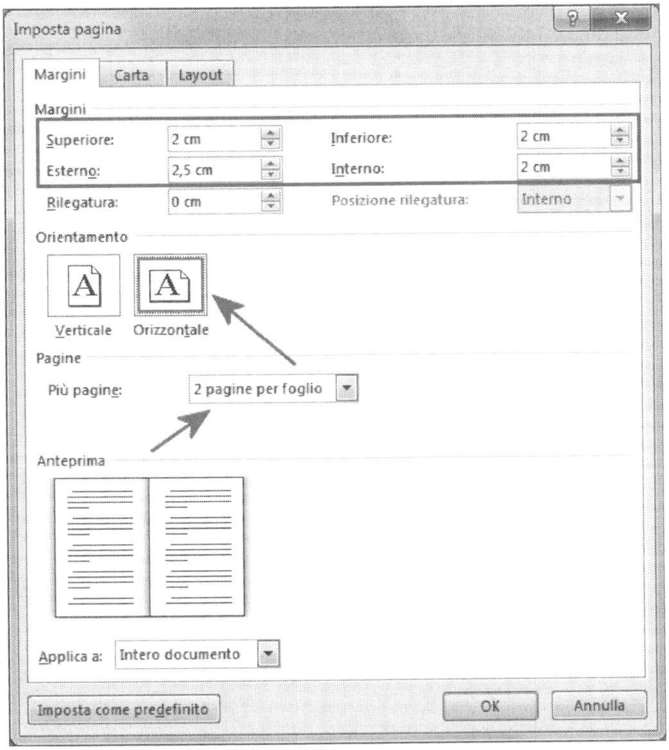

Figura 8.5 - Un documento con due pagine per foglio.

NOTA

In questa sede proponiamo esempi con un orientamento orizzontale. Se si sceglie l'orientamento verticale, le due porzioni di foglio saranno affiancate sul lato lungo. È facile, comunque, rendersi conto di quale tipo di documento si otterrà con le varie combinazioni, dato che Word ne mostra sempre un'anteprima nella scheda **Margini**.

Infine, dall'elenco a discesa **Pagina**, potete scegliere il formato **Libro**. Si tratta di un formato particolare, molto utile se disponete di una stampante in grado di gestire il fronte-retro. Questo formato, infatti, vi consente di realizzare opuscoli in formato A5 (la metà di un foglio A4) a partire da un foglio A4, senza la necessità di tagliare la carta.

Se scegliete questo formato, Word vi proporrà il foglio A5 per scrivere (anche se nella vostra stampante userete fogli A4) e stamperà due pagine per foglio.

In fase di stampa, le pagine verranno accoppiate sui fogli in modo che, alla fine della stampa, non vi resterà che sovrapporre tutte le pagine e piegare tutto il blocco sul lato lungo: vi troverete un opuscolo pronto, con le pagine ordinate e impaginate correttamente.

Naturalmente, quando vi accingerete alla stampa, dovrete specificare a Word di stampare fronte-retro, se la stampante lo supporta, o di stampare comunque su entrambi i lati del foglio, ma con una gestione manuale (Figura 8.6): dopo la stampa del primo lato, la carta andrà manualmente reinserita nella stampante per la stampa del secondo lato.

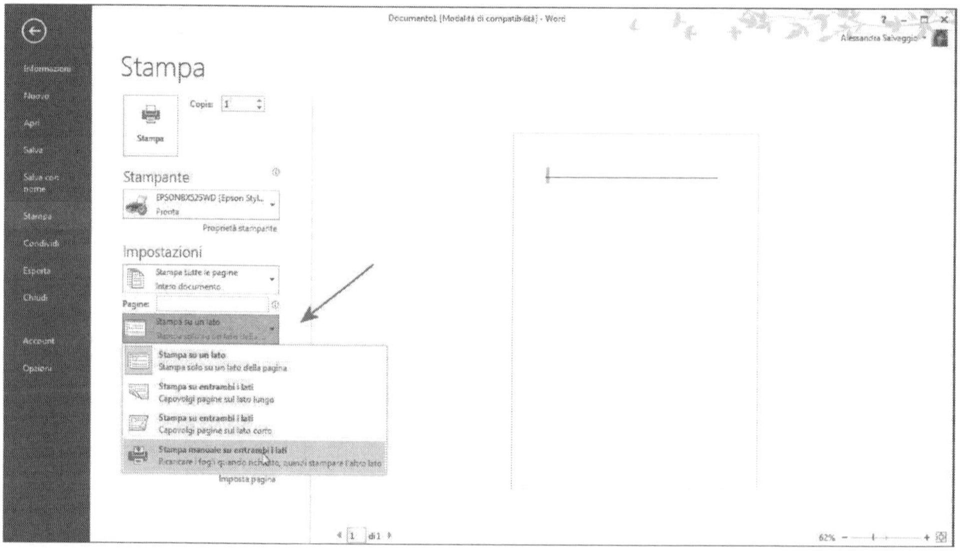

Figura 8.6 - Stampare fronte-retro.

NOTA

Parleremo nel dettaglio della stampa nel Capitolo 23; per ora prendete nota di questa esigenza.

È Word stesso che avvisa quando occorre inserire di nuovo la carta nella stampante.

NOTA

Nonostante l'avviso di Word, prima di estrarre la carta dalla stampante assicuratevi che la stampa delle pagine fronte sia finita. Il messaggio di Word, in genere, arriva un po' prima che la stampa sia conclusa, ovvero quando il comando di stampa della parte fronte è stato inviato alla stampante, non quando questa ha concluso la stampa.

Per concludere la descrizione della scheda **Margini**, ricordiamo che dal menu a discesa **Applica a** possiamo definire se applicare le impostazioni definite a tutto il documento, solo alla sezione corrente o dal punto in cui ci troviamo in poi.

Il layout della pagina

L'ultima scheda della finestra **Imposta pagina**, **Layout** (Figura 8.7), vi permette di determinare l'aspetto di alcuni elementi delle pagine, come le intestazioni e i piè di pagina. Parleremo di intestazioni e piè di pagina più diffusamente nel Capitolo 9. Ora, però, dobbiamo cominciare a conoscere questi elementi della pagina. L'intestazione e il piè di pagina sono testi che si ripetono, rispettivamente, in testa e in fondo a ogni pagina. Possono essere utilizzati per inserire il nome dell'autore, il titolo del documento o del capitolo ecc.

Normalmente le intestazioni e i piè di pagina cominciano a 1,25 centimetri dal bordo superiore e inferiore della pagina (non dal margine: anzi, generalmente l'intestazione e il piè di pagina cadono all'interno dello spazio riservato ai margini), ma è possibile modificare questo valore nella sezione **Intestazione e piè di pagina**, dalle caselle **Distanza dal bordo**.

Nella scheda **Layout** potete anche scegliere di creare intestazioni e piè di pagina differenti per le pagine pari e le pagine dispari di un documento (basterà selezionare l'opzione **Diversi per pari e dispari** nella sezione **Intestazioni**). Questa opzione è utile, per esempio, se volete mostrare nell'intestazione e/o nel piè di pagina alternativamente il titolo dell'intero documento e del capitolo.

Un'altra possibilità che vi offre questa scheda è quella di creare un'intestazione e un piè di pagina diversi per la prima pagina (basterà selezionare l'opzione **Diversi per la prima pagina** nella sezione **Intestazioni**). Se la prima pagina è una copertina, per esempio, e non contiene del testo ma magari un'immagine e il solo titolo del documento, può essere utile che sia priva delle intestazioni che, invece, vi potrebbero servire sulle altre pagine del documento. In questo caso, questa opzione è ciò che vi occorre.

Potete scegliere di differenziare sia le intestazioni della prima pagina sia quelle delle pagine pari e dispari selezionando entrambe le opzioni.

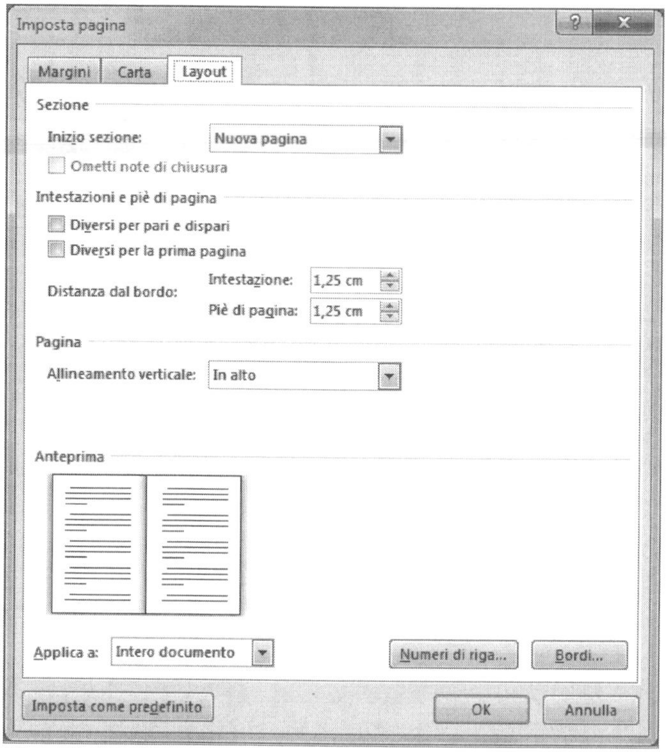

Figura 8.7 - La scheda Layout della finestra Imposta pagina.

Oltre a lavorare sulle intestazioni, nella scheda **Layout** potete determinare la disposizione verticale del testo tra i margini superiore e inferiore della pagina. Vi basterà scegliere il valore appropriato dall'elenco a discesa **Allineamento verticale** della sezione **Pagina**.
Le opzioni disponibili sono **In alto** (il testo si appoggia al margine superiore), **Centrato** (il testo è equidistante dal margine superiore e inferiore, centrato nella pagina), **Giustificato** (l'interlinea del testo viene sistemata in modo che il testo si appoggi sia al margine superiore sia a quello inferiore), **In basso** (il testo si appoggia al margine inferiore). L'impostazione **Giustificato** può essere applicata solo a pagine intere. Le pagine parziali vengono, infatti, allineate comunque in base al margine superiore.

Aggiungere un bordo a una pagina

Nella parte bassa della scheda ci sono due pulsanti che vi permettono, rispettivamente, di accedere alla finestra da cui potrete numerare le righe del documento e aggiungere un bordo alla pagina.
Della numerazione delle righe abbiamo già parlato, quindi non torneremo sull'argomento. Ci occuperemo, invece, dei bordi delle pagine.

Un bordo può essere utile per abbellire un documento, come una locandina, un invito, un diploma ecc.
Quando premete il pulsante **Bordi**, Word vi mostrerà la finestra **Bordi e sfondo** alla scheda **Bordi** (Figura 8.8).
Potete aprire questa finestra anche tramite il pulsante **Bordi pagina** del gruppo **Sfondo pagina**, nella scheda **Layout di pagina**.

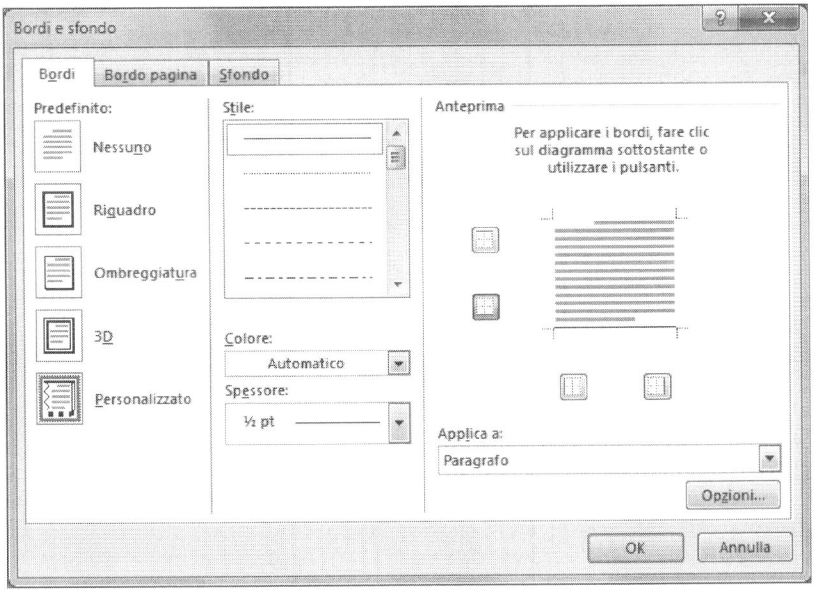

Figura 8.8 - La finestra Bordi e sfondo.

Per quanto riguarda il bordo, avete la possibilità di scegliere tra alcune impostazioni predefinite semplicemente facendo clic sul relativo campione nella sezione **Predefiniti**.
I tipi predefiniti sono:

- **Nessuno**: elimina gli eventuali bordi esistenti;
- **Riquadro**: inserisce un bordo semplice nero sui quattro lati del foglio;
- **Ombreggiatura**: il bordo ha un'ombreggiatura preimpostata. L'ombra è posta sul lato destro e inferiore;
- **3D**: il bordo ha un rilievo tridimensionale;
- **Personalizzato**: il bordo non viene applicato a tutti i lati, ma solo a quelli selezionati nel riquadro **Anteprima**. Per selezionare un lato basta fare clic su di esso.

Nel riquadro **Stile** è possibile modificare le impostazioni predefinite per il bordo. A mano a mano che applicate le modifiche, vedrete aggiornarsi l'anteprima.

Dalla casella **Stile** si può scegliere il tipo di linea (linea continua, tratteggiata, doppia ecc.). Potete impostare anche il colore del bordo (elenco a discesa **Colore**), il suo spessore (elenco a discesa **Spessore**) e un eventuale motivo decorativo (elenco a discesa **Motivo bordo**), come alberelli, cuoricini ecc. (Figura 8.9).

Figura 8.9 - Una pagina con un bordo fantasia.

Gli sfondi

Oltre a un bordo, le pagine possono avere anche uno sfondo colorato o decorato. Queste impostazioni non sono accessibili dalla finestra **Bordi e sfondo** (Figura 8.8). Infatti, dalla sua scheda **Sfondo** potete applicare lo sfondo solo ai paragrafi, non all'intera pagina. Piuttosto, premete il pulsante **Colore pagina** nel riquadro **Sfondo pagina** della scheda **Progettazione**, nella barra multifunzione. Visualizzerete un apposito menu (Figura 8.10).

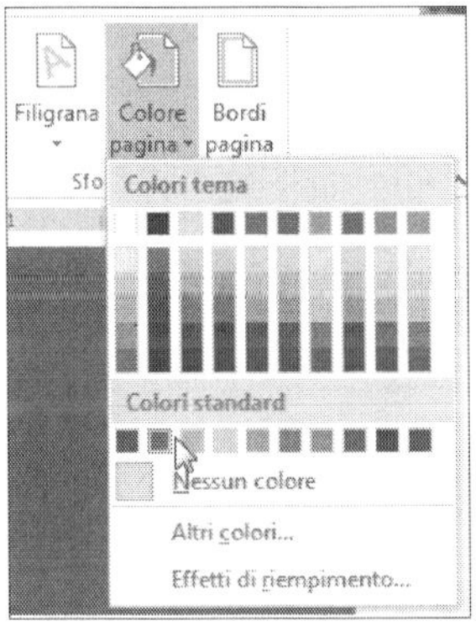

Figura 8.10 - Impostare un colore di sfondo.

Se, fra i colori disponibili, non c'è quello che vi interessa, potete selezionare la voce **Altri colori** e, dalla nuova finestra, scegliere il colore che preferite.

Il colore impostato in questo modo **non** sarà stampato; sarà, invece, mantenuto se salvate il file come pagina Web.

Potete, comunque, utilizzarlo anche per avere un'idea di come sarà il documento finale, se pensate di stampare su carta colorata.

Oltre che con un colore, lo sfondo di una pagina può essere decorato con una trama o un'immagine. Anche questi elementi non saranno stampati. In ogni caso, se desiderate utilizzarli, premete il pulsante **Effetti di riempimento**. Word vi mostrerà la finestra **Effetti di riempimento** (Figura 8.11).

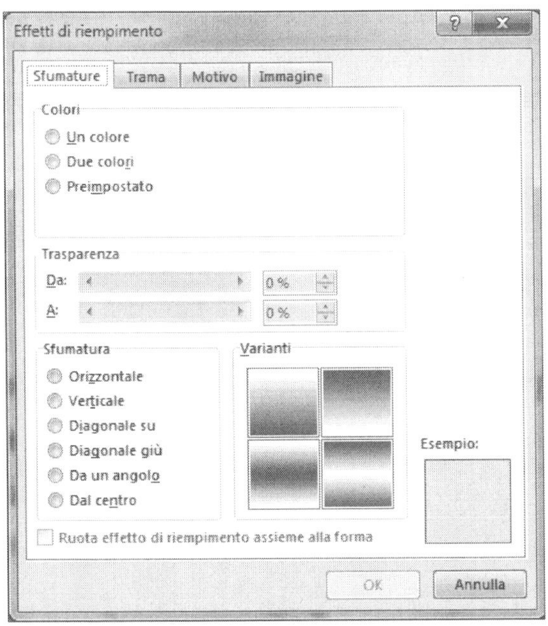

Figura 8.11 - La finestra Effetti di riempimento.

Se volete impostare una sfumatura, potete lavorare nella scheda **Sfumature**. Innanzitutto, nella sezione **Colori**, potete scegliere se applicare una sfumatura con uno o due colori, o scegliere delle sfumature preimpostate. Nei primi due casi, vi sarà chiesto di selezionare il colore o i colori da utilizzare; nel terzo dovrete selezionare la sfumatura già pronta che fa al caso vostro.

Nelle altre schede della finestra potete selezionare immagini predefinite, motivi lineari o un'immagine a vostra scelta da applicare allo sfondo.

Se desiderate creare uno sfondo che sarà stampato, dovete ricorrere alla filigrana, ossia a scritte o immagini che vengono stampate **dietro** il testo del vostro documento.

Vediamo come fare. Premete il pulsante **Filigrana** nel riquadro **Sfondo pagina** della scheda **Progettazione** della barra multifunzione. Word vi mostrerà un menu dal quale potrete scegliere varie filigrane preimpostate (Figura 8.12).

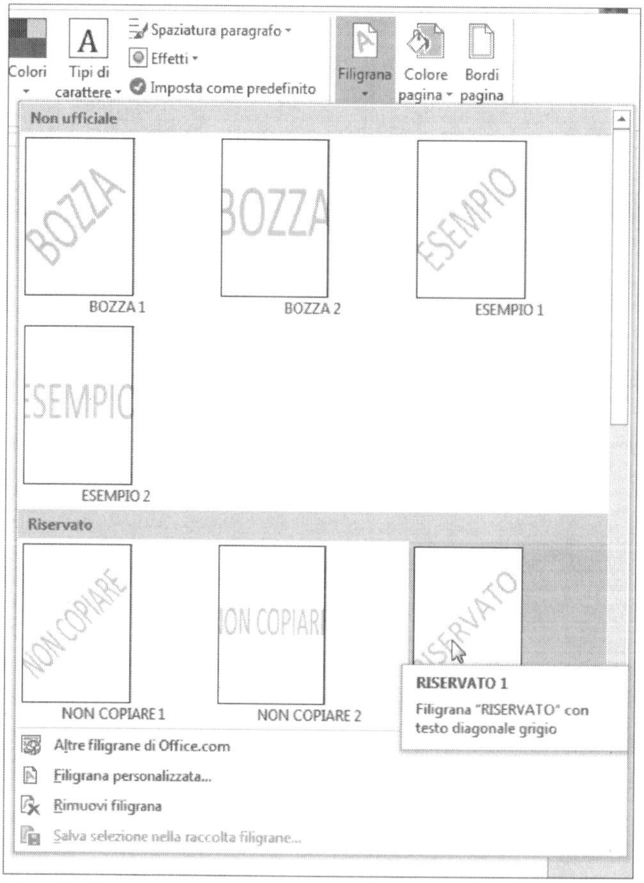

Figura 8.12 - Scegliere una filigrana preimpostata.

La Figura 8.13 vi mostra una pagina a cui è applicata una filigrana preimpostata.

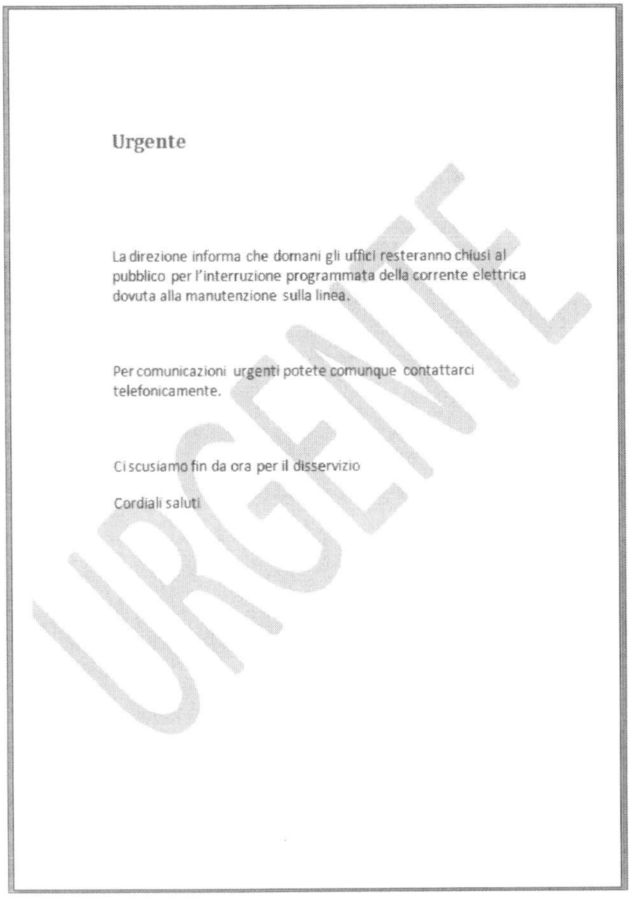

Figura 8.13 - Una pagina con una filigrana preimpostata.

Se preferite creare da soli la vostra filigrana, nel menu della Figura 8.12 scegliete la voce **Filigrana personalizzata**. Word visualizzerà la finestra **Filigrana stampata** (Figura 8.14).

La filigrana può essere un'immagine o un testo. Per utilizzare un'immagine, selezionate l'opzione **Filigrana immagine**. Word attiverà il pulsante **Seleziona immagine**: premetelo e scegliete l'immagine da usare come filigrana. Dall'elenco a discesa **Proporzioni** scegliete la proporzione che deve avere l'immagine rispetto a quella originale (l'opzione **Auto** fa sì che Word adatti automaticamente le dimensioni dell'immagine per riempire tutta la pagina). Se desiderate che l'immagine in filigrana sia sfumata, attivate l'opzione **Sfumata**. Premete **OK**. La filigrana sarà presente su tutte le pagine del documento (Figura 8.15).

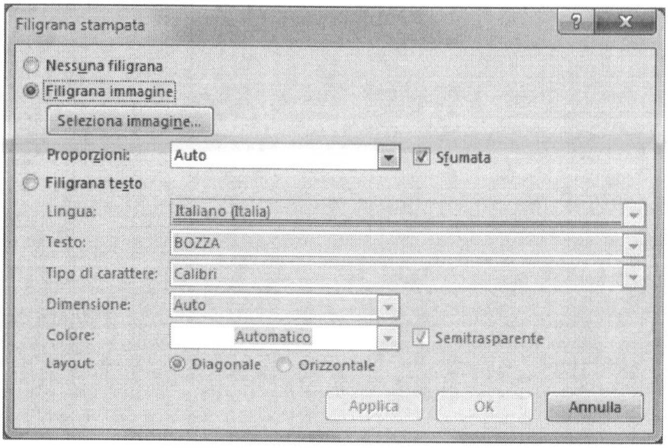

Figura 8.14 - La finestra Filigrana stampata.

Figura 8.15 - Un documento con una filigrana.

Oltre che un'immagine, Word vi consente di usare una scritta come filigrana personalizzata. In questo caso, nella finestra **Filigrana stampata** (Figura 8.14), dovete scegliere l'opzione **Filigrana testo**. Word vi chiederà di scegliere quale testo (ci sono molte più possibilità rispetto alle filigrane preimpostate) utilizzare come filigrana e quale formattazione applicarvi. Se preferite, potete digitare voi stessi il testo nella casella **Testo** anziché scegliere una voce dal suo elenco a discesa.

Le intestazioni e i piè di pagina

Parlando di formattazione della pagina, abbiamo già accennato alle intestazioni e ai piè di pagina. Ora vogliamo soffermarci ad approfondire questo argomento.
Le intestazioni e i piè di pagina sono visibili solo in visualizzazione Layout di stampa e in visualizzazione Lettura a schermo intero, mentre se li richiamate dalla visualizzazione Bozza sarete immediatamente portati in visualizzazione Layout di stampa.
Per visualizzare l'area dell'intestazione e del piè di pagina fate doppio clic nella parte alta (o bassa) vuota della pagina. Word vi mostrerà l'area dell'intestazione (o del piè di pagina) separata del resto del documento con una riga tratteggiata e gli strumenti di modifica delle intestazioni nella barra multifunzione (Figura 8.16). Il testo del documento apparirà sbiadito e sarà, temporaneamente, immodificabile.

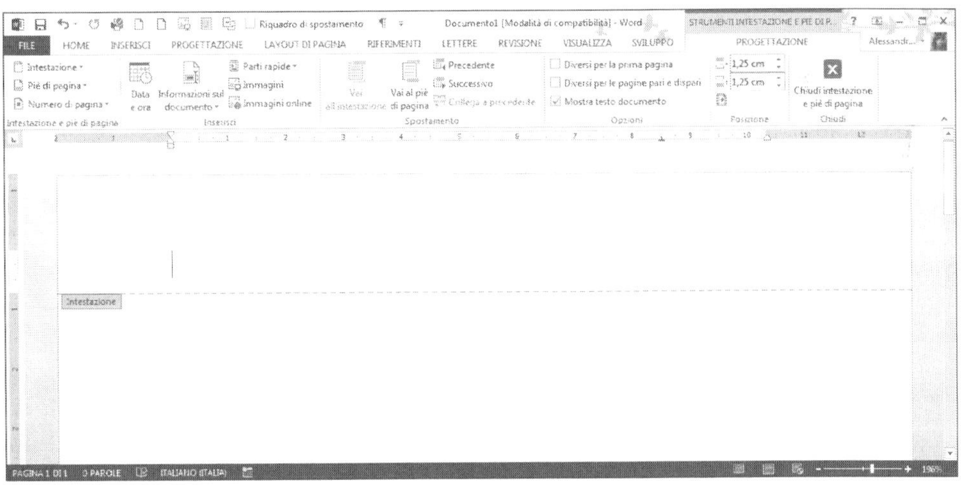

Figura 8.16 - L'area dell'intestazione e gli strumenti per modificarla.

Potete digitare in queste aree il testo che volete e formattarlo secondo il vostro gusto, oppure ricorrere a intestazioni e piè di pagina già pronti.
Trovate gli strumenti necessari nel primo gruppo a sinistra degli **Strumenti intestazione e piè di pagina**. Tutto questo nell'ottica del nuovo Word di facilitare la creazione

dei contenuti fornendo parti già pronte riutilizzabili. Torneremo più avanti su questo concetto, in un capitolo dedicato.

> **NOTA**
> Se volete inserire un'intestazione o un piè di pagina preimpostati, potete anche ricorrere ai pulsanti del gruppo **Intestazione** e **piè di pagina** della scheda **Inserisci**, nella barra multifunzione.

Nel caso delle intestazioni e dei piè di pagina, questo contenuto riutilizzabile può essere testo già pronto oppure una o più aree di testo già predisposte, in cui dovrete aggiungere voi il testo. Proviamo una di queste intestazioni. Dall'apposito menu scegliamo **Galassia** (Figura 8.17).

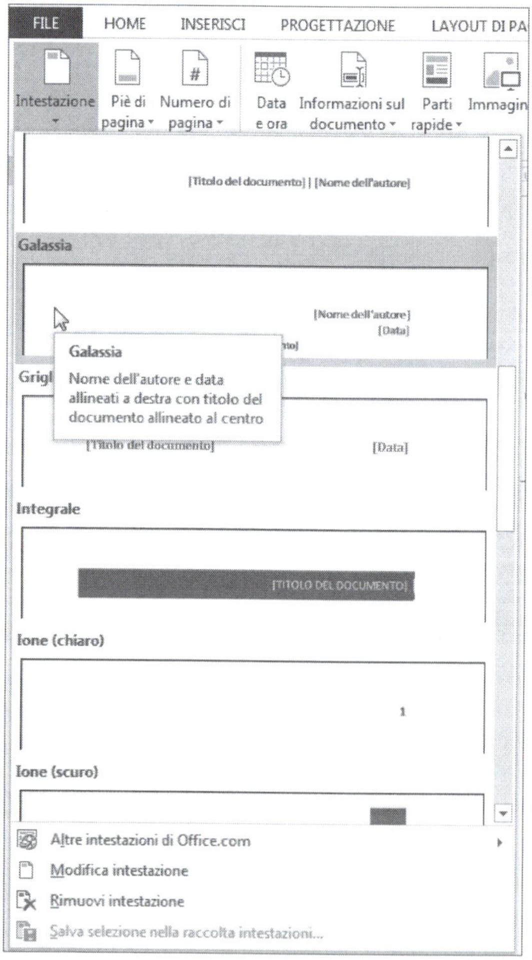

Figura 8.17 - Scegliere l'intestazione.

Appena fatta la vostra scelta, l'intestazione si presenterà come nella Figura 8.18.

Figura 8.18 - L'intestazione.

Notate che ci sono due segnaposto e del testo già compilato. In realtà si tratta di tre segnaposto, ma uno, quello destinato a ospitare il nome dell'autore, risulta già compilato, grazie alle informazioni relative all'account con cui avete attivato Office. Naturalmente, il nome preinserito può essere cancellato e sostituito con un testo a vostro piacimento.
I due segnaposto rimanenti sono diversi: quello centrale, destinato a ospitare il titolo del documento, è blu, mentre l'altro, la data, è grigio. Ciò è dovuto alle loro diverse caratteristiche.
Iniziamo a vedere come digitare il titolo del documento: fate un semplice clic nell'area destinata a ospitarlo (che immediatamente apparirà evidenziata) e cominciate a digitare.
Se, invece, fate clic sul segnaposto per la data, accanto comparirà una freccina: fate clic su di essa e vi verrà aperto un calendario da cui selezionare la data che vi occorre (Figura 8.19).

Figura 8.19 - Inserire una data.

Se non volete inserire un'intestazione o un piè di pagina già pronti, potete comunque utilizzare alcuni elementi preimpostati da unire, magari, ad altri digitati direttamente da voi, come la data e l'ora e i numeri di pagina o le **Parti rapide**. Per questo potete ricorrere agli appositi pulsanti. Sulla data e l'ora c'è poco da dire, vi basterà scegliere il formato che desiderate, mentre sui numeri di pagina torneremo più avanti. Per ora tralasciamo la discussione sulle Parti rapide, alle quali dedicheremo un'ampia trattazione in un capitolo successivo.

Quando avete finito di digitare il testo nell'intestazione, premete il pulsante **Chiudi**, l'ultimo a sinistra degli **Strumenti intestazione e piè di pagina**.

Il testo del documento tornerà a pieno colore e sarà di nuovo modificabile. L'intestazione e il piè di pagina diventano più chiari e non modificabili, a meno che non li si riapra facendo doppio clic su di essi.

Anche se sembrano più chiari rispetto al resto del testo, in stampa le intestazioni e i piè di pagina saranno uguali a esso (a meno che non se ne sia modificato intenzionalmente il colore).

Numerare le pagine

Nelle intestazioni e nei piè di pagina (solitamente in questi ultimi) si possono inserire i numeri di pagina: elementi molto utili soprattutto quando si ha a che fare con documenti non rilegati.

Per inserire la numerazione delle pagine, potete ricorrere all'apposito pulsante nel gruppo **Intestazioni e piè di pagina** della scheda **Inserisci** o della scheda **Progettazione** degli **Strumenti intestazione e piè di pagina** (Figura 8.16).

Se fate clic sul pulsante **Numeri di pagina**, Word vi proporrà una serie di numerazioni preimpostate (Figura 8.20).

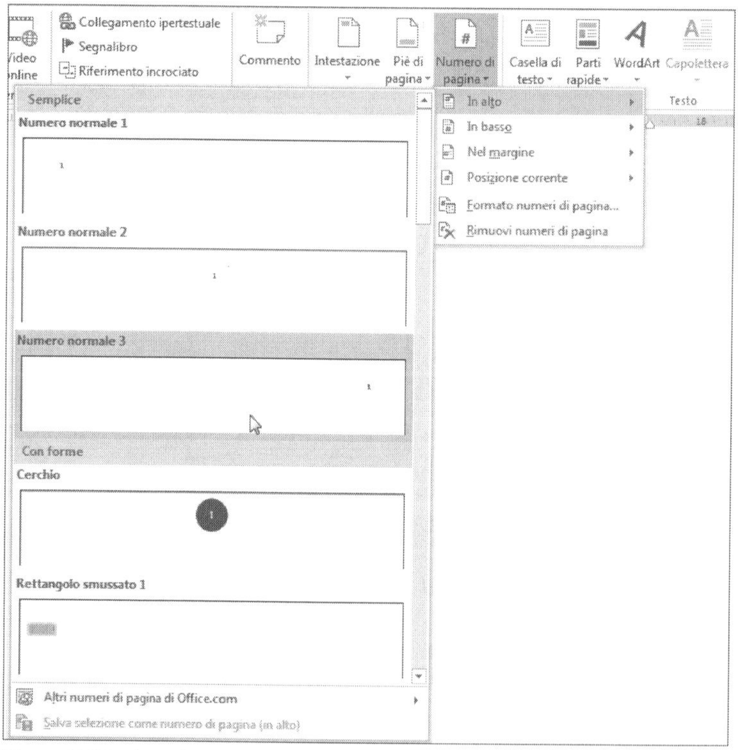

Figura 8.20 - Inserire una numerazione preimpostata.

Come al solito, avete anche la possibilità di creare un tipo di numerazione personalizzato. In questo caso, dal menu della Figura 8.20 scegliete **Formato pagina numeri**. Word vi mostrerà la finestra **Formato numero di pagina** (Figura 8.21).

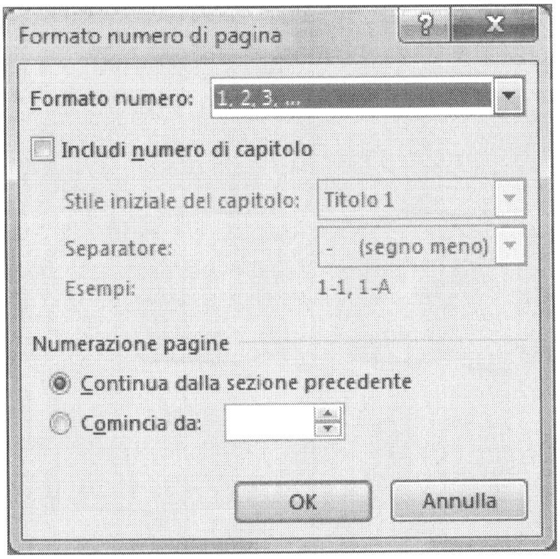

Figura 8.21 - La finestra Formato numero di pagina.

Dall'elenco a discesa **Formato numero** si può scegliere il formato appropriato: per esempio, i numeri romani sono utili per le introduzioni.
Selezionando la voce **Comincia da** nella sezione **numerazione pagine**, è possibile impostare il numero di partenza della numerazione.

Distribuire il testo nelle pagine

Abbiamo già visto come controllare la distribuzione del testo di un paragrafo tra la fine di una pagina e l'inizio di quella successiva.
Ora ci occuperemo di dividere il testo fra le pagine anche prima della fine naturale della pagina, ossia in un qualsiasi punto del nostro documento.
Per inserire una semplice interruzione manuale di pagina, basta posizionarsi nel punto del documento in cui si vuole inserire l'interruzione e premere il pulsante **Interruzione di pagina**, nel gruppo **Pagine** della scheda **Inserisci** della barra multifunzione.
In visualizzazione Bozza e in visualizzazione Layout di stampa, se è attivato l'indicatore di paragrafo (¶), l'interruzione di pagina si presenta come una riga continua punteggiata con al centro la scritta **interruzione pagina** (Figura 8.22), altrimenti è invisibile.

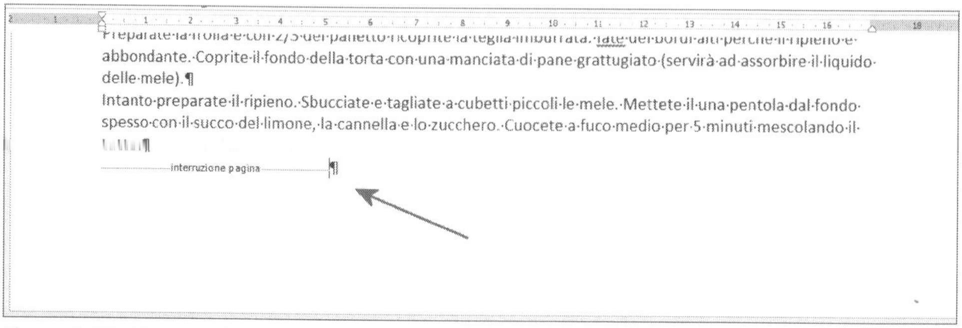

Figura 8.22 - Esempio di interruzione di pagina.

Per eliminare un'interruzione di pagina, basta cancellare la riga che la rappresenta, come se si trattasse di un carattere.

9

Distribuire il testo nelle pagine: le sezioni

Nello scorso capitolo abbiamo imparato a dividere il testo su più pagine usando le interruzioni di pagina. Ora affronteremo le sezioni.

Finora ci siamo occupati delle singole pagine. Naturalmente, però, i testi, soprattutto quelli di ampio respiro, si compongono di parti differenti, per esempio diversi capitoli, tavole fuori testo o lucidi.
È possibile distinguere le varie parti che compongono un documento, in modo che esse abbiano una formattazione diversa, una numerazione diversa nelle pagine, intestazioni e piè di pagina differenti e via dicendo.
Immaginiamo di voler avere un documento con tre parti:

1. una per l'**introduzione**, in cui i numeri di pagina saranno indicati con numeri romani a caratteri minuscoli;
2. una per il **testo**, in cui i numeri di pagina saranno indicati con numeri arabi;
3. infine, una parte di **tavole fuori testo** con la carta orientata in orizzontale e una numerazione in numeri romani maiuscoli.

In ogni sezione, nell'intestazione vogliamo il nome della sezione, mentre il piè di pagina deve essere sempre uguale e riportare il titolo del documento.
Per ottenere tutto questo dobbiamo utilizzare le **sezioni**, che ci permettono di scomporre il documento in porzioni autonome.

Prima di spiegare come fare a creare delle sezioni, occorre precisare che ne esistono di diversi tipi:

- **Pagina successiva**: la nuova sezione comincia in una nuova pagina;
- **Continua**: la nuova sezione viene inserita dopo un nuovo paragrafo. Non c'è cambiamento di pagina;
- **Pagina pari o pagina dispari**: la nuova sezione inizia in una nuova pagina con numerazioni pari o dispari a seconda della scelta effettuata. Se necessario, viene lasciata una pagina vuota.

Dopo aver fatto questa precisazione, proviamo a spiegare come realizzare la struttura in tre parti di cui parlavamo prima.
Innanzitutto, posizionatevi nel punto **prima** del quale deve cominciare la nuova sezione. Portatevi nella scheda **Layout di pagina**; poi, nel gruppo **Imposta pagina**, fate clic sulla piccola freccia posta accanto al pulsante **Interruzioni**, per visualizzare il relativo menu (Figura 9.1).

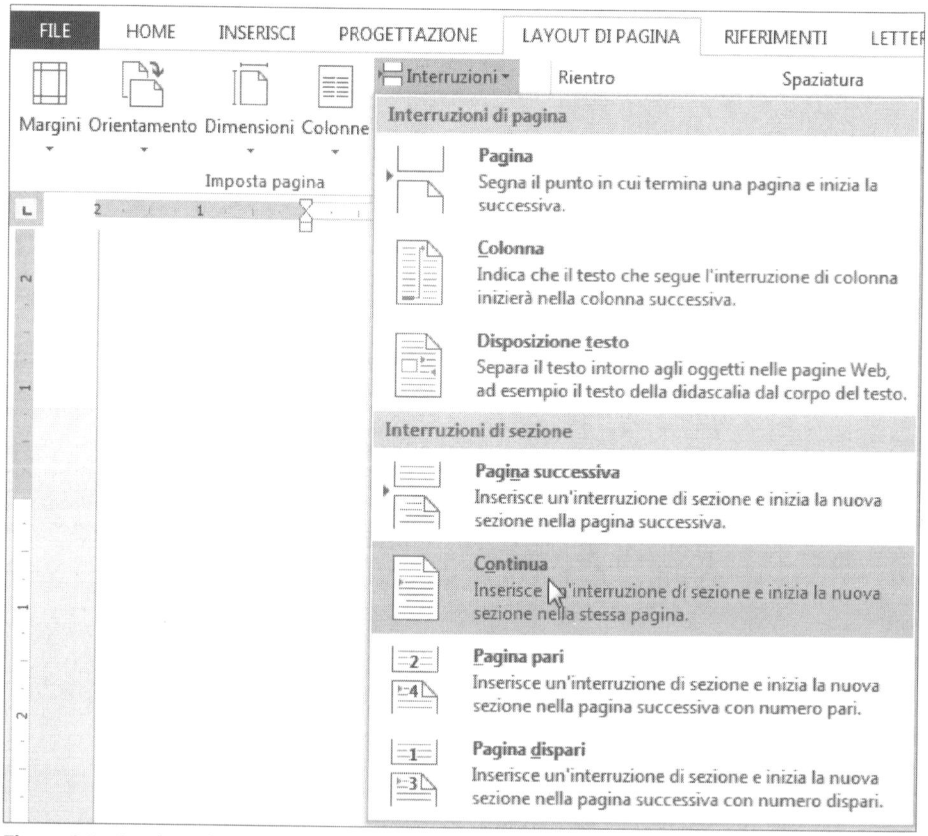

Figura 9.1 - Scegliere il tipo di sezione che si vuole creare.

Qui potete scegliere il tipo di interruzione che vi occorre. Nel caso dell'esempio occorrerebbe un'interruzione di sezione **Pagina successiva**. In questo modo la seconda sezione del nostro documento (quella col testo vero e proprio) inizierà in una pagina nuova rispetto all'introduzione. Se il documento deve essere stampato fronte-retro, l'interruzione **Pagina dispari** è ancora più adatta: il testo comincerà sulla prima pagina dispari vuota, proprio come nei libri.
Anche per la sezione delle tavole fuori testo conviene utilizzare un'interruzione di tipo Pagina successiva o Pagina dispari.
Proprio come per le interruzioni di pagina, se è attivata l'opzione che mostra tutti i caratteri e anche quelli nascosti (¶), potrete visualizzare nella pagina l'interruzione di sezione (Figura 9.2).

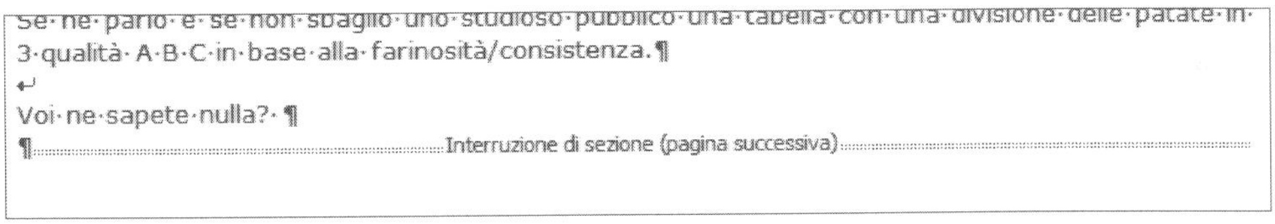
Se·ne·parlò·e·se·non·sbaglio·uno·studioso·pubblicò·una·tabella·con·una·divisione·delle·patate·in·3·qualità·A·B·C·in·base·alla·farinosità/consistenza.¶
↵
Voi·ne·sapete·nulla?·¶
¶::::::::::Interruzione di sezione (pagina successiva)::::::::::

Figura 9.2 - Un'interruzione di sezione.

NOTA

Per attivare la visualizzazione dei caratteri nascosti, portatevi nella scheda **Home** e nel gruppo **Paragrafo** fate clic sul pulsante ¶.
Per rimuovere la visualizzazione dei caratteri nascosti, fate di nuovo clic sul pulsante ¶.

Per eliminare una sezione, basta cancellarla proprio come si farebbe con un normale carattere.
Una volta diviso il documento in sezioni, è possibile utilizzare queste ultime per distinguere vari attributi di formattazione del testo. Vediamone alcuni.

Intestazioni e piè di pagina differenti in ogni sezione

La procedura è identica sia per l'intestazione sia per il piè di pagina e, se si vogliono differenziare entrambi, occorre farlo separatamente, cioè ripetere la procedura per entrambi gli elementi.
Ponetevi nella sezione in cui volete differenziare l'intestazione o il piè di pagina. Inserite un'intestazione. Word vi mostra a quale sezione si riferisce (Figura 9.3).

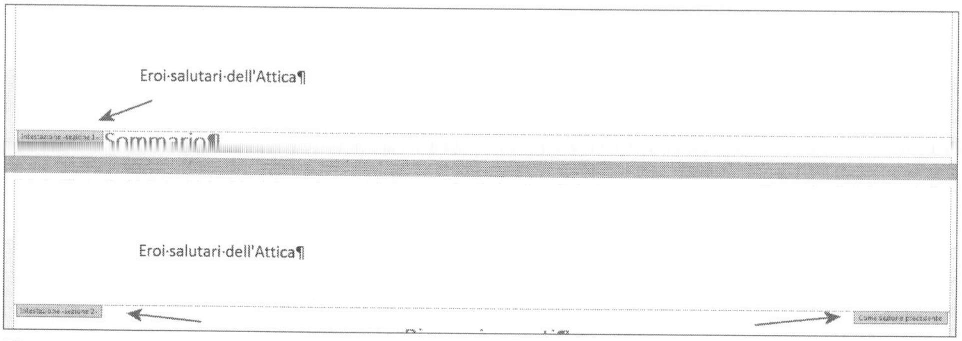

Figura 9.3 - Le intestazioni di un testo diviso in sezioni.

Notate che le intestazioni della prima e della seconda sezione sono uguali, cosa che peraltro è dichiarata dalla targhetta posta alla destra dell'intestazione della seconda sezione (ed eventualmente di quelle successive).

Fate clic all'interno dell'intestazione o del piè di pagina che volete differenziare; poi, nella scheda **Progettazione** degli **Strumenti intestazione e piè di pagina**, nel gruppo **Spostamento**, fate clic sul pulsante **Collega a precedente** per deselezionarlo e disattivare l'opzione predefinita per cui le intestazioni e i piè di pagina delle diverse sezioni sono uguali.

La targhetta che abbiamo visto nella Figura 9.3 scompare. Ora potete digitare il testo dell'intestazione o del piè di pagina o inserire la grafica che desiderate.

In questo modo l'intestazione o il piè di pagina sono differenziati da quelli della sezione precedente, ma sono identici a quelli della sezione successiva. Se volete differenziare questi ultimi, dovete ripetere la procedura descritta spostandovi nella sezione successiva.

Ricordiamo che in ogni sezione è possibile differenziare le intestazioni e i piè di pagina delle pagine di destra e di sinistra, per esempio per scrivere in una il titolo del capitolo e nell'altra il titolo del libro.

Per fare questo, basta seguire la procedura che abbiamo spiegato nel Capitolo 8 a proposito dei documenti non divisi in sezioni. Abbiate solo l'accortezza di fare clic nella sezione in cui volete differenziare le intestazioni di destra e di sinistra prima di avviare la procedura. Word stesso capirà che volete alternare le intestazioni solo per la sezione in cui vi trovate (Figura 9.4).

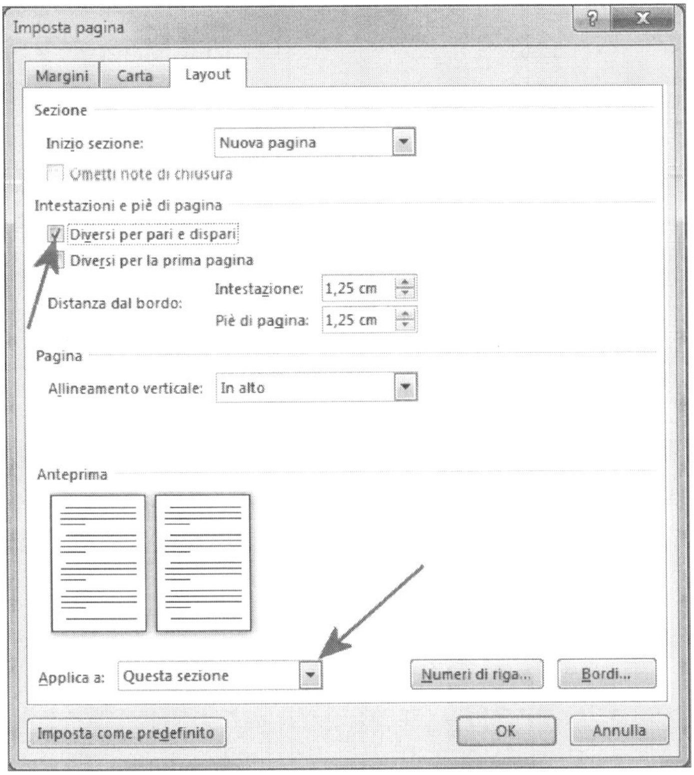

Figura 9.4 - Differenziare le intestazioni di destra e di sinistra di una sezione.

Numerare le pagine

Prima di vedere come ottenere la numerazione dell'esempio che abbiamo proposto in apertura di capitolo, impareremo brevemente a modificare la numerazione delle pagine nelle diverse sezioni.

Se inserite una numerazione di pagina in un testo diviso in sezioni semplicemente come abbiamo imparato nel Capitolo 8 (pulsante **Numeri di pagina**, nel gruppo **Intestazioni e piè di pagina** della scheda **Inserisci** o della scheda **Progettazione** degli **Strumenti intestazione e piè di pagina**), inserirete una numerazione progressiva dalla prima all'ultima pagina del documento, senza alcuna differenza tra le sezioni.

Ecco come procedere se vogliamo differenziare la numerazione. Ponetevi nella sezione a cui volete assegnare una numerazione diversa e avviate l'inserimento dei numeri di pagina. Dal menu del pulsante **Numeri di pagina** scegliete la voce **Formato pagina numeri**. Word visualizzerà la finestra **Formato numero di pagina** (Figura 9.5).

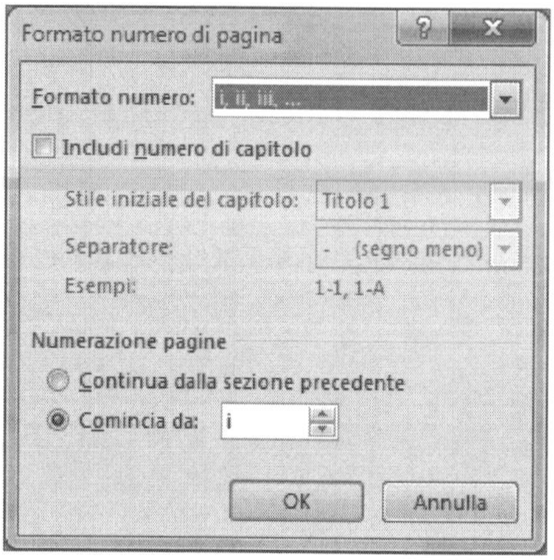

Figura 9.5 - La finestra Formato numero di pagina.

Nella casella **Formato numero**, scegliete il tipo di numerazione che desiderate (potete usare questa opzione anche per la numerazione dei documenti non divisi in sezioni). Nella sezione **Numerazione pagina**, nella casella **Comincia da**, specificate da dove deve cominciare la numerazione delle pagine nella sezione.
Ora che abbiamo visto la procedura generale, proviamo a vedere come realizzare l'esempio fatto all'inizio del capitolo.
Per quanto riguarda la numerazione delle pagine, dovremo:

1. inserire una numerazione con numeri romani minuscoli nell'introduzione;
2. inserire una numerazione con numeri arabi cardinali a partire da 1 nel corpo del documento;
3. inserire una numerazione con numeri romani maiuscoli a partire da I per le tavole fuori testo.

Ipotizziamo che il documento sia già strutturato in tre sezioni.
Fate clic all'interno della prima sezione e visualizzate la finestra **Formato numero di pagina** (Figura 9.5). Nella casella **Formato numero** scegliete **"i, ii, iii..."**, poi premete **OK**. Word numererà correttamente la prima sezione e inserirà sulle altre una numerazione con numeri arabi cardinali che continuano in progressione dopo quelli romani che avete inserito.
Portatevi nella seconda sezione e visualizzate la finestra **Formato numero di pagina** (Figura 9.5). Lasciate il formato predefinito e, nella casella **Comincia da**, scegliete **1**. Premete **OK**.
Ora la numerazione della seconda sezione è in numeri arabi cardinali e il primo numero è 1.
Infine, portatevi nella terza sezione e visualizzate nuovamente la finestra **Formato numero di pagina** (Figura 9.5). Nella casella **Formato numero** scegliete **"I, II, III..."** e, nella casella **Comincia da**, scegliete I. Premete **OK**.

10

Le colonne

Word permette di **disporre** il testo su più **colonne**: un tipo di **impaginazione** adatto a documenti quali **bollettini**, notiziari, **giornalini**, o a **parti** di **documenti** più **estesi**, come una bibliografia o un **indice**.

È possibile definire una struttura a colonne sia prima di scrivere il testo, sia dopo la sua stesura. In quest'ultimo caso dovete adottare la procedura che segue, tenendo il punto di inserimento all'interno del testo da dividere su più colonne. Tenete presente che l'uso delle colonne è un'opzione che in Word si applica alle sezioni del documento. Se desiderate applicare le colonne a una particolare sezione del documento, posizionatevi al suo interno. Se il documento non è diviso in sezioni, verrà impaginato tutto su colonne.

Se desiderate inserire due o tre colonne di misura uguale, o una colonna più stretta a sinistra o a destra senza definirne la dimensione, ma accettando l'opzione predefinita, potete selezionare il tipo di layout a colonne che desiderate dal menu del pulsante **Colonne**, nel gruppo **Imposta pagina** della scheda **Layout di pagina** (Figura 10.1).

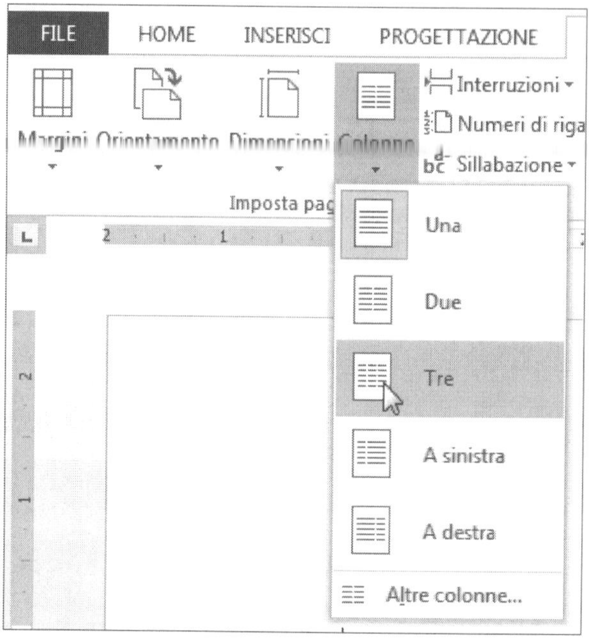

Figura 10.1 - Un layout a colonne predefinito.

Appena rilasciate il mouse, Word impaginerà il vostro documento su colonne.

> **NOTA**
>
> Se lavorate in modalità Bozza, quando applicate le colonne sarete portati immediatamente in visualizzazione Layout di stampa. Se poi tornate alla visualizzazione Bozza, il testo vi verrà mostrato comunque su una colonna sola (anche se in realtà è disposto su più colonne). Vedrete il righello diviso in due parti.
> Ricordatevi anche che, con la visualizzazione Layout di stampa, se scorrete il documento con le barre di scorrimento o con la rotella del mouse, quando arrivate alla fine della prima colonna vi viene mostrata la pagina successiva, non la colonna successiva.

Se volete creare un layout a colonne più complesso o volete modificare quello creato automaticamente, dal menu della Figura 10.1 dovete scegliere la voce **Altre colonne**. Word vi mostrerà la finestra **Colonne** (Figura 10.2).
Nella sezione **Predefinite**, Word vi propone cinque possibili layout a colonne predefiniti (una sola colonna, due di uguali dimensioni, tre, due con una colonna più piccola sulla destra o sulla sinistra): sono gli stessi che potete scegliere dal menu che abbiamo analizzato prima. Potete scegliere una di queste combinazioni o impostare manualmente il

numero di colonne che desiderate e le loro dimensioni. Attivando l'opzione **Linea separatrice**, potrete inserire un filetto verticale per separare le colonne in modo più netto.

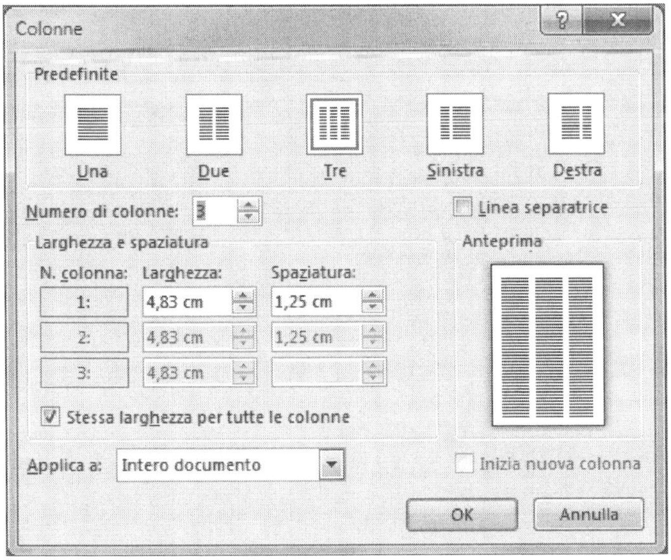

Figura 10.2 - La finestra Colonne.

Dall'elenco a discesa **Applica a** potete scegliere se applicare le colonne alla sezione del documento in cui vi trovate o a tutto il documento dal punto in cui vi trovate in poi. Premete **OK** per concludere la procedura.

In qualsiasi momento, posizionandovi all'interno di una sezione su colonne, potete tornare a una colonna sola o modificare le impostazioni delle colonne esistenti, semplicemente riaprendo la finestra **Colonne** (Figura 10.2) e scegliendo le nuove impostazioni o utilizzando il menu della Figura 10.1.

Titolo o immagini estese su tutta la pagina

Quando utilizzate un layout a colonne, potrebbe essere molto utile ed esteticamente più gradevole disporre comunque il titolo, e magari le immagini di grosse dimensioni, a pagina intera. È, infatti, abbastanza sgradevole un'impaginazione come quella del documento presentato nella Figura 10.3, dove il titolo, pur riferendosi a tutto il testo, si trova solo sulla prima colonna e, soprattutto, l'immagine è troppo larga per essere contenuta nella colonna in cui si trova e viene in parte tagliata (lo si nota osservando che il quadro di selezione dell'immagine è più ampio della porzione di immagine visualizzata).

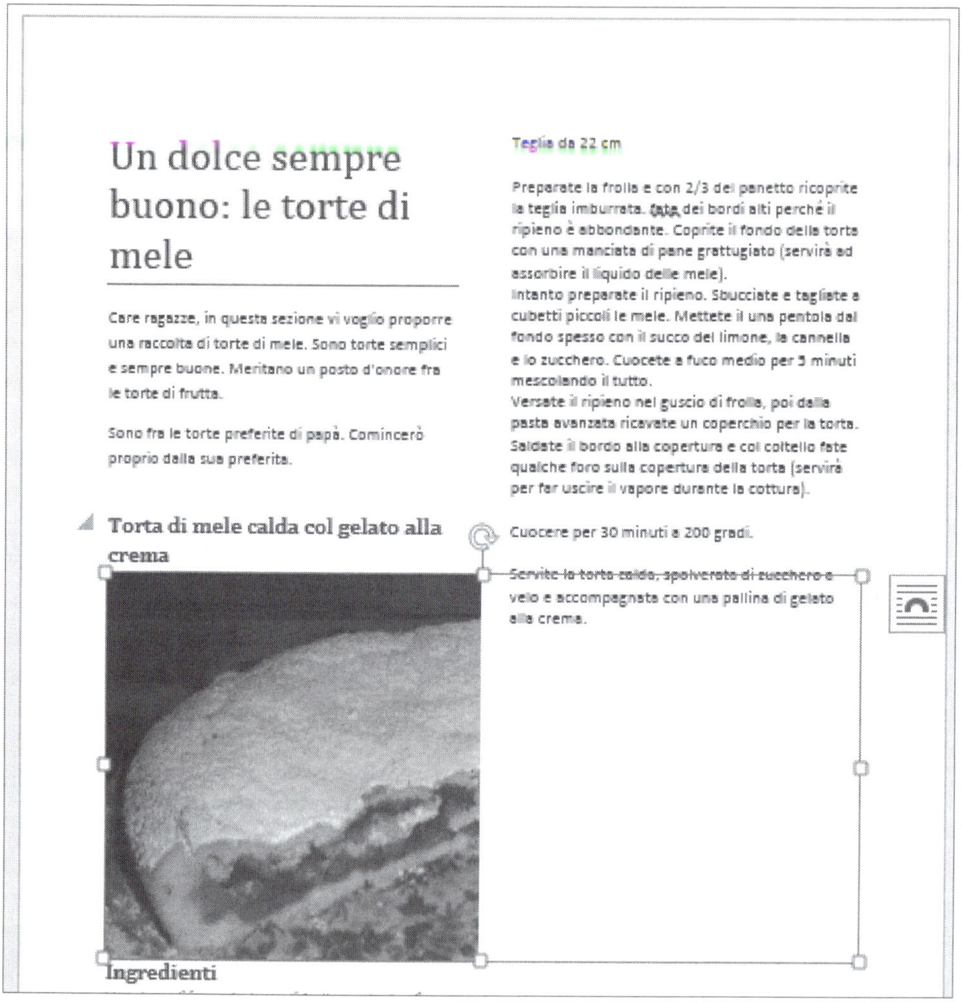

Figura 10.3 - Il titolo su una sola colonna.

Selezionate il titolo che va riportato a pagina intera. Aprite il menu del pulsante **Colonne** (scheda **Layout di pagina**, gruppo **Imposta pagina**) e scegliete **Una**.

Word porta il titolo su una colonna e inserisce automaticamente un'interruzione di sezione continua dopo di esso.

Fate la stessa cosa dopo aver selezionato l'immagine, in modo da portare anche questa a pagina intera. Anche per gestire l'immagine, Word aggiunge le opportune interruzioni di sezione continua (Figura 10.4).

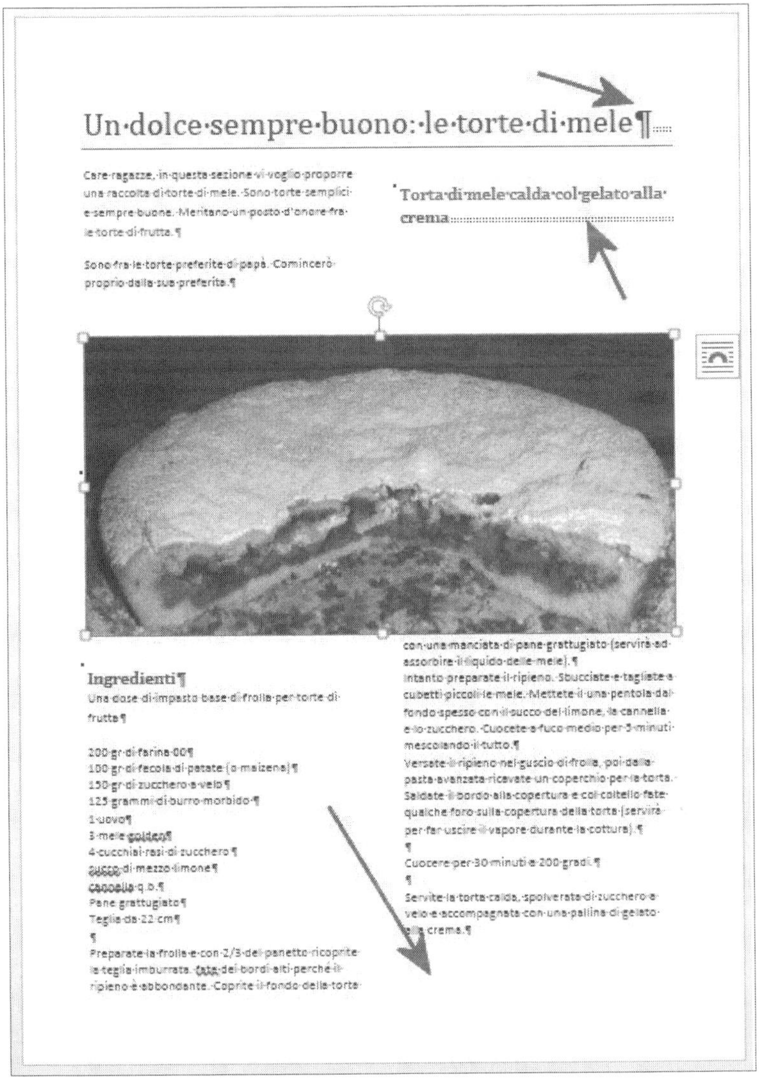

Figura 10.4 - Il titolo e l'immagine sono a pagina intera.

Calibrare le colonne

Il documento della Figura 10.4 ha ancora un piccolo difetto: le colonne non sono calibrate, cioè non hanno una lunghezza uguale. È un problema che si presenta praticamente sempre sull'ultima pagina dei documenti a cui è applicato un layout a colonne. Con Word potete calibrare le colonne in modo semplice.

Ponetevi alla fine della colonna più corta, poi inserite un'interruzione di sezione continua. Ora il vostro documento presenta le colonne calibrate (Figura 10.5).

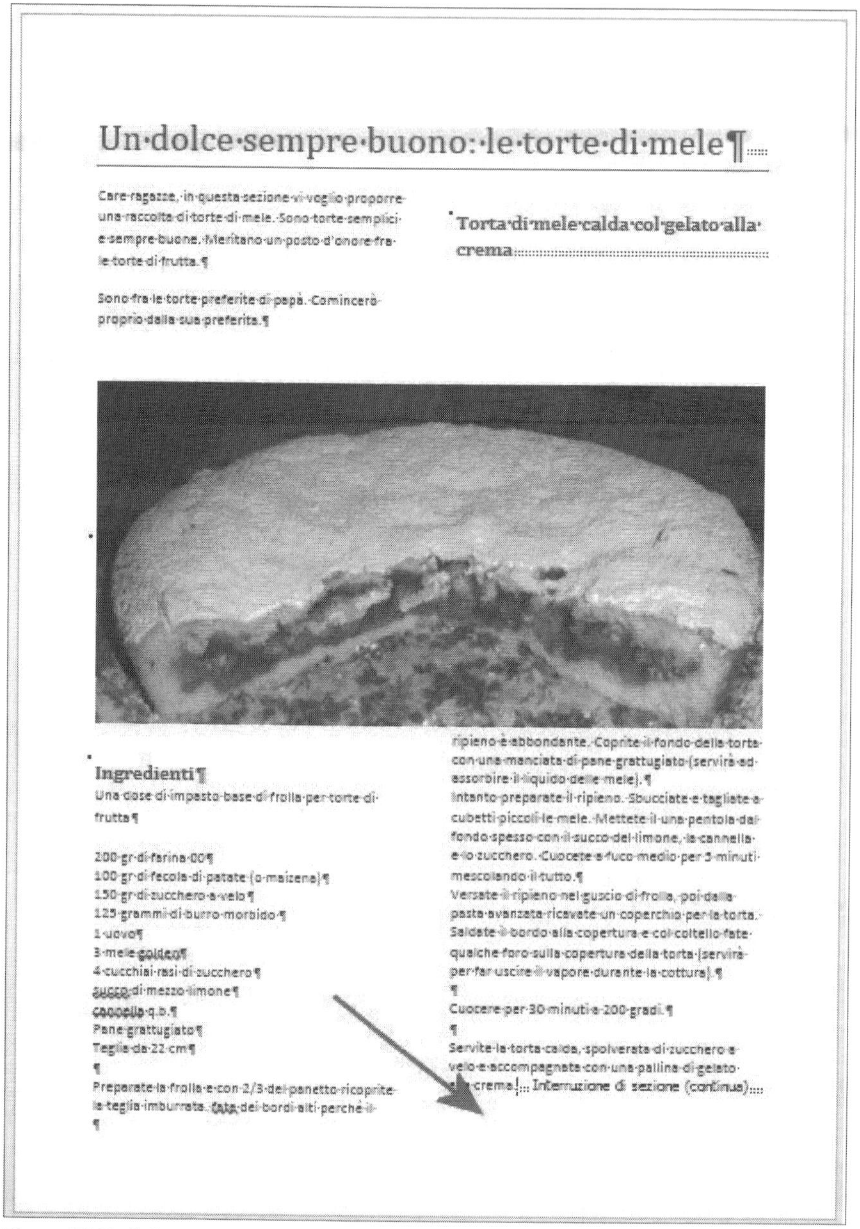

Un dolce sempre buono: le torte di mele

Care ragazze, in questa sezione vi voglio proporre una raccolta di torte di mele. Sono torte semplici e sempre buone. Meritano un posto d'onore fra le torte di frutta.

Sono fra le torte preferite di papà. Comincerò proprio dalla sua preferita.

Torta di mele calda col gelato alla crema

Ingredienti

Una dose di impasto base di frolla per torte di frutta

200 gr di farina 00
100 gr di fecola di patate (o maizena)
150 gr di zucchero a velo
125 grammi di burro morbido
1 uovo
3 mele golden
4 cucchiai rasi di zucchero
succo di mezzo limone
cannella q.b.
Pane grattugiato
Teglia da 22 cm

Preparate la frolla e con 2/3 del panetto ricoprite la teglia imburrata. fate dei bordi alti perché il ripieno è abbondante. Coprite il fondo della torta con una manciata di pane grattugiato (servirà ad assorbire il liquido delle mele).
Intanto preparate il ripieno. Sbucciate e tagliate a cubetti piccoli le mele. Mettete il una pentola dal fondo spesso con il succo del limone, la cannella e lo zucchero. Cuocete a fuco medio per 3 minuti mescolando il tutto.
Versate il ripieno nel guscio di frolla, poi dalla pasta avanzata ricavate un coperchio per la torta. Saldate il bordo alla copertura e col coltello fate qualche foro sulla copertura della torta (servirà per far uscire il vapore durante la cottura).

Cuocere per 30 minuti a 200 gradi.

Servite la torta calda, spolverata di zucchero a velo e accompagnata con una pallina di gelato alla crema. Interruzione di sezione (continua)

Figura 10.5 - Il documento con le colonne calibrate.

11

Gli elenchi

In questo capitolo impareremo a strutturare i nostri testi in elenchi.

Gli elenchi di Word sono uno strumento comodo per creare liste senza doversi preoccupare di formattare l'elenco e di indentarne le voci in modo corretto.
Word distingue fra due tipi di elenchi:

- **elenchi puntati**: le voci della lista non hanno una numerazione;
- **elenchi numerati**: le voci che compongono la lista sono numerate.

È possibile formattare un testo come elenco prima di digitarlo o convertire in elenco un testo già editato, se questo è strutturato in modo che ogni futura voce della lista costituisca un paragrafo.
Per convertire del testo in elenco è sufficiente selezionarlo e quindi fare clic sui pulsanti **Elenco numerato** o **Elenco puntato** nel gruppo **Paragrafo** della scheda **Home**.
Per creare un elenco partendo da zero, basta fare clic sugli stessi pulsanti prima di digitare il testo: ogni volta che si premerà il tasto **Invio**, Word aggiungerà automaticamente una nuova voce all'elenco.
Se volete interrompere la creazione dell'elenco, dopo aver creato il nuovo punto vuoto da eliminare, premete il pulsante **Riduci rientro**, sempre nel gruppo **Paragrafo** della scheda **Home**.
Per creare rapidamente un elenco è anche possibile affidarsi alla conversione automatica effettuata da Word. Infatti, se si comincia un paragrafo digitando un trattino (-), un asterisco (*) o un numero (1) seguiti da uno spazio o da una tabulazione e da un testo, quando si preme **Invio** sulla tastiera il paragrafo viene convertito automaticamente in un elenco. Accanto all'elenco convertito, Word vi mostrerà uno smart tag ,

ossia un piccolo pulsante fluttuante nel documento, con il quale potete decidere cosa fare dell'elenco: se fate clic sul pulsante, Word vi mostrerà il suo menu (Figura 11.1).

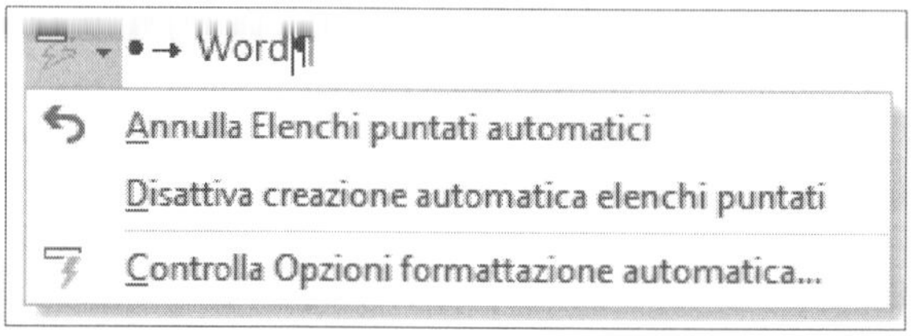

Figura 11.1 - Il menu dello smart tag.

Per tornare al testo normale basta selezionare la voce **Annulla Elenchi puntati automatici** (o **numerazione automatica**, se si tratta di un elenco numerato). Con la voce **Disattiva creazione automatica elenchi puntati** (o **numerati**), disattivate la creazione automatica degli elenchi per tutto il documento.
Se volete mantenere l'elenco creato da Word, ignorate tranquillamente lo smart tag.

Elenchi puntati

Utilizzando i pulsanti descritti prima, le impostazioni applicate all'elenco sono quelle stabilite l'ultima volta che si è inserito un elenco. Per avere un maggiore controllo sulle impostazioni della lista occorre fare clic sulla freccina posta a destra del pulsante **Elenchi puntati**. Word vi mostrerà un menu con il quale potrete personalizzare l'elenco (Figura 11.2).

Figura 11.2 - Personalizzare gli elenchi puntati.

Dalla sezione **Raccolta punti elenco**, potete scegliere il tipo di punto che desiderate usare per il vostro elenco. Se passate con il mouse su ciascun modello di elenco, Word ve ne mostrerà un'anteprima ingrandita.
Se nessuno dei punti che vedete vi soddisfa, potete sceglierne un altro creandolo dai simboli, dai caratteri e dalle immagini disponibili sul vostro computer.
Dal menu della Figura 11.2 scegliete la voce **Definisci nuovo punto elenco**. Word vi mostrerà la finestra **Definisci nuovo punto elenco** (Figura 11.3).

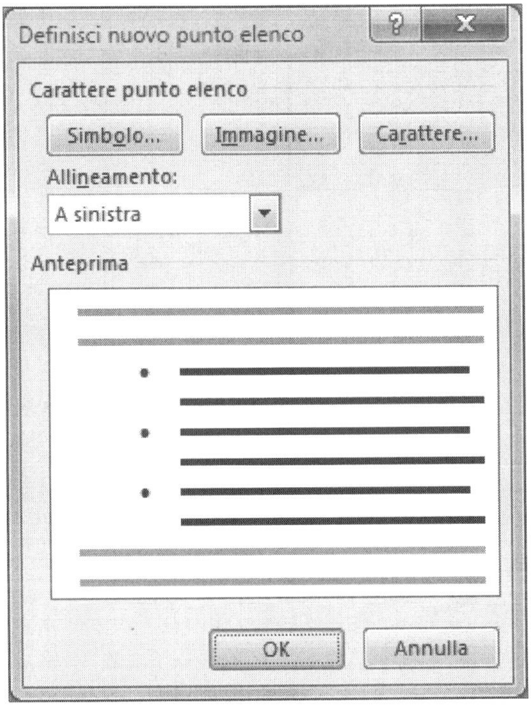

Figura 11.3 - La finestra Definisci nuovo punto elenco.

Qui dovete premere il pulsante relativo al tipo di oggetto che volete adoperare come punto elenco (**Simbolo**, **Immagine** o **Carattere**) e, nella relativa finestra, scegliere l'elemento che volete usare. Poi chiudete tutte le finestre e tornate a scrivere il vostro elenco.
Se premete il pulsante **Immagine**, Word vi mostrerà la finestra **Inserisci immagini** (Figura 11.4) dalla quale potete importare, da diverse sorgenti, compreso il vostro computer, l'immagine che più si adatta al vostro documento.
Per accedere alle immagini di Office da usare come punto elenco, effettuate una ricerca per punto elenco, nella casella relativa a **ClipArt di Office.com**. Quando visualizzerete i risultati della ricerca, selezionate l'immagine che vi interessa.

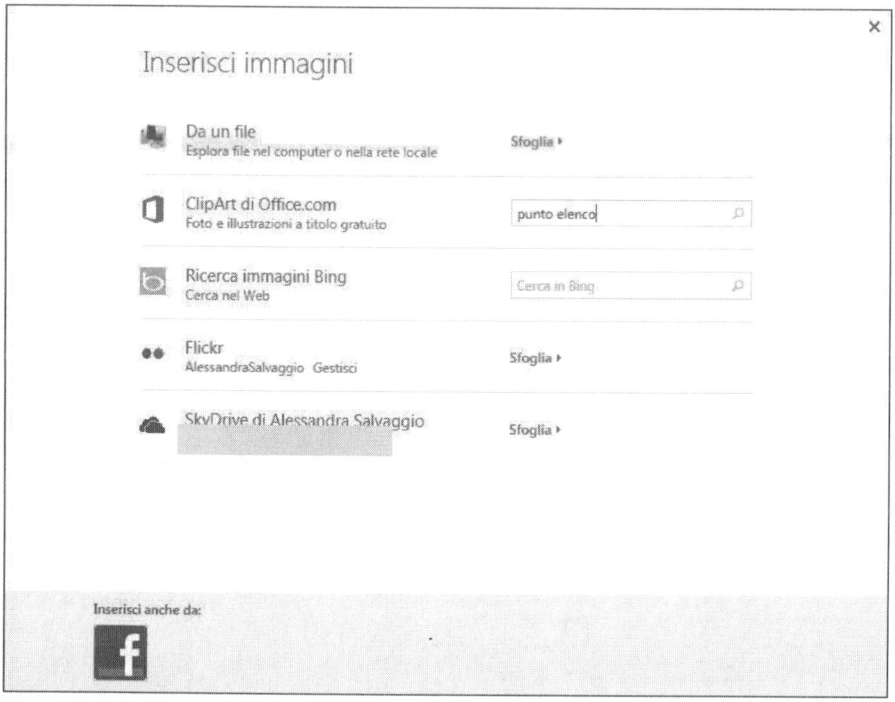

Figura 11.4 - La finestra Inserisci immagini.

Elenchi numerati

Allo stesso modo, potete personalizzare la numerazione degli elenchi (Figura 11.5).
Come per i punti elenco, è possibile scegliere un tipo di numerazione fra quelli proposti o personalizzare l'elenco facendo clic sulla voce **Definisci nuovo formato numero**.
Word vi mostrerà la finestra **Definisci nuovo formato numero** (Figura 11.6).
Dall'elenco a discesa **Stile numero** si può scegliere il formato per il numero (1, 2, 3, ..., I, II, III, ...).
Fra gli stili disponibili, è anche possibile scegliere un formato numerico con un **numero fisso** di cifre. Le eventuali cifre mancanti vengono compensate con degli zeri a sinistra.
Se volete aggiungere del testo prima del numero o della lettera, potete scriverlo nella casella **Formato numero**.
Sempre nella finestra **Definisci nuovo formato numero** (Figura 11.6), se premete il pulsante **Carattere**, potete definire le impostazioni di formattazione per il carattere da usare per la numerazione.
Dall'elenco a discesa **Allineamento** potete scegliere come allineare il numero rispetto al testo dell'elenco.

Figura 11.5 - Personalizzare gli elenchi numerati.

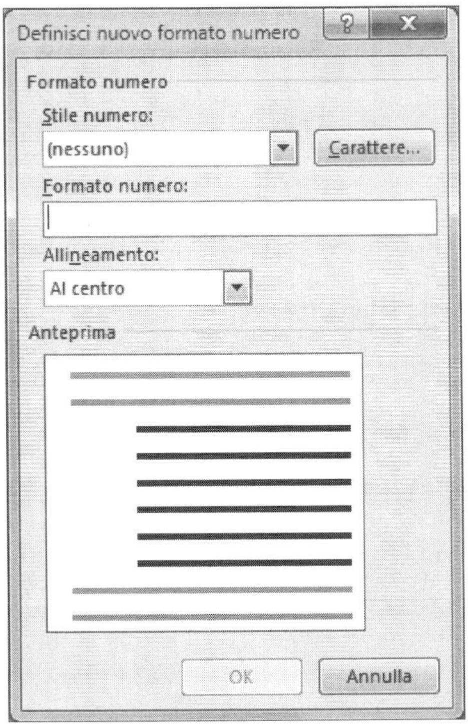

Figura 11.6 - La finestra di dialogo Definisci nuovo formato numero.

Quando utilizzate gli elenchi numerati, potete spezzarli con altro testo o immagini e poi riprendere la numerazione.
Immaginate di avere una situazione come quella della Figura 11.7.

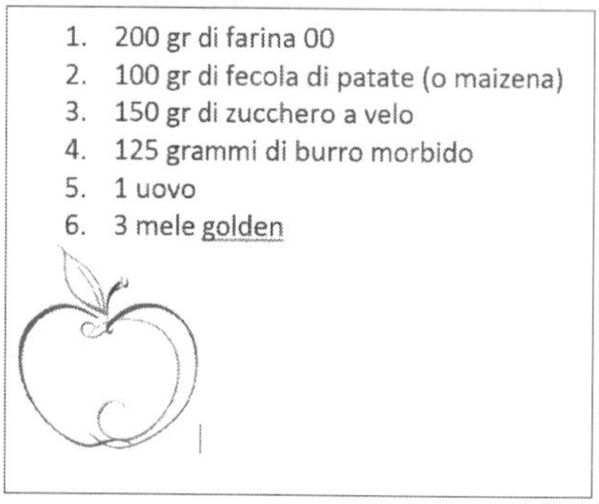

Figura 11.7 - Un elenco seguito da un'immagine.

Se vi mettete appena sotto l'immagine e premete il pulsante **Elenco numerato** per continuare l'elenco, Word vi fa ricominciare da 1; tuttavia, accanto al nuovo numero compare anche un piccolo smart tag.
Fate clic su di esso per attivare il relativo menu (Figura 11.8).

Figura 11.8 - Il menu dello smart tag.

Selezionate la voce **Continua numerazione** per agganciare la numerazione del nuovo elenco a quella del vecchio (Figura 11.9).

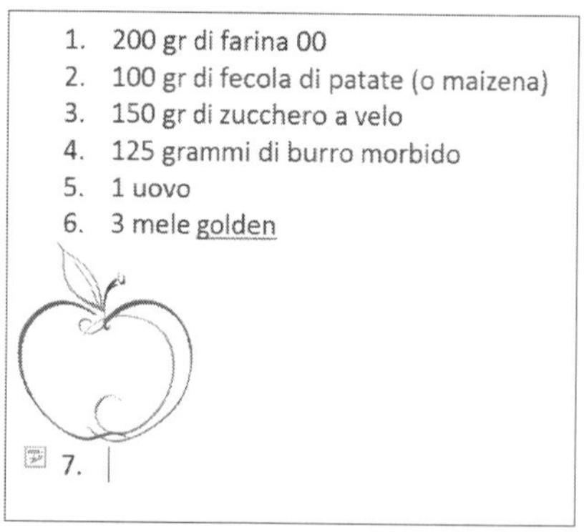

Figura 11.9 - La numerazione del nuovo elenco agganciata a quella del vecchio elenco.

Elenchi strutturati

Per concludere questo capitolo sugli elenchi, tratteremo la possibilità di creare elenchi strutturati, con punti e sottopunti opportunamente numerati o marcati.
Per creare un elenco strutturato potete usare l'apposito pulsante a destra di quelli utilizzati per gli elenchi puntati e numerati. Anche nel caso degli elenchi strutturati, premendo la freccina accanto al pulsante potete accedere a un menu per la personalizzazione dell'elenco (Figura 11.10).

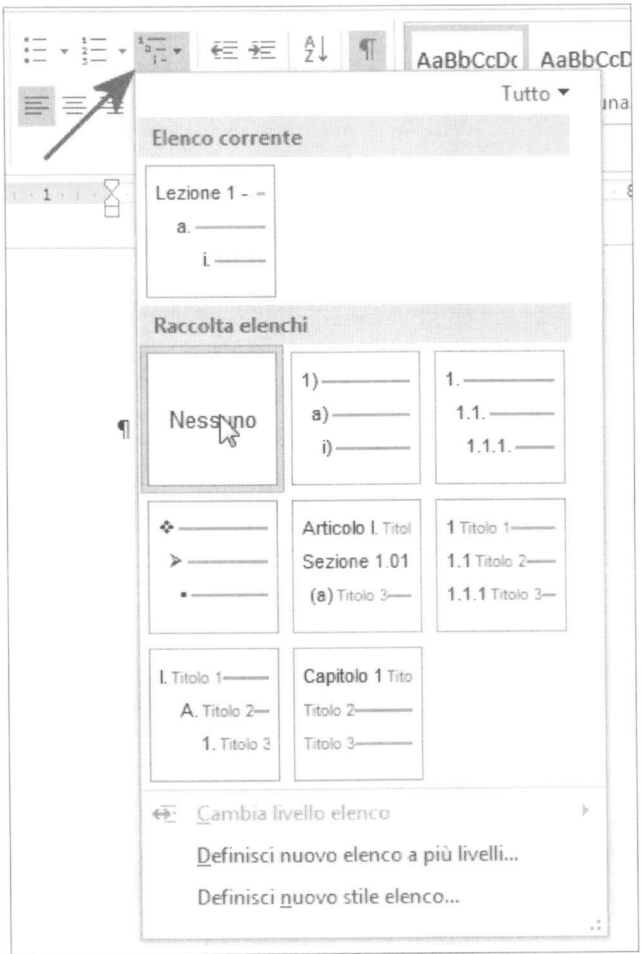

Figura 11.10 - Inserire un elenco strutturato.

Se scegliete la voce di menu **Definisci nuovo stile elenco**, visualizzerete la finestra **Definisci nuovo stile elenco** (Figura 11.11), da cui potrete personalizzare i punti del vostro elenco.

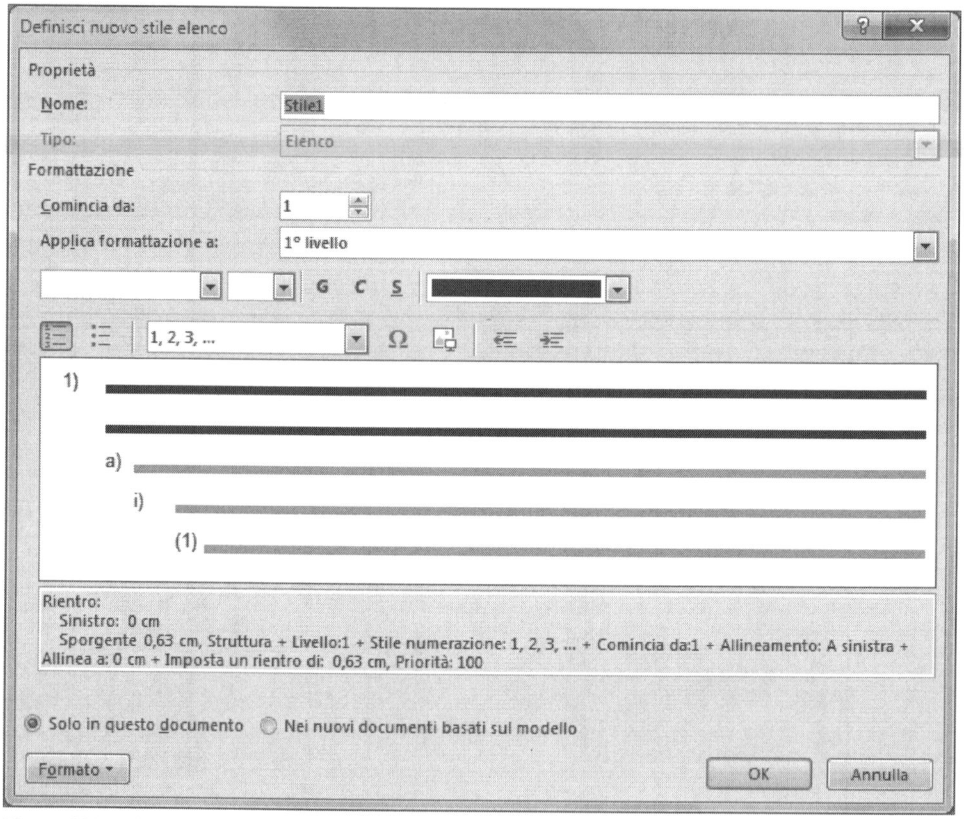

Figura 11.11 - Creare un nuovo stile elenco.

Dopo aver scelto dall'elenco **Applica formattazione a:** il livello da modificare, si possono impostare tutte le opzioni come abbiamo visto per gli altri tipi di elenco. Quindi potete scegliere il tipo di carattere e il numero o pallino o puntino da usare. Potete anche scegliere di utilizzare un'immagine come punto elenco, selezionandola dalla finestra che appare quando premete l'apposito pulsante . Per scegliere un simbolo, premete il pulsante **Simbolo** Ω.

Una volta scelta la struttura desiderata, si può cominciare a digitare normalmente il testo. Ogni volta che si preme il tasto **Invio** sulla tastiera, Word crea automaticamente un punto di livello uguale al precedente. Per passare a un sottolivello, basta premere il tasto **Tab** o il pulsante **Aumenta rientro** nel gruppo **Paragrafo** della scheda **Home**. Se poi si vuole tornare a un livello superiore, basta premere contemporaneamente **Maiusc** e **Tab** o usare il pulsante **Riduci rientro** .

Rimuovere un elenco

Qualunque sia il tipo di elenco che avete utilizzato, in qualsiasi momento potete rimuovere i punti e trasformare la lista in un testo normale.
Selezionate l'elenco, o solo i punti che volete eliminare. Quindi, premete il pulsante **Elenco numerato** o **Elenco puntato**, a seconda del tipo di elenco con cui stavate lavorando: le voci dell'elenco diventano testo normale. Le eventuali voci rimaste di un elenco numerato vengono rinumerate correttamente.

12

Gli stili

In questo capitolo affronteremo un argomento un po' più complesso rispetto a quelli trattati nei capitoli precedenti, ma fondamentale per sfruttare al massimo le potenzialità di Word.

Per rendere più semplice e razionale la formattazione dei documenti, Word si serve degli **stili**, ossia insiemi di caratteristiche di formattazione che possono essere applicati a testo, tabelle, elenchi e via dicendo. L'uso di uno stile permette di applicare, con una sola operazione, opzioni di formattazione diverse.
Esistono tipi diversi di stile:

- **stili paragrafo**: permettono di definire l'aspetto generale di un paragrafo (interlinea, spaziatura, rientri ecc.);
- **stili carattere**: definiscono l'aspetto del testo selezionato (carattere, dimensione, colore ecc.);
- **stili tabella**: definiscono l'aspetto delle tabelle;
- **stili elenco**: definiscono l'aspetto degli elenchi puntati, numerati e strutturati.

Ci si potrebbe chiedere perché sia più conveniente usare gli stili piuttosto che applicare le singole formattazioni. Vediamo alcuni motivi:

- **rapidità**: gli stili permettono di applicare contemporaneamente più formattazioni, facendovi risparmiare tempo; inoltre, sono riutilizzabili e potete usarli tutte le volte che volete;

- **coerenza**: con gli stili è più semplice mantenere una coerenza formale in tutto il documento; per esempio, se a tutte le citazioni applico uno stile creato appositamente, sono sicuro che in tutto il mio documento le citazioni avranno la medesima formattazione;
- **strutturazione del documento**: gli stili usati per i titoli dei capitoli e dei paragrafi permettono la creazione della struttura di un documento;
- **creazione del sommario**: gli stili titolo permettono, inoltre, la creazione automatica di un sommario per il documento (questo, tuttavia, è un argomento avanzato che esula dai contenuti di questo libro);
- **compressione ed espansione di sezioni del documento**: se si usano correttamente gli stili titolo, Word permette di comprimere ed espandere il testo posto al di sotto di uno stile titolo, fino al titolo successivo, in modo da visualizzare solo le parti che interessano di un documento lungo;
- **facilità di aggiornamento**: se desiderate cambiare la formattazione di un documento a cui sono applicati gli stili, basta modificare questi ultimi per aggiornare automaticamente la formattazione di tutti i testi che li utilizzano.

Word dispone di alcuni stili integrati, utilizzabili per le funzioni principali. Per esempio, abbiamo lo stile Normale che si utilizza per il testo semplice, gli stili Titolo di livello da 1 a 9, lo stile Didascalia, lo stile Collegamento ipertestuale, lo stile Intestazione, lo stile Piè di pagina e altri ancora.
In pratica, c'è uno stile per ogni parte di un documento.
Gli stili principali, con un'anteprima di come appariranno, sono presentati nel gruppo **Stili** della scheda **Home** (Figura 12.1).

Figura 12.1 - Gli stili principali.

Questo gruppo di stili viene chiamato **Raccolta di stili veloci**.
Per avere l'elenco di tutti gli stili disponibili, potete usare la barra di scorrimento posta a destra della raccolta o la freccina sotto la barra di scorrimento. Potete anche aprire la finestra **Stili** (Figura 12.2) dal pulsante di visualizzazione di questo gruppo.

Accanto al nome di ogni stile compare un simbolo che ne indica il tipo:

- ¶ stile paragrafo;
- **a** stile carattere;
- stile elenco;
- stile tabella.

Figura 12.2 - La finestra Stili.

Proviamo a lavorare un po' con gli stili. Cominciamo con il dire che, quando passate con il mouse su uno stile nella Raccolta di stili veloci, Word vi mostra come si modifica con quello stile il testo selezionato, ma lo stile non viene realmente applicato a meno che non facciate clic su di esso.

Gli stili ci sono sempre stati in Word, anche nelle vecchie versioni, ma il loro uso è stato ulteriormente potenziato con l'introduzione di Office 2007. Queste migliorie sono state mantenute in Office 2010 e 2013.

Esploriamo le possibilità disponibili, partendo da un documento a cui sono stati applicati gli stili (Figura 12.3).

Figura 12.3 - Un documento a cui sono stati applicati gli stili.

Portatevi alla scheda **Progettazione**, nella quale sono stati raggruppati i comandi relativi alla formattazione della pagina, e fate clic su uno degli stili campione del gruppo **Formattazione documento** (eventualmente espandete l'area dei campioni). In realtà si tratta di set di stili che vengono applicati "in blocco" al documento cambiandone radicalmente l'aspetto. Al documento, infatti, vengono applicati gli stili che nel nuovo set hanno lo stesso nome di quelli che avete usato prima: il Titolo del nuovo set sostituirà il Titolo del vecchio set.
Passando con il mouse sul nome del set di stili, vedrete come cambia il vostro documento (Figura 12.4) in una sorta di anteprima. Ricordate che, per applicare realmente un set di stili, bisogna fare clic sul relativo campione.

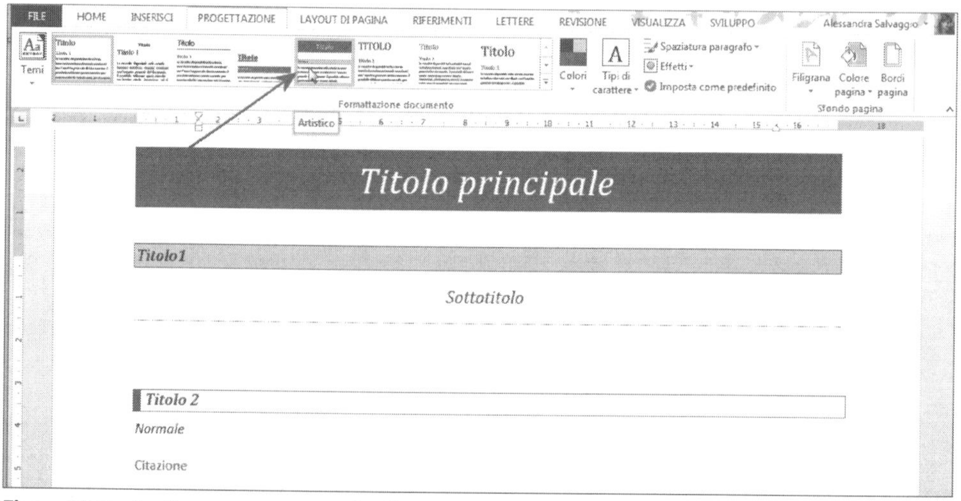

Figura 12.4 - Applicare un nuovo set di stili.

Questo sistema rende molto semplice e rapida la formattazione dei documenti: di fatto, si tratta di creare il documento e di assegnare a ogni elemento uno stile che ne descriva la funzione, quindi si può cercare il set di stili preferito.
Ma non è finita qui. Gli stili possono essere personalizzati, modificando i set di caratteri e/o i colori utilizzati.
Potete accedere a questi comandi mediante il pulsante **Colori** e scegliere le combinazioni che preferite (Figura 12.5).

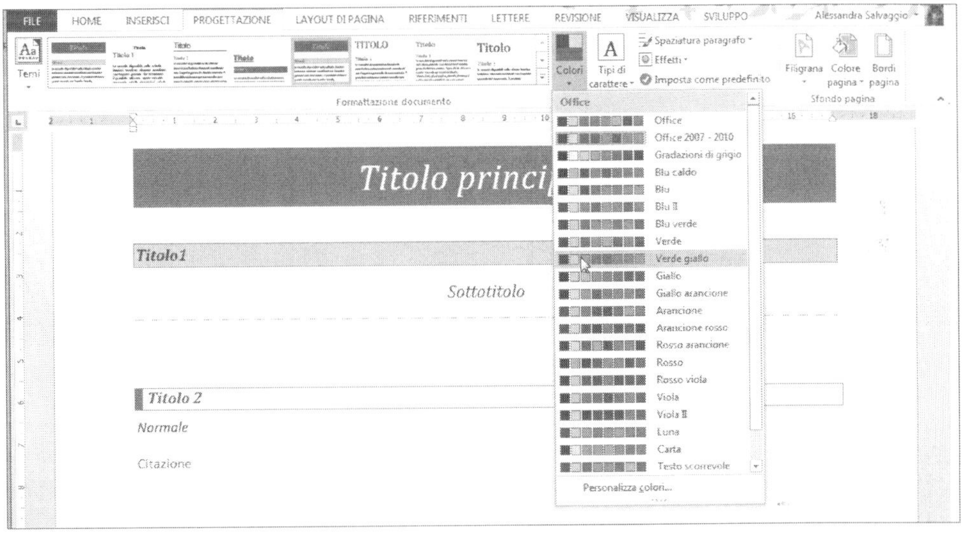

Figura 12.5 - Cambiare il set di colori.

Oltre al set di colori, potete cambiare il set di caratteri utilizzati, scegliendo quelli che preferite dal menu del pulsante **Tipi di carattere**.
Mentre passate con il mouse sulle varie combinazioni o **temi**, Word ve ne mostra l'anteprima direttamente sul documento.

NOTA

Il tema di colori che scegliete influenza tutti gli oggetti di una pagina, non solo quelli di testo. Se inserite una forma, un grafico o uno SmartArt e poi sceglete un tema, anche la forma, il grafico o lo SmartArt (ne parleremo più avanti nel libro) saranno influenzati dal tema scelto.

Naturalmente, potete creare stili e set personalizzati. Vediamo come fare. In realtà, dobbiamo imparare a eseguire tre operazioni:

- modificare uno stile esistente;
- creare uno stile nuovo;
- salvare un nuovo set di stili.

Se impariamo a compiere queste tre operazioni, potremo creare nuovi set di stili che abbiano le impostazioni giuste per gli stili predefiniti di Word (**Titolo**, **Titolo1**, **Titolo2**, **Titolo3**, ...) - quelli, per esempio, che vengono usati per creare le strutture dei documenti e i sommari - e che contengano nuovi stili rispondenti alle nostre esigenze specifiche. Cominciamo dalla prima operazione.

> **NOTA**
> È inutile dire che esistono svariati modi per arrivare allo stesso risultato. Qui vi proponiamo quello che ci è sembrato più efficiente. Sta a voi, eventualmente, scoprire e utilizzare altri sistemi.

Proviamo a modificare lo stile del titolo principale del documento, ossia **Titolo**. La Figura 12.6 ci mostra come si presenta lo stile **Titolo** nel set di stili **Word 2013**, ossia quello predefinito (Figura 12.6).

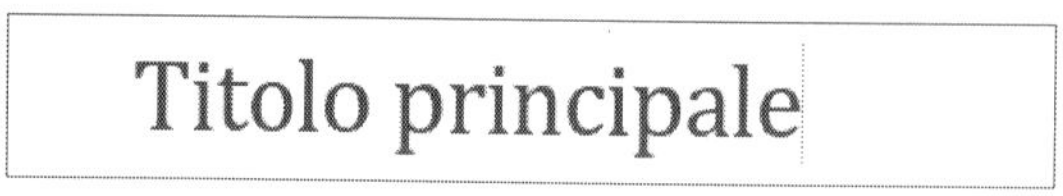

Figura 12.6 - Un esempio dello stile Titolo.

Vogliamo modificarlo in modo da aggiungere una doppia sottolineatura sotto il testo e sostituire il font Cambria con Arial.
Fate clic su di esso col tasto destro del mouse nella **Raccolta stili veloci** e, dal relativo menu contestuale, scegliete **Modifica**. Office vi mostrerà la finestra **Modifica stile** (Figura 12.7).
Non dovreste avere difficoltà a usare questa finestra: nella sezione **Formattazione** potete scegliere le formattazioni base per il vostro stile: per esempio, potete sostituire il font Cambria con l'Arial.
Le modifiche relative alla riga sono un po' più complesse e non possono essere applicate da qui, ma occorre premere il pulsante **Formato** e poi **Bordo**. Word vi mostrerà la finestra **Bordi e sfondo** che già conoscete (Figura 12.8).

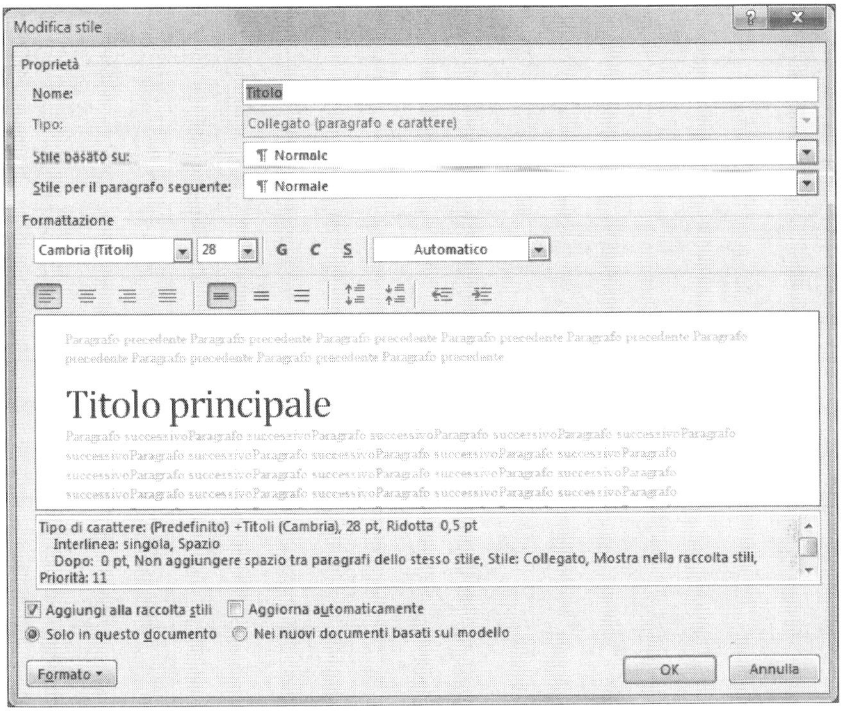

Figura 12.7 - La finestra Modifica stile.

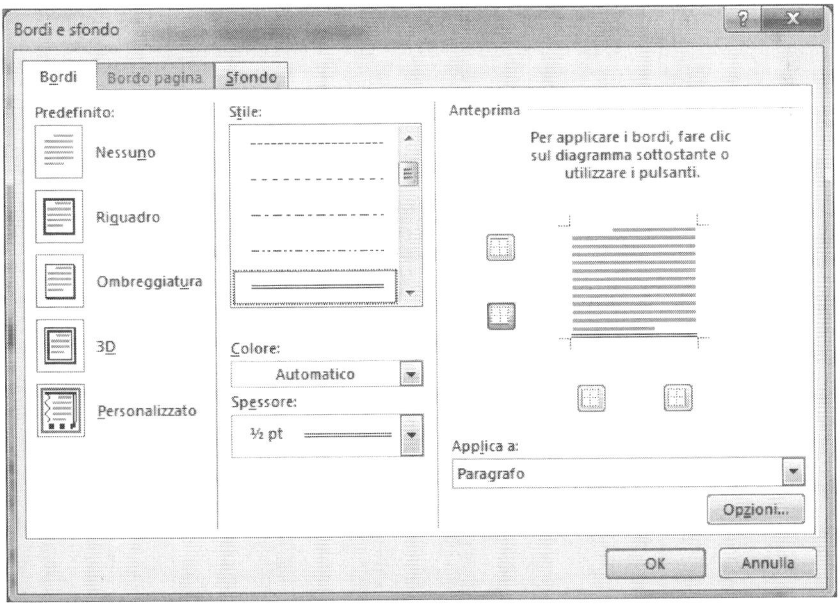

Figura 12.8 - La finestra Bordi e sfondo.

Nel riquadro **Stile** scegliete il tipo di riga che desiderate (la riga doppia, nel nostro caso). Poi, dall'elenco a discesa **Colore**, scegliete il colore che volete per essa (noi abbiamo lasciato il colore automatico nero): Word applicherà il bordo su tutti i quattro lati del paragrafo. Potete accorgervene osservando il riquadro **Anteprima**. Fate clic su tutti i bordi da cui volete rimuovere la riga e confermate con **OK**.
La modifica dello stile (almeno per quanto volevamo realizzare) è completa. Premete **OK** per chiudere la finestra **Modifica Stile** (Figura 12.7).
Vedrete un'anteprima dello stile modificato fra gli stili veloci e, se nel documento avete usato lo stile Titolo, noterete che anche il documento si aggiornerà con le nuove impostazioni (Figura 12.9).

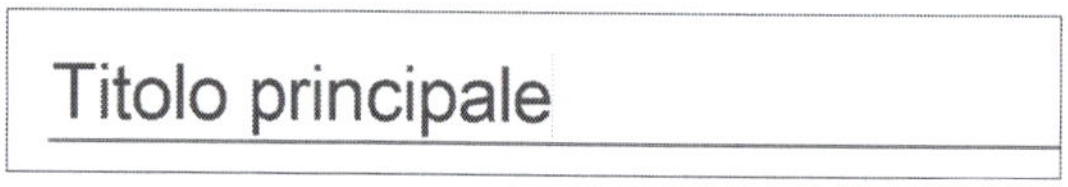

Figura 12.9 - Il file della Figura 12.6 con le nuove impostazioni di stile.

Abbiamo, così, effettuato una modifica di uno stile esistente. Ora dobbiamo imparare a crearne uno nuovo. Per il nostro esempio, chiameremo il nostro stile **Personale** e sarà uno stile per il carattere, non per il paragrafo, come Titolo. Uno stile carattere si applica solo al testo selezionato e non a tutto un paragrafo. Il nuovo stile userà il font Comic Sans e avrà una dimensione di 18 punti.
Il sistema più semplice per creare un nuovo stile consiste nello scrivere un testo nel documento, formattandolo con tutte le caratteristiche che volete inserire nel nuovo stile. Quando il modello è pronto, selezionatelo e aprite la raccolta degli stili veloci, quindi scegliete **Crea stile** (Figura 12.10).

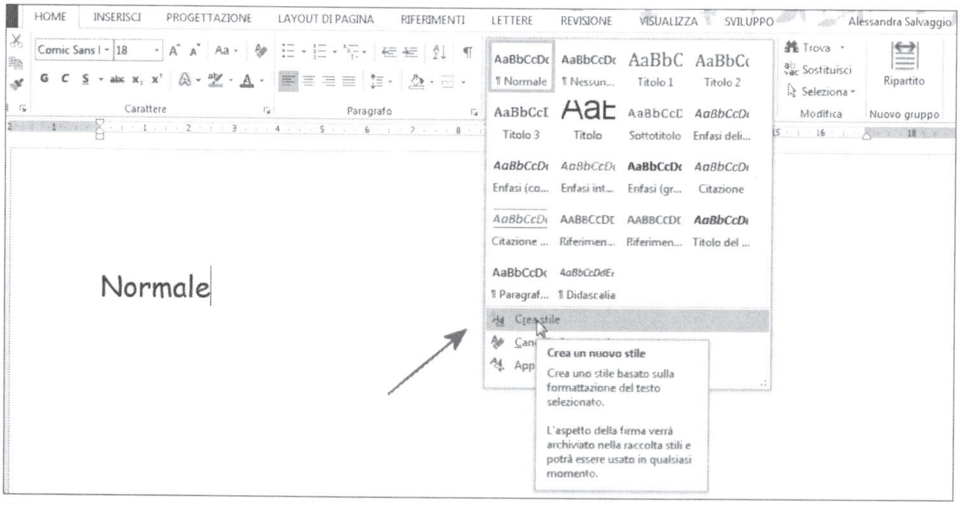

Figura 12.10 - Creare un nuovo stile dalla selezione.

Word vi mostrerà la finestra **Crea nuovo stile da formattazione** (Figura 12.11).

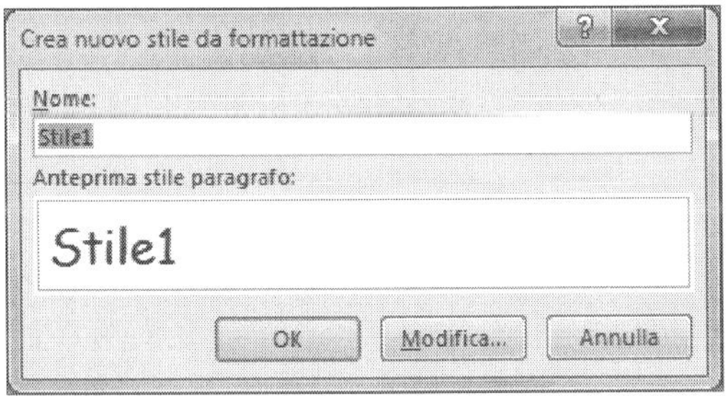

Figura 12.11 - La finestra Crea nuovo stile da formattazione.

> **NOTA**
>
> Lo stile creato da Word da una selezione di testo è uno stile di tipo Paragrafo.

Nella casella **Nome** occorre scrivere il nome da assegnare al nuovo stile. Poi premete **OK**. Il nuovo stile è stato automaticamente inserito negli stili veloci (Figura 12.12).

Figura 12.12 - Il nuovo stile fra gli stili veloci.

> **NOTA**
>
> Lo stile appena creato compare automaticamente nella raccolta degli stili veloci, ma se volete aggiungere a quest'ultima uno degli stili già presenti, individuatelo nella finestra **Stili** (Figura 12.2), fate clic su di esso col tasto destro del mouse e scegliete **Aggiungi alla raccolta stili**.

Potremmo continuare a creare nuovi stili o a modificare quelli esistenti, ma per il nostro scopo è sufficiente quanto abbiamo visto in queste pagine.
Ora, come ultima operazione, dobbiamo imparare a salvare gli stili modificati e quelli nuovi in un nuovo set.
Per la verità, è un'operazione semplicissima: basta aprire la galleria dei set di stili nella scheda **Progettazione** e scegliere la voce **Salva come nuovo set di stili** (Figura 12.13).

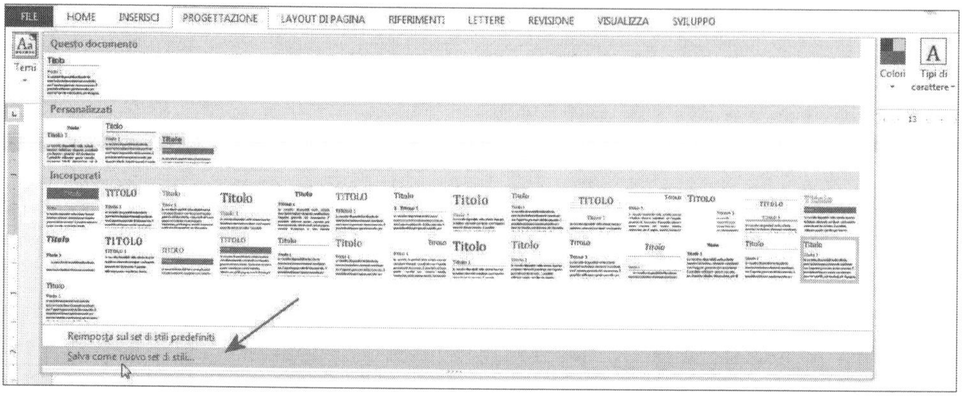

Figura 12.13 - Salvare un nuovo set di stili.

Word vi mostrerà la finestra **Salva set di stili veloci** in cui vi viene richiesto di dare un nome al nuovo set di stili.

D'ora in avanti, il nuovo set sarà elencato fra gli stili personalizzati (Figura 12.14) e potrete usarlo in tutti i nuovi documenti che creerete.

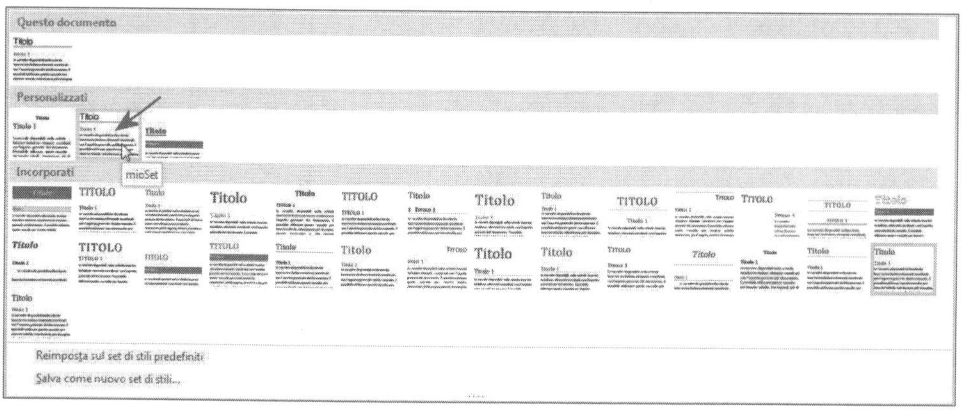

Figura 12.14 - Il nuovo set di stili è a disposizione in tutti i nuovi documenti.

Le tabelle

Le tabelle sono uno strumento molto utile per la presentazione di testo e dati.

Per inserire una tabella, basta fare clic sul pulsante **Tabella**, nel gruppo **Tabelle** della scheda **Inserisci**, e scegliere dal relativo menu il numero di righe e colonne che desiderate, selezionandole con il mouse (Figura 13.1).

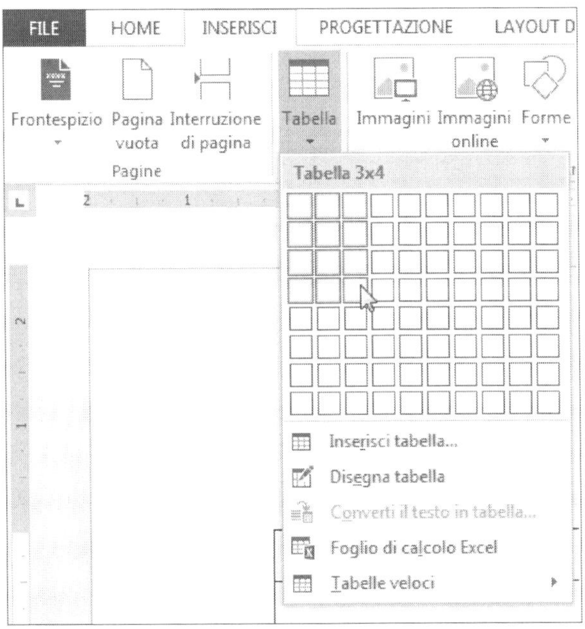

Figura 13.1 - Inserire una tabella.

Con questa procedura viene inserita una tabella che si estende per tutta la larghezza della pagina, con colonne di uguale misura; se, però, si desidera specificare le impostazioni della tabella da inserire, bisogna ricorrere alla finestra **Inserisci tabella** (Figura 13.2), attivabile scegliendo la voce **Inserisci tabella** dal menu della Figura 13.1.

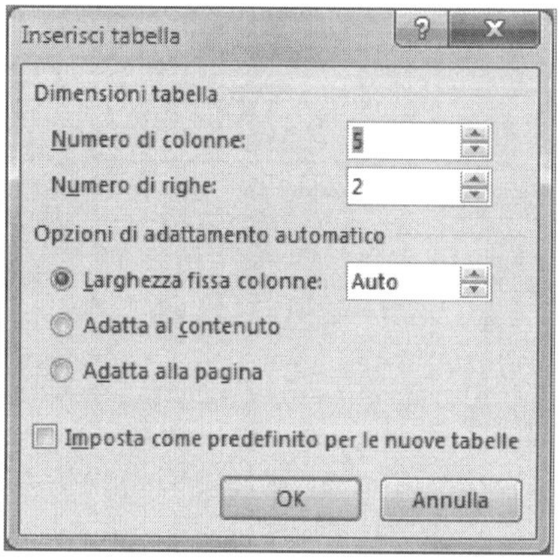

Figura 13.2 - La finestra di dialogo Inserisci tabella.

Nella finestra occorre inserire il numero di colonne e righe della tabella; quindi, nella sezione **Opzioni di adattamento automatico**, impostare le dimensioni delle colonne. Le opzioni possibili sono le seguenti:

- **Larghezza fissa colonne**: le colonne hanno larghezza uguale, pari alla misura in centimetri impostata; se la misura è impostata su **Auto**, la tabella si estende da un margine all'altro della pagina e viene divisa in colonne identiche;
- **Adatta al contenuto**: le colonne sono di larghezza variabile in base al testo che ospitano;
- **Adatta alla pagina**: la tabella è larga come la pagina.

Ricordate che, sebbene si possano sempre aggiungere nuove colonne a una tabella, è meglio cercare di inserire fin da subito il numero di colonne che vi servono. Aggiungere le righe in fondo a una tabella, invece, è un'operazione semplicissima, quindi non preoccupatevi troppo di specificare correttamente fin da subito il numero delle righe che vi occorrono.
Dopo aver definito le caratteristiche della tabella, premete il pulsante **OK** per inserirla realmente.
Una volta inserita una tabella, è possibile muoversi al suo interno in modo semplice usando il tasto **Tab** per avanzare di cella in cella. Se ci si trova nell'ultima cella di una tabella, la pressione del tasto **Tab** permette l'inserimento di una riga

aggiuntiva. Per muoversi fra le celle di una tabella sono molto utili anche le frecce sulla tastiera.

Per inserire tabelle più complesse, con celle di altezze diverse o numeri di celle diversi in ogni riga, scegliete dal menu della Figura 13.1 la voce **Disegna tabella**. Il cursore del mouse diventerà una sorta di matita con la quale potrete disegnare la vostra tabella.

Quando avete finito di disegnare la tabella, premete il tasto Esc per concludere la procedura.

Selezionare la tabella e i suoi elementi

Molte modifiche che si applicano alle tabelle richiedono la selezione della tabella stessa o di sue parti. Dedicheremo, quindi, qualche riga a spiegare come selezionare la tabella e le sue parti.

Per rendere più semplice l'operazione, dopo esservi posizionati all'interno della tabella, della riga o della colonna da selezionare, portatevi nella scheda **Layout** degli **Strumenti tabella** e, nel gruppo **Tabella**, premete il pulsante **Seleziona**. Quindi, dal relativo menu, scegliete l'elemento da selezionare (Figura 13.3).

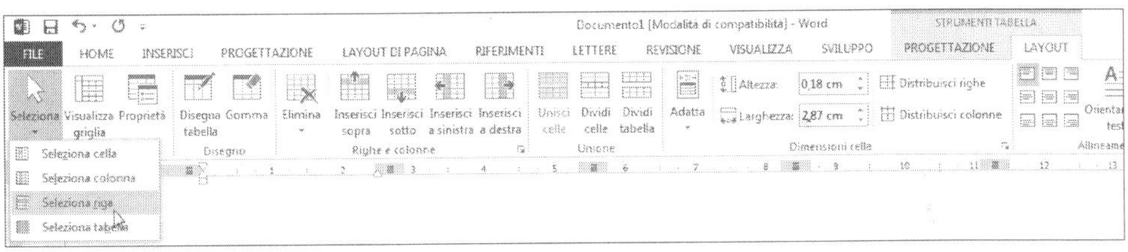

Figura 13.3 - Selezionare la tabella e i suoi elementi.

È possibile selezionare parti di una tabella anche con il mouse: per esempio, per selezionare un'intera colonna basta porsi sopra di essa e, quando il cursore si trasforma in una freccia nera (Figura 13.4), fare clic.

Figura 13.4 - La selezione di una colonna.

Per selezionare una riga intera si procede in modo analogo, semplicemente portandosi sul lato sinistro della riga stessa.
Se, invece, volete selezionare un gruppo di celle, fate clic nella prima e, senza rilasciare il mouse, trascinate fino all'ultima cella da selezionare, quindi rilasciate il mouse.

Formattare una tabella

Word mette a disposizione diversi strumenti per la formattazione delle tabelle; li trovate nella scheda **Progettazione** degli **Strumenti tabella**, nel gruppo **Stili tabella** (Figura 13.5).

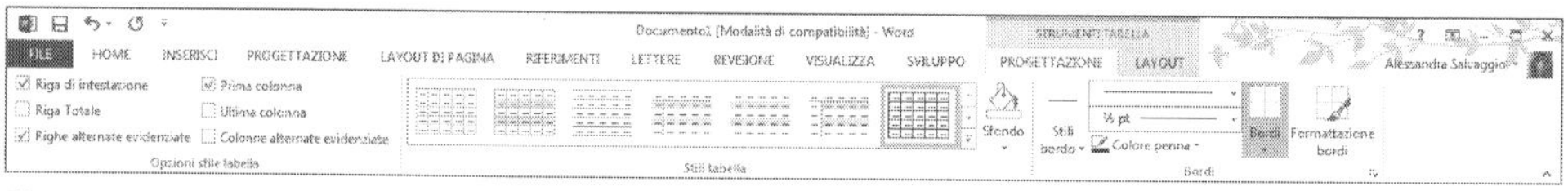

Figura 13.5 - Gli strumenti per la formattazione delle tabelle.

Come vedete, nella più tipica filosofia di Word 2010/13, che punta a semplificare al massimo il lavoro di formattazione, ci sono tante combinazioni già pronte di attributi di formattazione che potete applicare semplicemente cliccando all'interno della tabella e poi sullo stile che preferite.

> **NOTA**
> Come per gli stili del testo, passando con il mouse sugli stili della tabella ne vedrete un'anteprima direttamente nel documento. Per applicare effettivamente uno stile, occorre comunque fare clic su di esso.

Dopo aver scelto uno stile, potete stabilire quali delle sue caratteristiche mantenere nella tabella del vostro documento. Vi basterà selezionare o deselezionare gli elementi di cui volete conservare la formattazione proposta dallo stile nel gruppo **Opzioni stile tabella**, a destra del gruppo **Stili tabella**.
Naturalmente potete formattare la vostra tabella senza ricorrere a combinazioni di formattazione preimpostate. Potete colorare i bordi e gli sfondi a vostro piacimento.
In questo caso dovete, prima di tutto, selezionare le celle a cui applicare bordi e sfondi, poi definire le impostazioni che desiderate dai menu dei pulsanti **Sfondo** e **Bordi** a destra del gruppo **Stili tabella**.
Non ci dilungheremo sui menu di questi pulsanti, perché funzionano come i corrispondenti menu che abbiamo descritto per applicare bordi e sfondi ai paragrafi.

Gli **Strumenti tabella**, oltre alla scheda **Progettazione**, presentano la scheda **Layout** (Figura 13.6). Qui trovate molte opzioni interessanti, per esempio, per modificare l'allineamento del testo nelle celle.

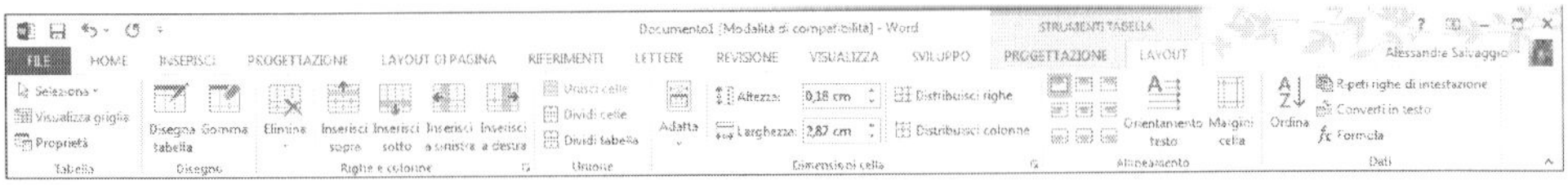

Figura 13.6 - La scheda Layout degli strumenti tabella.

Nel gruppo **Allineamento**, potete determinare come volete che il testo si disponga nella cella e anche il suo orientamento.
Per impostazione predefinita, il testo è orizzontale, ma, se premete il pulsante **Orientamento testo**, lo potete disporre in verticale (Figura 13.7).

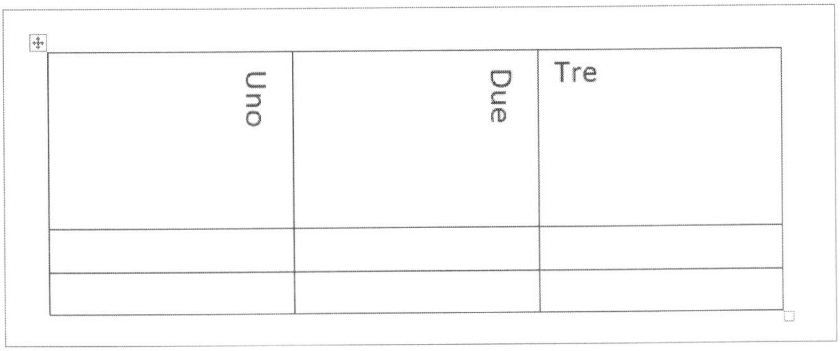

Figura 13.7 - Nelle prime celle il testo è orientato in verticale.

Nel gruppo **Allineamento** trovate anche il pulsante **Margini cella**, con cui potete aprire una finestra che vi consente di stabilire l'ampiezza dei margini delle celle, ovvero la distanza fra il bordo della cella e il suo contenuto.
Nel gruppo **Dimensioni cella**, invece, trovate tutti i comandi per specificare manualmente in centimetri la larghezza e l'altezza delle celle. Le modifiche hanno effetto sulle celle selezionate.
Sempre in questo gruppo trovate due pulsanti molto utili: **Distribuisci righe** e **Distribuisci colonne**, che vi permettono, rispettivamente, di rendere uguali le dimensioni delle righe o delle colonne della vostra tabella.
Sempre nel gruppo **Dimensioni cella** trovate il pulsante **Adatta**, che, con il suo menu (Figura 13.8), vi permette di modificare automaticamente le dimensioni dell'intera tabella.

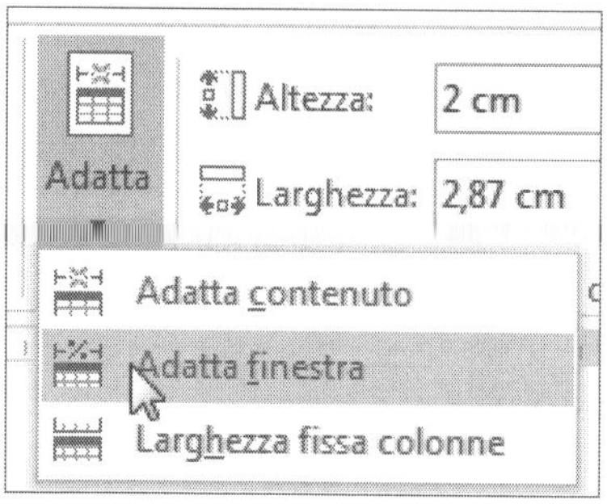

Figura 13.8 - Il menu del pulsante Adatta.

Le voci disponibili sono:

- **Adatta al contenuto**: le colonne avranno una larghezza sufficiente a ospitare il contenuto;
- **Adatta finestra**: le colonne si estenderanno fino a occupare tutta la pagina;
- **Larghezza fissa colonne**: le colonne hanno una larghezza fissa.

NOTA

Per adattare esattamente una colonna al suo contenuto, basta porsi sul bordo della colonna e, quando il cursore del mouse diventa una doppia freccia, fare doppio clic.

Sulla barra multifunzione non trovate i pulsanti per la modifica dell'allineamento dell'intera tabella (cioè per collocarla a destra, a sinistra o al centro della pagina, se questa non è grande come tutta la pagina). Per questo dovete ricorrere alla finestra **Proprietà tabella** (Figura 13.9), che potete attivare con il pulsante **Proprietà**, nel gruppo **Tabella** della scheda **Layout** degli **Strumenti tabella**. Questa finestra vi consente anche di definire molte altre proprietà avanzate delle tabelle.
Dalla scheda **Tabella**, innanzitutto, potete modificare la larghezza complessiva della tabella, attivando l'opzione **Larghezza predefinita** o impostando il valore e l'unità di misura, che può essere espressa in centimetri o in percentuale rispetto alla parte utilizzabile della pagina (esclusi i margini).
Nella sezione **Allineamento** potete poi determinare se la tabella deve essere allineata al margine sinistro, al margine destro o al centro della pagina. Dalla casella **Rientro da sinistra** potete stabilire la distanza della tabella dal margine sinistro.

Nella sezione **Disposizione testo** potete determinare se il testo si dispone solo prima e dopo la tabella (**Nessuna**) o intorno alla tabella (**Ravvicinato**), ovviamente se questa non occupa tutta la pagina. Con i pulsanti **Opzioni** e **Bordo** potrete attivare le finestre per definire i margini della cella, i bordi e gli sfondi.

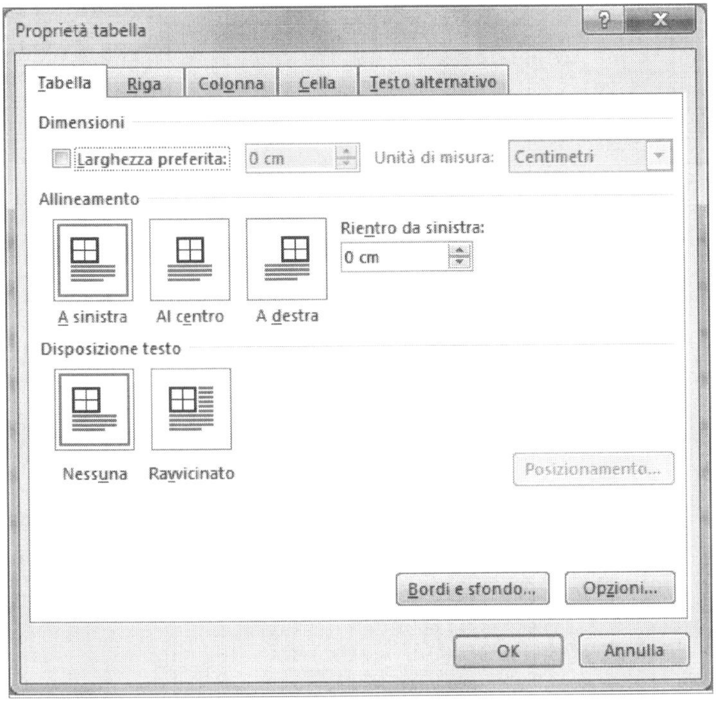

Figura 13.9 - La finestra Proprietà tabella alla scheda Tabella.

Portandovi nella scheda **Riga** (Figura 13.10) della finestra **Proprietà tabella**, potrete determinare l'altezza delle righe, che altrimenti hanno l'altezza appena necessaria a ospitare il contenuto, oltre al margine eventualmente impostato. Per modificare l'altezza della riga, basta selezionare l'opzione **Specifica altezza** e quindi impostare l'altezza desiderata. La casella **Altezza riga** vi permette di stabilire se la riga deve essere alta almeno quanto il valore specificato (**Minima**) o esattamente quanto il valore specificato (**Esatta**). Per impostare le opzioni della riga successiva a quella in cui vi trovate, premete il pulsante **Riga successiva**.

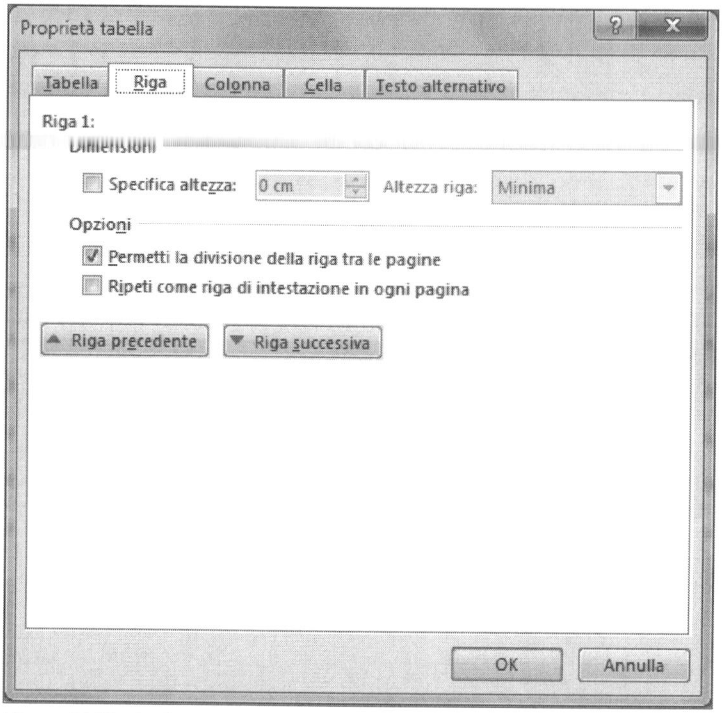

Figura 13.10 - La finestra Proprietà tabella alla scheda Riga.

Nella sezione **Opzioni** di questa scheda trovate due opzioni molto utili. Se **deselezionate** la prima, **Permetti divisione riga fra le pagine**, eviterete che, a fine pagina, la riga sia divisa fra pagine diverse.

La seconda, **Ripeti come riga di intestazione in ogni pagina**, è utile soprattutto con tabelle lunghe che si estendono su più pagine: infatti, se selezionate questa opzione, la riga che state formattando in quel momento (in genere la prima) sarà ripetuta all'inizio di ogni pagina in modo che possiate facilmente individuare il contenuto delle righe anche in pagine successive alla prima. Trovate questa opzione anche sulla barra multifunzione nel gruppo **Dati** della scheda **Layout** degli **Strumenti tabella**.

Dalla scheda **Colonna** della finestra **Proprietà tabella** potete impostare la larghezza delle singole colonne, espressa in centimetri o in percentuale rispetto alla larghezza della tabella.

Infine, dalla scheda **Cella** potete determinare la larghezza delle celle, ma soprattutto l'allineamento verticale del testo nelle stesse. Premendo il pulsante **Opzioni**, potete impostare dei margini diversi da quelli impostati per l'intera tabella o evitare che il testo vada a capo, semplicemente deselezionando l'opzione **Testo a capo**.

Per concludere la descrizione della finestra **Proprietà tabella**, dobbiamo ricordare la scheda **Testo alternativo**.

Questa scheda è importante se si decide di salvare il documento Word per l'utilizzo su Internet (scheda **File**, **Salva e invia > Cambia tipo di file > Pagina web in file unico** o semplicemente scheda **File**, **Salva con nome**).

Word 2010/13 ha introdotto delle innovazioni per quanto riguarda il formato Internet dei suoi documenti e, soprattutto, ha posto l'attenzione sul problema dell'**accessibilità** (ossia la facilità di fruizione di un documento anche da parte di utenti con disabilità).

Uno dei requisiti richiesti perché un documento sia accessibile è che le tabelle e gli oggetti grafici siano dotati di un testo alternativo leggibile dagli strumenti di fruizione assistita, come gli screen reader.

Word 2010/13 ha aggiunto questa possibilità tra le opzioni di personalizzazione della tabella e degli oggetti grafici. Nelle righe che seguono vedremo come inserirlo.

Questi elementi non si vedono nel documento di Word, ma sono utilizzati dagli strumenti di cui abbiamo parlato. Vengono, inoltre, mantenuti nel documento eventualmente convertito in .html per l'uso su Internet.

Per creare un testo alternativo per una tabella occorre fare clic all'interno della tabella e, nella scheda **Progettazione** degli **Strumenti Tabella**, nel gruppo **Tabelle**, premere il pulsante **Proprietà**. Word visualizzerà la finestra **Proprietà tabella** alla scheda **Testo alternativo**.

Qui, nelle caselle **Titolo** e **Descrizione**, potete inserire, rispettivamente, un titolo per la tabella e una sorta di riassunto delle informazioni della tabella stessa.

Se si salva il documento come pagina Web, questi due parametri vengono salvati come valori degli attributi **Title** e **Summary** dell'elemento **Table**. In particolare, è richiesto l'attributo **Summary** perché la tabella sia considerata accessibile.

NOTA

Perché la tabella sia considerata accessibile, occorre anche specificare una riga di intestazione. Per farlo, basta definirla come riga di intestazione (come abbiamo spiegato sopra). Nell'eventuale conversione in HTML, la riga definita come riga di intestazione viene racchiusa nel tag <thead> </thead>.

NOTA

Per garantire l'accessibilità di un documento, il testo alternativo dovrebbe essere definito anche per immagini e oggetti grafici. Torneremo su questo argomento nel Capitolo 17. Qui vedremo anche come verificare che l'intero documento possa essere considerato accessibile.

Modificare la struttura di una tabella: aggiungere righe o colonne

Una volta inserita la tabella, in ogni momento è possibile inserire o eliminare righe e colonne. I comandi che vi occorrono si trovano nel gruppo **Righe e colonne** della scheda **Layout** degli **Strumenti tabella** (Figura 13.11).

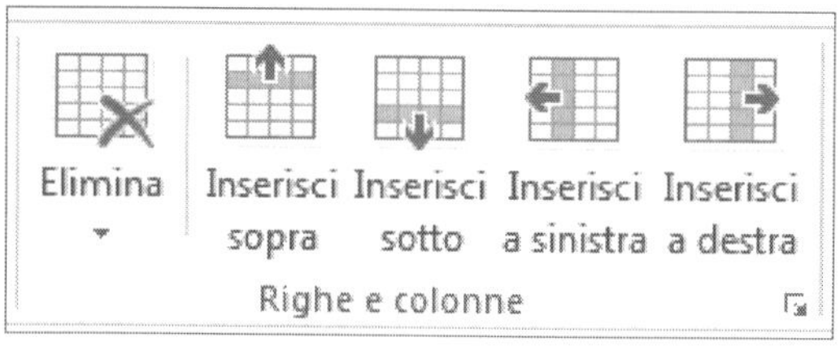

Figura 13.11 - Gli strumenti per modificare la struttura della tabella.

Se volete aggiungere una riga o una colonna, per prima cosa vi dovete porre nella riga o nella colonna prima o dopo la quale volete inserire una riga o una colonna, poi dovete fare clic sul pulsante relativo all'elemento che volete aggiungere.

Word 2013 ha introdotto un ulteriore sistema per l'aggiunta di righe o colonne che per molti utenti può risultare più immediato: basta, infatti, posizionare il cursore sul bordo sinistro e superiore della tabella fra le righe o le colonne nel punto in cui si vuole aggiungere il nuovo elemento per far comparire un elemento circolare contenente un più (+) (Figura 13.12).

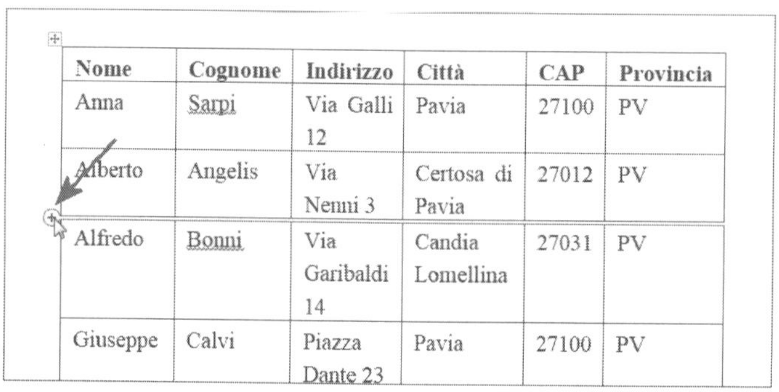

Nome	Cognome	Indirizzo	Città	CAP	Provincia
Anna	Sarpi	Via Galli 12	Pavia	27100	PV
Alberto	Angelis	Via Nenni 3	Certosa di Pavia	27012	PV
Alfredo	Bonni	Via Garibaldi 14	Candia Lomellina	27031	PV
Giuseppe	Calvi	Piazza Dante 23	Pavia	27100	PV

Figura 13.12 - Aggiungere una nuova riga.

Facendo clic su di esso, si aggiungerà la nuova riga o la nuova colonna.

Eliminare righe o colonne

Per eliminare una riga o una colonna è sufficiente fare clic all'interno di una delle sue celle, quindi premere il pulsante **Elimina** nel gruppo **Righe e colonne** della scheda

Layout degli **Strumenti Tabella** (Figura 13.11). Dal menu che appare potete scegliere l'elemento che volete eliminare (Figura 13.13).

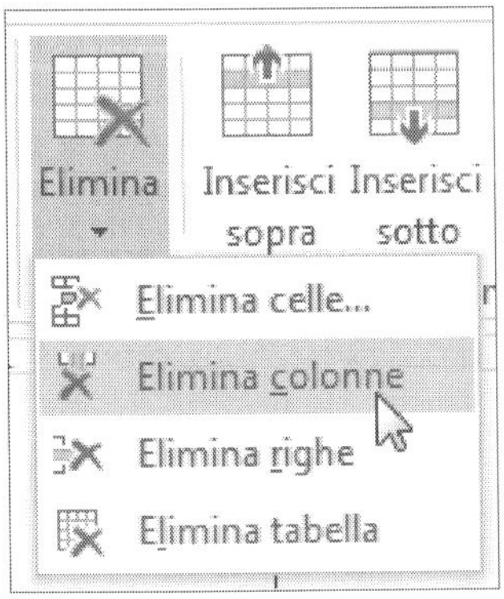

Figura 13.13 - Eliminare un elemento della tabella.

Word vi permette anche di eliminare le singole celle. In questo caso vi rimarrà una tabella con un numero non uniforme di celle nelle righe e nelle colonne.

Ordinare il contenuto delle tabelle

Per concludere il nostro discorso sulle tabelle, vediamo come ordinare il contenuto delle celle. Immaginiamo di avere una tabella come la Tabella 13.1 e di dover ordinare alfabeticamente i dati per cognome.

Tabella 13.1 - Una tabella con dati da ordinare.

Nome	Cognome	Indirizzo	Città	CAP	Provincia
Anna	Sarpi	Via Galli 12	Pavia	27100	PV
Alberto	Angelis	Via Nenni 3	Certosa di Pavia	27012	PV
Alfredo	Bonni	Via Garibaldi 14	Candia Lomellina	27031	PV
Giuseppe	Calvi	Piazza Dante 23	Pavia	27100	PV
Claudio	Corsi	Via Loreto 34	Borgarello	27010	PV
Francesco	Alfa	Viale Leopardi 11	Casteggio	27045	PV
Fernando	Cordoba	Piazza Botta 1	Pavia	27100	PV
Giovanni	Ferri	Viale Matteotti 12	Pavia	27100	PV

Ponetevi all'interno della tabella, quindi premete il pulsante **Ordina**, nel gruppo **Dati** della scheda **Layout** degli **Strumenti tabella**. Visualizzerete la finestra **Ordina** (Figura 13.14).

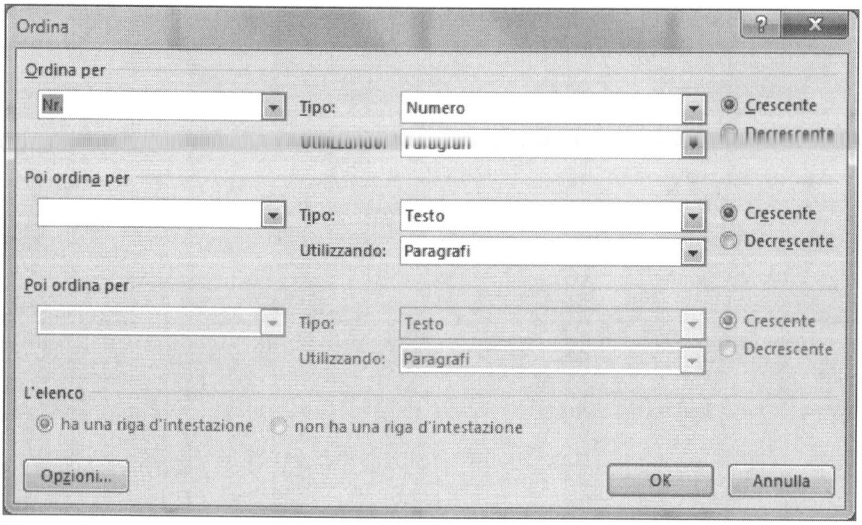

Figura 13.14 - La finestra Ordina.

Dall'elenco a discesa **Ordina per**, scegliete la colonna in base alla quale volete effettuare l'ordinamento, in questo caso Cognome. Dalla casella **Tipo**, scegliete se dovete ordinare dati testuali, numerici o date. Determinate se volete un ordinamento crescente o decrescente.

Se vi occorrono anche criteri di ordinamento secondari, usate gli elenchi a discesa **Poi ordina per**. Potete impostarne fino a due. In questo esempio non abbiamo criteri secondari da specificare.

Se la prima riga della tabella è una riga di intestazione, nella sezione **L'elenco** attivate l'opzione **Ha una riga di intestazione**. Quando avete finito, premete **OK** per ordinare la tabella (Tabella 13.2).

Tabella 13.2 - Una tabella con dati ordinati.

Nome	Cognome	Indirizzo	Città	CAP	Provincia
Francesco	Alfa	Viale Leopardi 11	Casteggio	27045	PV
Alberto	Angelis	Via Nenni 3	Certosa di Pavia	27012	PV
Alfredo	Bonni	Via Garibaldi 14	Candia Lomellina	27031	PV
Giuseppe	Calvi	Piazza Dante 23	Pavia	27100	PV
Fernando	Cordoba	Piazza Botta 1	Pavia	27100	PV
Claudio	Corsi	Via Loreto 34	Borgarello	27010	PV
Giovanni	Ferri	Viale Matteotti 12	Pavia	27100	PV
Anna	Sarpi	Via Galli 12	Pavia	27100	PV

Effettuare calcoli in una tabella

Word vi permette anche di eseguire semplici calcoli sui dati strutturati in tabella. Osservate il preventivo proposto nella Tabella 13.3.

Tabella 13.3 - Le voci di un preventivo.

1 Caldaia	€ 1.300,00
1 Kit scarico fumi per caldaia	€ 120,00
Raccordi necessari e mano d'opera totale	€ 400,00
Totale	

Nell'ultima cella vogliamo calcolare il totale. Fate clic nell'ultima cella, poi premete il pulsante **Formula**, nel gruppo **Dati** della scheda **Layout** degli **Strumenti tabella**. Visualizzerete la finestra **Formula** (Figura 13.15).

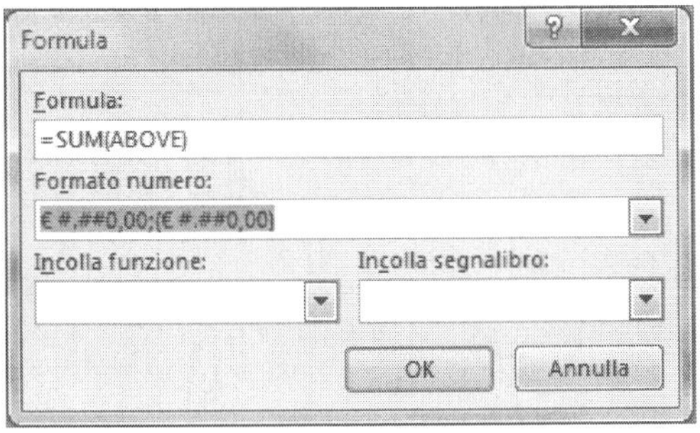

Figura 13.15 - La finestra Formula.

Word vi propone di usare la funzione SUM (somma) per i dati che si trovano sopra (**Above**) la cella in cui inserite la funzione. Se lo desiderate, potete cambiare la funzione di riepilogo, scegliendola dall'elenco a discesa **Incolla funzione**. I nomi delle funzioni corrispondono a quelli di Excel, ma qui sono in inglese.

Se non volete sommare il contenuto delle celle superiori, ma di quelle inferiori, potete usare la parola **Below**. Usate **Left** e **Right** rispettivamente per lavorare sulle celle di sinistra e quelle di destra. Se preferite, potete usare i riferimenti di cella, proprio come in Excel.

Se cambiano i dati, o ne vengono aggiunti e/o eliminati, i calcoli nella tabella non si aggiornano automaticamente, ma occorre fare clic sul risultato col tasto destro del mouse e, dal relativo menu contestuale, scegliere la voce **Aggiorna campo**.

Nella finestra **Formula** (Figura 13.15) notate anche l'elenco a discesa **Formato numero**. Qui potete scegliere il formato numerico che volete usare per il risultato. I formati sono descritti utilizzando i segnaposto tipici dei formati personalizzati di Excel, mostrati nella Tabella 13.4.

Tabella 13.4 - I segnaposto per i formati personalizzati.

#	Visualizza solo le cifre significative e non gli zeri non significativi	Se uso il codice ##,# e scrivo 12,39, Excel lo trasforma in 12,4
0 (zero)	Visualizza gli zeri non significativi per i numeri che presentano meno cifre di quanti siano gli zeri nel formato	Se uso il codice ##,#0 e scrivo 12,4, Excel lo trasforma in 12,40
?	Aggiunge spazi per gli zeri non significativi prima e dopo la virgola decimale	

Convertire un testo in tabella e viceversa

Se disponete di un testo opportunamente strutturato, in cui i dati da separare su più colonne sono identificati da un segno di interpunzione o una tabulazione, come quelli che seguono (in questo caso i dati sono separati da ;), potete facilmente inserirli in una tabella.

Tubi in PPR 1p 3/4, ½ p.; € 1.900,00
Tubi di scarico ø 110 e ø 40; € 820,00
Sanitari; € 1.400,00
4 Bracci doccia con soffione e corvetta saliscendi; € 60,00

Selezionate tutto il testo, poi, nella scheda **Inserisci**, nel gruppo **Tabelle**, fate clic sul pulsante **Tabella** e, dal relativo menu, scegliete **Converti il testo in tabella**. Word vi mostrerà la finestra **Converti il testo in tabella** (Figura 13.16).

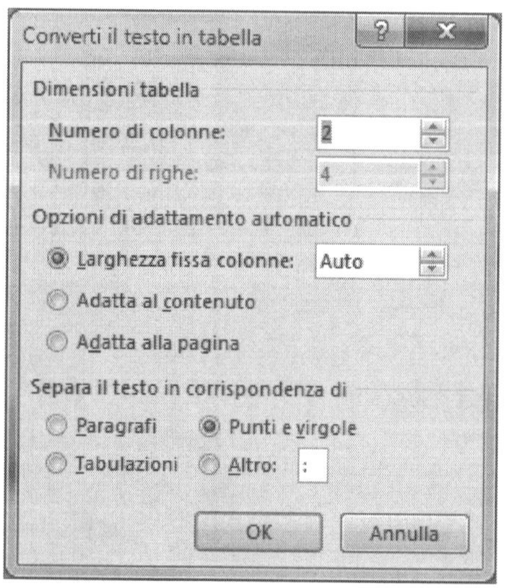

Figura 13.16 - La finestra Converti il testo in tabella.

In questa finestra potete definire l'aspetto della tabella finita, ma soprattutto, nella sezione **Separa il testo in corrispondenza di**, dovete specificare come individuare le colonne. Spesso Word è in grado di capirlo da solo. Nel nostro caso ha compreso che deve creare una nuova colonna ogni volta che incontra il segno punto e virgola (;).
Con queste impostazioni, otteniamo il risultato della Tabella 13.5.

Tabella 13.5 - La tabella finale.

Tubi in PPR 1p 3/4, ½ p.	€ 1.900,00
Tubi di scarico ø 110 e ø 40	€ 820,00
Sanitari	€ 1.400,00
4 Bracci doccia con soffione e corvetta saliscendi	€ 60,00

Risolvere un piccolo problema

Quando si è inserita una tabella all'inizio di un documento (sulla sua prima riga) e si desidera inserire un testo prima della tabella stessa, si può avere qualche difficoltà a posizionare il cursore prima della tabella.
Si può aggirare il problema facendo clic nella prima cella della prima riga della tabella (badate che, se la cella contiene del testo, dovete posizionare il punto di inserimento **prima** del testo) e poi premendo il tasto **Invio** sulla tastiera: il punto di inserimento si troverà nella posizione desiderata.

14

Contenuto riutilizzabile

Una delle innovazioni più interessanti di Office 2007, mantenuta in Office 2010/13, è costituita dai Contenuti riutilizzabili, che permettono di inserire contenuto preformattato nei documenti.

Capita a tutti di scrivere spesso documenti dello stesso tipo, che magari hanno varie parti in comune, come la copertina, le intestazioni e i piè di pagina, o, ancora, parti di contenuto come disclaimer legali, informazioni per contattarvi ecc.
Tutte queste porzioni di contenuto possono essere scritte, formattate e salvate per un uso successivo: anche questa innovazione va nella direzione di velocizzare la creazione dei documenti e può rivelarsi molto utile.
Iniziamo con il dire che Word stesso vi fornisce del contenuto riutilizzabile già pronto, che potete personalizzare a vostro piacimento.
Esistono contenuti di diverso tipo. Abbiamo già parlato di intestazioni e piè di pagina, ora vi proponiamo i **frontespizi**, o copertine.
Le copertine normalmente presentano un'area per il titolo del documento, un sottotitolo ed, eventualmente, il vostro nome e il logo. Inoltre, quando numerate le pagine del documento, la numerazione non viene posta sulla copertina. Anche le intestazioni e i piè di pagina della copertina sono automaticamente differenziati da quelli del resto del documento. Vediamo come inserire una copertina preimpostata.
Portatevi alla scheda **Inserisci** e, nel gruppo **Pagine**, premete il pulsante **Frontespizio** (Figura 14.1).

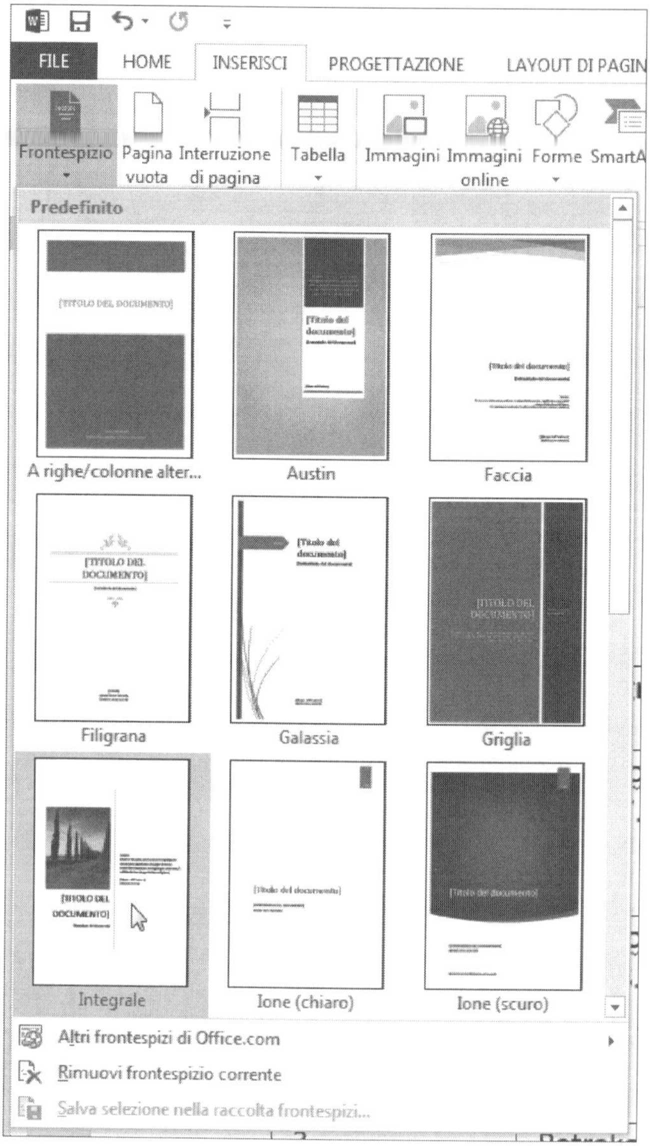

Figura 14.1 - Inserire una copertina.

> **NOTA**
> Facendo clic sul collegamento **Altri frontespizi di Office.com**, potrete accedere a eventuali nuovi frontespizi messi a disposizione da Microsoft su Office.com.

Word vi mostrerà un elenco di copertine già predisposte: fate clic sul modello che volete utilizzare e immediatamente esso verrà aggiunto all'inizio del vostro documento

Figura 14.2 - Una copertina.

Come potete vedere dalla Figura 14.2, la copertina presenta una serie di campi che dovete compilare con i dati relativi al vostro documento. I campi da compilare variano a seconda del tipo di copertina che avete scelto. Alcuni, poi, sono già precompilati con le informazioni tratte dalle proprietà del documento. Per esempio, nella Figura 14.2 il campo Autore è già compilato. Questo non significa che non possiate personalizzare anche questi campi: fate doppio clic al loro interno e sostituite o integrate il loro contenuto.

Oltre alle copertine, nel documento potete inserire delle caselle di testo per contenuti speciali, come una citazione, una nota o semplicemente per realizzare una banda laterale distinta dal resto del testo.

Questi elementi si trovano sempre nella scheda **Inserisci**, ma nel gruppo **Testo**. Premete il pulsante **Casella di testo**; poi, dal relativo menu, scegliete il tipo di casella di testo che desiderate (Figura 14.3).

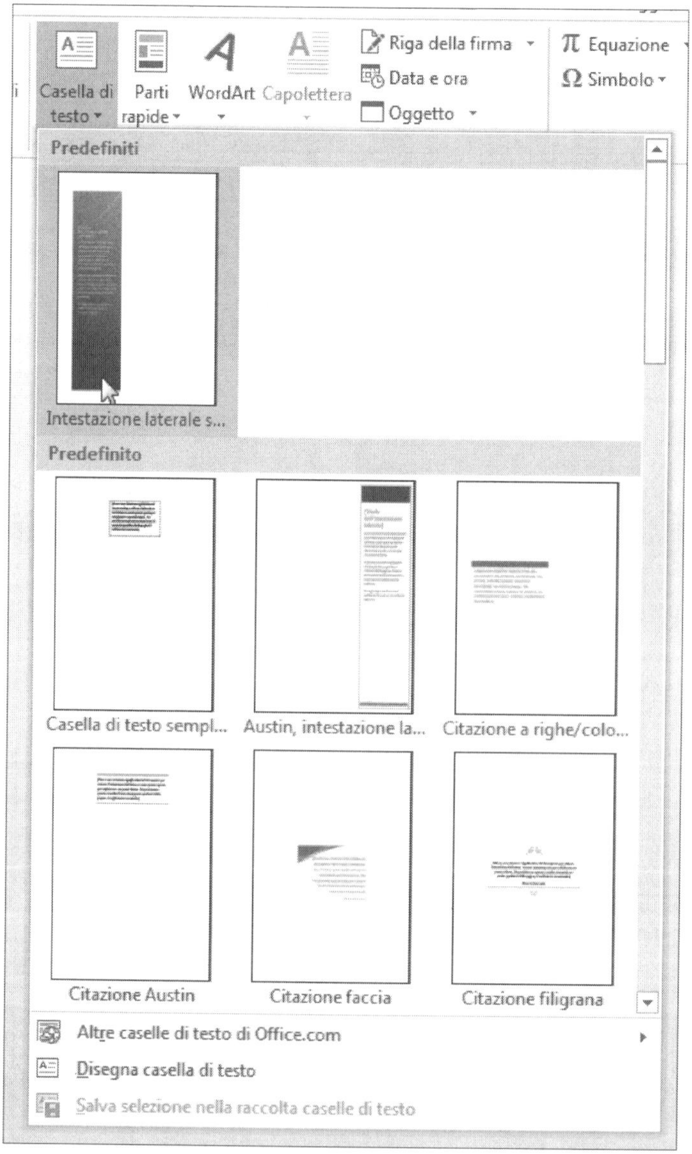

Figura 14.3 - Inserire una casella di testo preformattata.

Le proprietà della casella di testo sono state opportunamente predisposte in modo che l'eventuale testo già presente sulla pagina (o anche il testo aggiunto successi-

vamente) si disponga correttamente attorno alla casella stessa (la disposizione del testo, ovviamente, varia a seconda del tipo di casella scelta).
Anche la casella di testo presenta dei campi da personalizzare con il vostro contenuto (Figura 14.4).

Figura 14.4 - Una pagina con una casella di testo laterale.

NOTA

La casella di testo è una forma e come tale potete formattarla, come vedremo alla fine del Capitolo 17.

Accanto al pulsante **Casella di testo** compare un altro pulsante, **Parti rapide**, che ci permette di accedere a funzioni molto utili.
Questo pulsante apre un menu che presenta diverse voci interessanti (Figura 14.5).

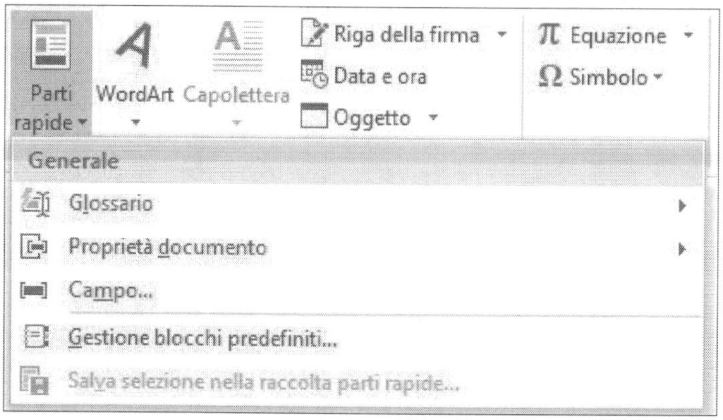

Figura 14.5 - Il menu Parti rapide.

La prima voce di questo menu è **Glossario**. Word permette di creare un proprio glossario di parole. Quando Word riesce a capire, dai caratteri che avete già scritto, che state scrivendo una parola salvata nel glossario, vi propone un completamento veloce (Figura 14.6) della parola stessa (basta premere Invio per inserire la parola completa). Se non volete scrivere la parola del glossario, basta continuare a digitare normalmente il testo ignorando la proposta di Word.

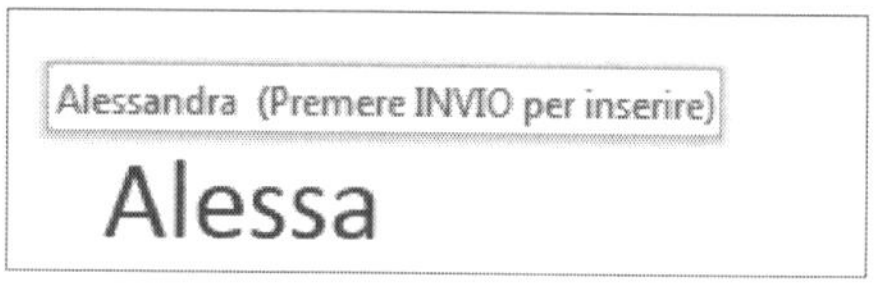

Figura 14.6 - Word propone il completamento di una parola del glossario.

Per inserire una parola nel glossario, basta selezionarla in un documento, poi scegliere la voce **Glossario > Salva selezione nella raccolta voci di glossario** nel menu del pulsante **Parti rapide**. Word vi mostrerà la finestra **Crea nuovo blocco predefinito** (Figura 14.7).

Nella casella **Nome** digitate un nome univoco per la voce del glossario. Se preferite, il nome della voce può essere costituito dalla voce stessa (sembra una buona soluzione). È importante che selezioniate **Glossario** nell'elenco a discesa **Raccolta**. Per quanto riguarda la **Categoria**, potete lasciare la categoria **Generale**, proposta da Word, o crearne una nuova. Le categorie servono per organizzare i blocchi di contenuto riutilizzabile.

Ogni blocco può avere anche una **Descrizione**.

Se volete che la voce di glossario sia disponibile in tutti i file creati con Word, dall'elenco **Salva in** scegliete Normal.dotm. Altrimenti, potete scegliere il documento corrente.

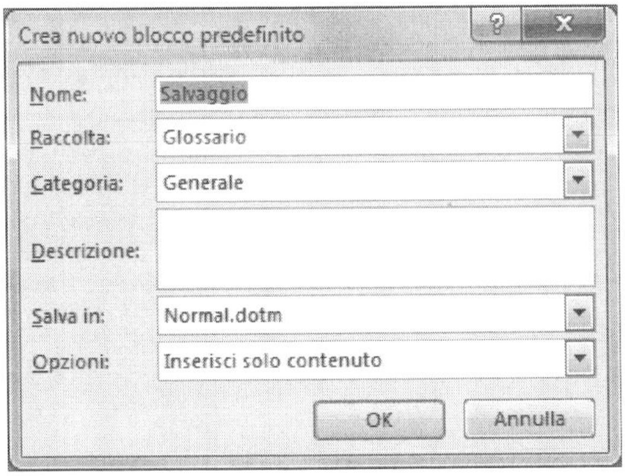

Figura 14.7 - La finestra Crea nuovo blocco predefinito.

NOTA

Di modelli parleremo nel Capitolo 22.

Dall'elenco a discesa **Opzioni** occorre scegliere se vogliamo inserire solo il contenuto che stiamo salvando o anche il paragrafo che lo ospita. Nel caso delle voci di glossario, trattandosi di parole, occorre inserire solo il contenuto, non il paragrafo.
Per salvare effettivamente la voce di glossario, premete il pulsante **OK**. Le voci di glossario potranno essere inserite anche scegliendole dal sottomenu della voce **Glossario** del menu **Parti rapide**.
Dopo aver spiegato cos'è e a cosa serve il glossario, possiamo passare ad analizzare la voce **Proprietà documento**: essa consente di inserire velocemente nel file le proprietà del documento, come il nome dell'autore, il nome del file ecc.
La voce **Campo**, invece, consente di inserire campi speciali come le date o gli indirizzi.
La voce più importante e utile, però, è **Gestione blocchi predefiniti**, che vi permette di gestire i contenuti riutilizzabili esistenti e di crearne di nuovi.
Vediamo subito come fare, dato che si tratta di un'opportunità molto interessante.
Selezionate la voce **Gestione blocchi predefiniti** per visualizzare la finestra **Gestione blocchi predefiniti** (Figura 14.8).

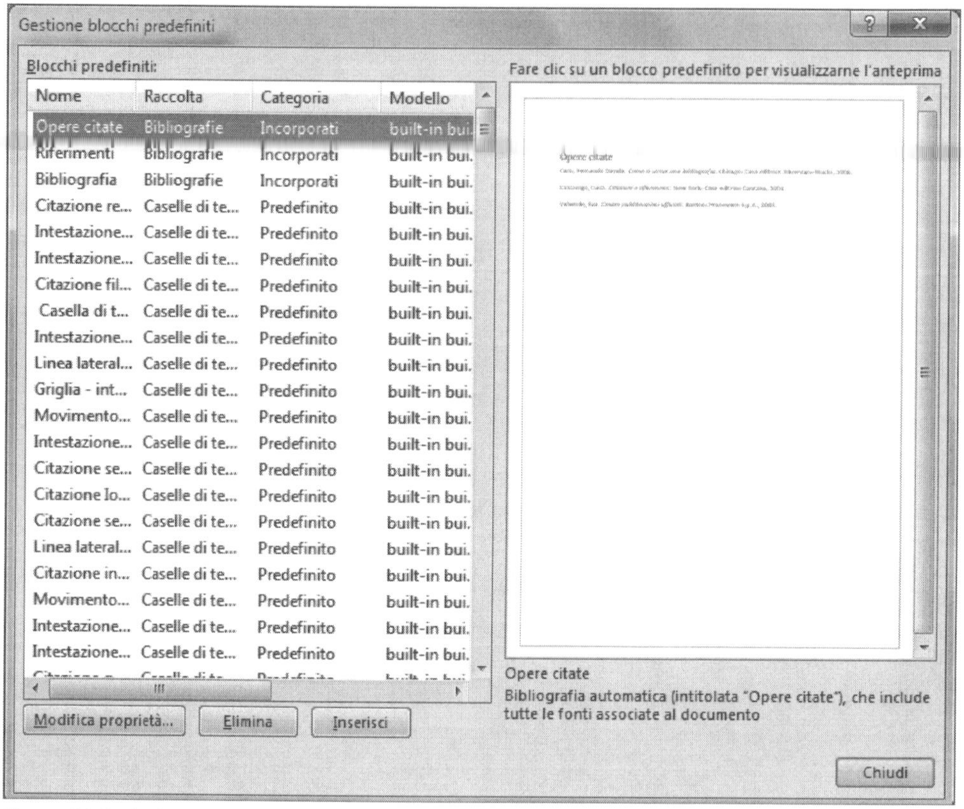

Figura 14.8 - La finestra Gestione blocchi predefiniti.

Qui, organizzati per categorie, trovate tutti i contenuti riutilizzabili che avete a disposizione sul vostro computer (nella Figura 14.8, per esempio, vedete anche le caselle di testo).
Per utilizzare uno di questi contenuti basta fare clic su di esso e poi premere il pulsante **Inserisci**.

> **NOTA**
> Ovviamente, prima di avviare la finestra **Gestione blocchi predefiniti**, occorre fare clic nel punto del documento in cui si vuole inserire il contenuto riutilizzabile.

Proveremo a creare del contenuto riutilizzabile personalizzato, e cioè una copertina (frontespizio). Si procede come per le voci di glossario.

La nostra sarà una copertina semplice, ma sufficiente per capire il meccanismo.

1. Create un documento nuovo. Poi, se volete e ne siete capaci, inserite al suo interno una forma (in ogni caso, trovate il pulsante **Forme** nella scheda **Inserisci**; spiegheremo come inserire le forme più avanti, nel Capitolo 17) adatta a contenere il titolo del documento stesso e formattatela come preferite. Quando la forma è selezionata, vengono visualizzati gli Strumenti disegno, costituiti dalla sola scheda **Formato**.
2. Aggiungete una casella di testo alla forma. Per aggiungere una casella di testo vuota, premete il pulsante **Disegna casella di testo** nel gruppo **Inserisci forme** della scheda **Formato** degli Strumenti disegno. Il cursore assume l'aspetto di una croce. Fate clic nel documento nel punto in cui volete iniziare la casella di testo. Trascinate fino a ottenere una casella delle dimensioni che desiderate, poi rilasciate il mouse.
3. Aprite il menu **Parti rapide** (Figura 14.5) e scegliete **Proprietà** e poi **Titolo** (Figura 14.9). In questo modo inserirete nella vostra forma il campo in cui scrivere il titolo.

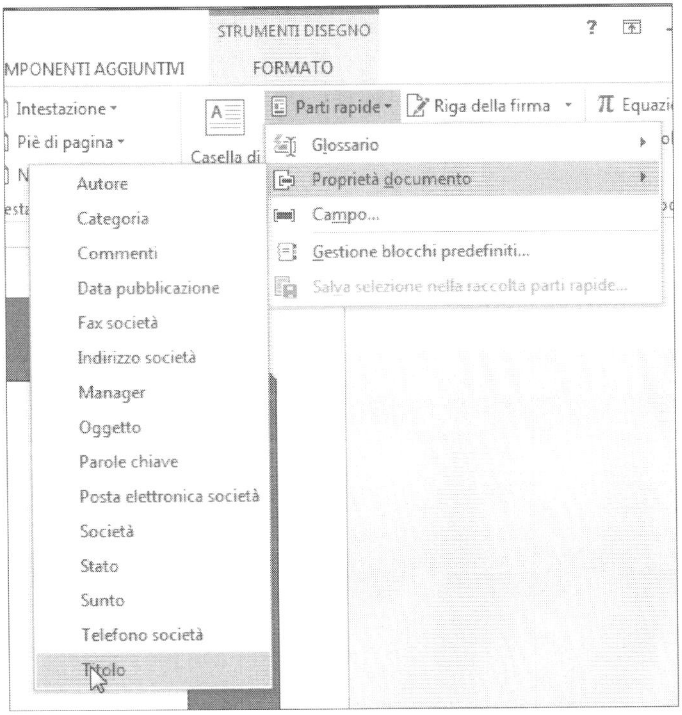

Figura 14.9 - Aggiungere la proprietà Titolo.

4. All'interno del campo del titolo scrivete, se volete, "Inserire qui il titolo" o qualcosa di analogo e formattate questo testo come desiderate.
5. Selezionate quello che avete appena creato (eventuale forma e casella di testo), poi aprite il menu **Parti rapide** (Figura 14.5) e selezionate la voce **Salva selezione nella raccolta parti rapide**. Word vi mostrerà la finestra **Crea nuovo blocco predefinito** (Figura 14.10).

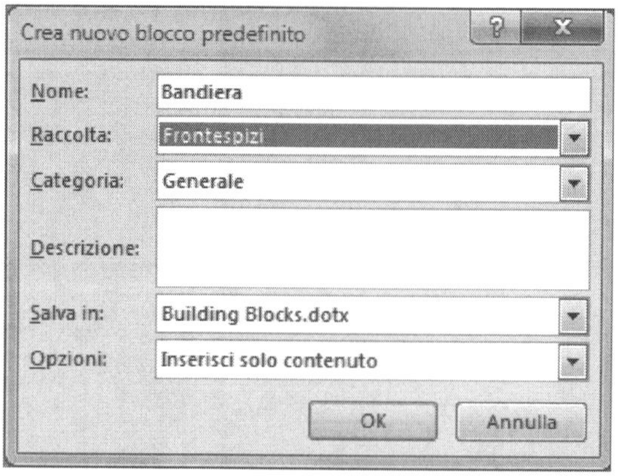

Figura 14.10 - La finestra Crea nuovo blocco predefinito.

6. Nella casella **Nome** assegnate un nome alla vostra copertina, poi, dall'elenco a discesa **Raccolta**, selezionate il tipo di contenuto riutilizzabile che state creando, in questo caso **Frontespizio**, visto che stiamo creando una copertina. Dall'elenco a discesa **Opzioni** scegliete **Inserisci contenuto nella relativa pagina**; infatti, dato che si tratta di una copertina, l'oggetto che stiamo salvando deve stare su una pagina a se stante. Se volete, aggiungete anche una descrizione.
7. Premete **OK** per chiudere la procedura.
8. Chiudete anche il documento senza salvarlo.

Ora la nuova copertina compare (in ordine alfabetico) nella finestra **Gestione blocchi predefiniti** (Figura 14.8) e, dato che si tratta di una copertina, anche nel menu del pulsante **Frontespizi**, sempre in ordine alfabetico; essa sarà disponibile in tutti i nuovi documenti Word come le copertine già predisposte da Office.

15

Gli SmartArt e i temi

Gli **SmartArt** sono un **nuovo** strumento per **inserire** grafica dall'aspetto **professionale**. Combinandoli con i **Temi**, potrete facilmente **modificare** l'aspetto di **tutte** le **grafiche** del vostro file.

Per inserire uno SmartArt, dovete portarvi nella scheda **Inserisci**, nel gruppo **Illustrazioni**, e premere il pulsante **SmartArt**.
Office vi mostrerà la finestra **Scegli elemento grafico SmartArt** (Figura 15.1).

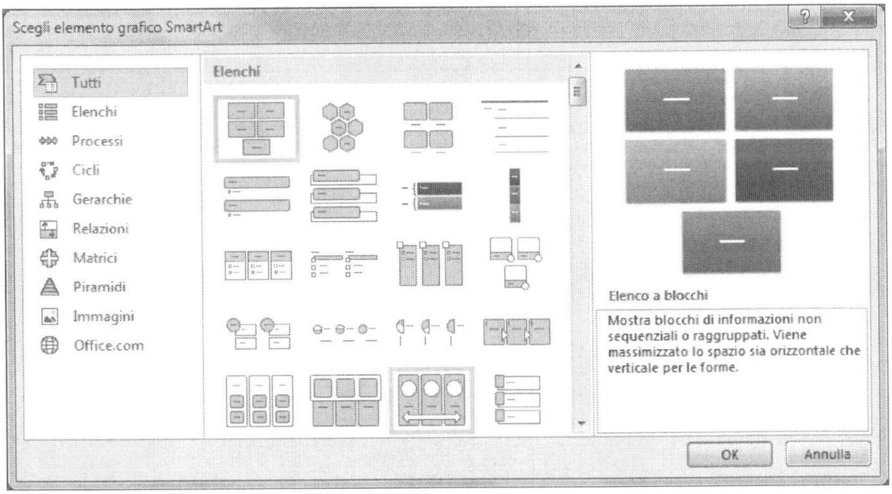

Figura 15.1 - La finestra Scegli elemento grafico SmartArt.

Come potete vedere dalla Figura 15.1, avete la possibilità di scegliere tra diverse categorie di SmartArt.
La Tabella 15.1 riassume il significato e il possibile utilizzo degli SmartArt di ciascuna categoria.

Tabella 15.1 - I tipi di di SmartArt.

Tipo di SmartArt	Utilizzo
Elenchi	Presentano gruppi di informazioni che possono essere poste in sequenza o meno
Processi	Permettono di mostrare informazioni poste in sequenza, come i diversi momenti di un processo produttivo
Cicli	Mostrano un processo continuo, ciclico
Gerarchie	Permettono di presentare informazioni gerarchiche, come un organigramma aziendale
Relazioni	Evidenziano le relazioni tra le informazioni presentate
Matrici	Tabelle di dati in relazione riga per riga
Piramidi	Mostrano le proporzioni che intercorrono tra le informazioni proposte
Immagini	Si tratta di un tipo particolare di Smart Art che utilizza le immagini all'interno delle forme del diagramma
Office.com	Si tratta di SmartArt di tipo misto che vengono via via resi disponibili online

Una volta individuata la categoria, nel riquadro centrale, dovete scegliere il tipo di SmartArt che desiderate. Quando selezionate un tipo, nel riquadro di sinistra, ne vedete un'anteprima e una descrizione.
Appena avete scelto il tipo di SmartArt che volete inserire, selezionatelo e premete il pulsante **OK**. Word inserirà nel file l'oggetto che avete scelto, naturalmente vuoto (Figura 15.2).
Notate che uno SmartArt è composto da diverse forme, poste l'una accanto all'altra, all'interno delle quali ci sono dei segnaposto per il testo.
Potete digitare il testo direttamente nel segnaposto, oppure ricorrere al pannello collocato alla sinistra dello SmartArt. Questo pannello è solo "di servizio" e viene nascosto quando deselezionate lo SmartArt. Non sarà, dunque, stampato.
Se il pannello non fosse visibile, premete il pulsante **Riquadro del testo** nel gruppo **Crea elemento grafico** nella scheda **Progettazione** degli **Strumenti SmartArt**.
Proviamo a inserire del testo in uno SmartArt a piramide come quello della Figura 15.2.

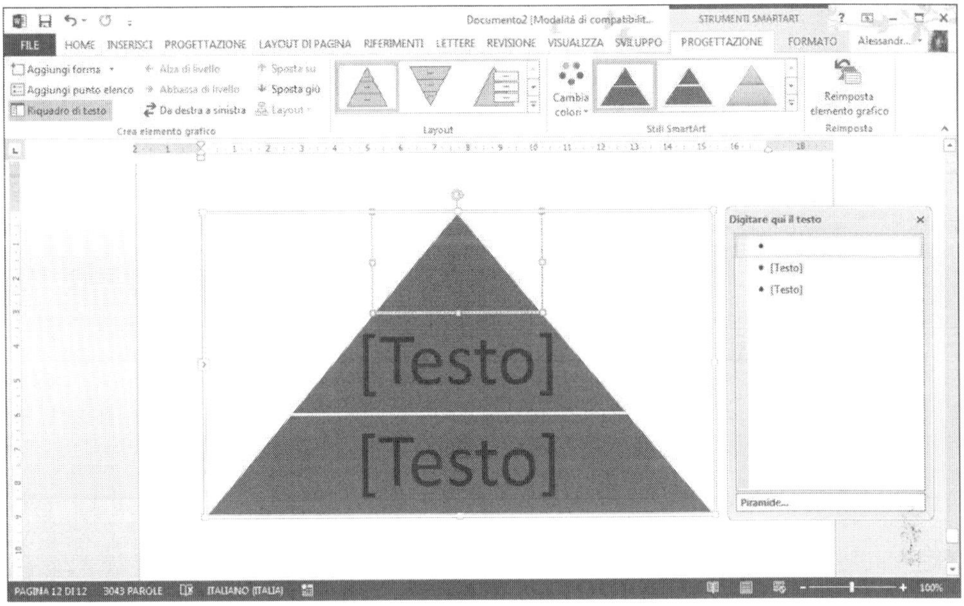

Figura 15.2 - L'oggetto vuoto nel file.

Scriveremo, dalla punta alla base:

- Grassi;
- Proteine;
- Carboidrati;
- Frutta e verdura.

La nostra piramide ha solo tre parti. Vedremo anche come inserire la quarta mancante. Dovrebbe essere selezionata la punta della vostra piramide; se non lo fosse, fate clic su di essa per selezionarla. Poi fate clic sul segnaposto del testo corrispondente alla punta nel pannello laterale. Ora potete cominciare a scrivere: a mano a mano che digitate le lettere, il testo si ridimensiona opportunamente in modo da adeguarsi allo spazio che ha a disposizione.

Senza premere il tasto Invio, fate clic sul segnaposto della seconda porzione e scrivete il testo corrispondente. Ripetete la stessa operazione per la terza porzione (Figura 15.3).

Per aggiungere la quarta porzione (o, meglio, per ridividere in quattro la piramide), tenendo il cursore nell'ultimo testo del pannello, premete il tasto **Invio**: ora potete digitare il quarto testo.

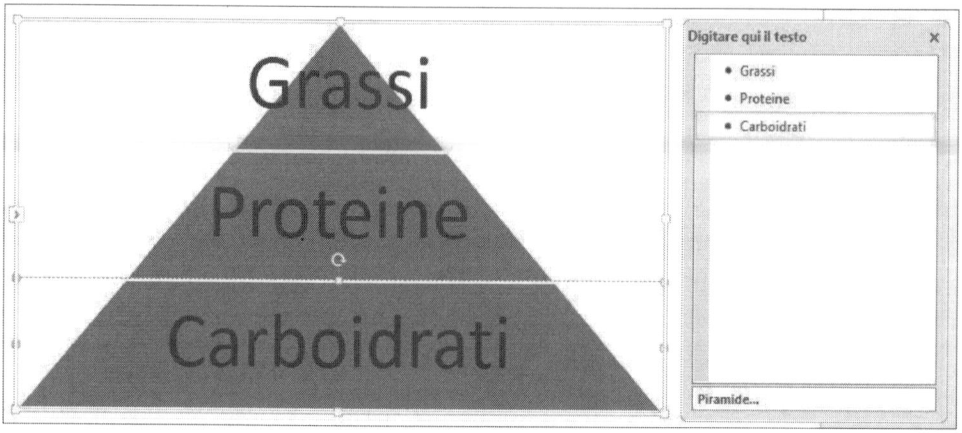

Figura 15.3 - Il testo delle prime parti dello SmartArt.

Per aggiungere una forma a uno SmartArt potete anche procedere così:

1. visualizzate la scheda **Progettazione** degli **Strumenti SmartArt**. Portatevi nel gruppo **Crea elemento grafico**;
2. fate clic sul pulsante **Aggiungi forma**. La nuova forma verrà aggiunta **dopo** quella selezionata al momento dell'aggiunta. Se, invece, preferite decidere dove posizionare la nuova forma, premete la piccola freccia posta in basso al pulsante **Aggiungi forma**. Office vi mostrerà un nuovo menu in cui scegliere dove collocare la nuova forma.

NOTA

Alcuni tipi di SmartArt non permettono di aggiungere nuove forme. Per esempio, il tipo **Frecce opposte** della categoria **Relazioni** può avere solo due forme. Il pulsante **Aggiungi forma**, se usate questo SmartArt, è disabilitato.

Il tipo Immagine

Tutti i tipi di SmartArt che abbiamo descritto nella Tabella 15.1 si inseriscono e gestiscono come abbiamo spiegato sopra.

Una piccola eccezione è costituita dagli SmartArt del tipo Immagine.

Questo è dovuto al fatto che gli SmartArt di questa categoria hanno un elemento in più, cioè l'immagine.

Se inserite in un documento uno SmartArt di tipo Immagine, noterete, all'interno delle forme grafiche, il pulsante che permette di inserire un'immagine (Figura 15.4).

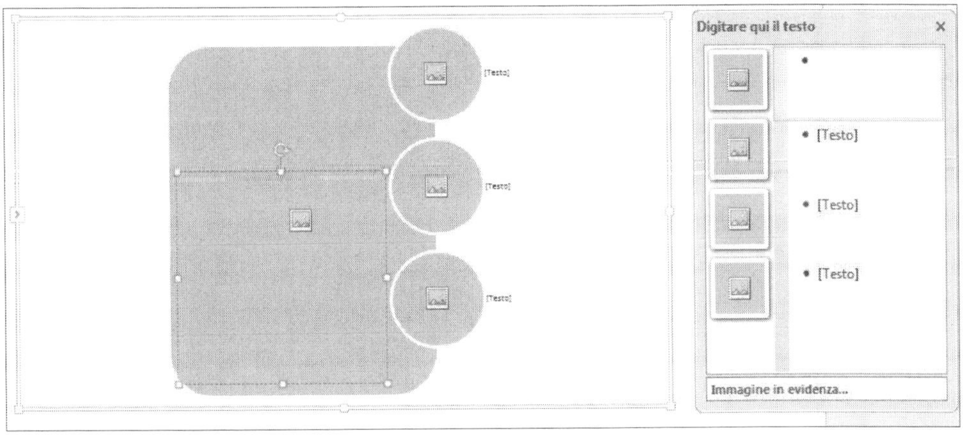

Figura 15.4 - Uno SmartArt di tipo Immagine nel documento.

Se fate clic su questo pulsante, visualizzerete la finestra **Inserisci immagini** dalla quale potrete selezionare l'immagine che vi interessa.

O, meglio, prima dovrete scegliere da dove selezionare l'immagine (dal computer in uso o da uno dei servizi online, come Flickr o Facebook, che avete aggiunto al vostro Office) e poi potrete selezionare l'immagine che volete usare.

L'immagine viene tagliata e ridimensionata per adattarsi alla forma che la ospita (Figura 15.5).

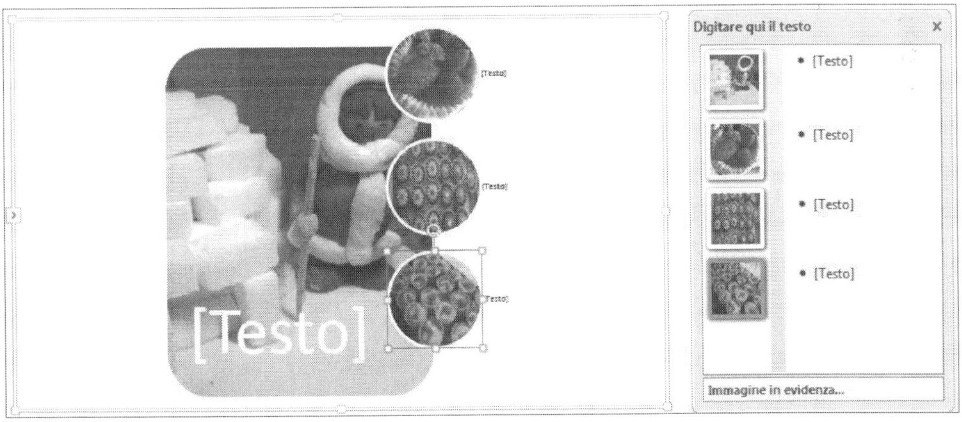

Figura 15.5 - Le immagini nello SmartArt.

Per quanto riguarda la gestione del testo, anche negli SmartArt di tipo Immagine si procede come abbiamo visto per gli altri tipi.

Testo strutturato

Nell'esempio della piramide, i testi sono semplici e non hanno sottopunti. Ci sono, però, degli SmartArt che prevedono testi più complessi, strutturati con sottopunti.
È il caso, per esempio, del tipo **Elenco trapezi** della categoria **Elenchi** (Figura 15.6).

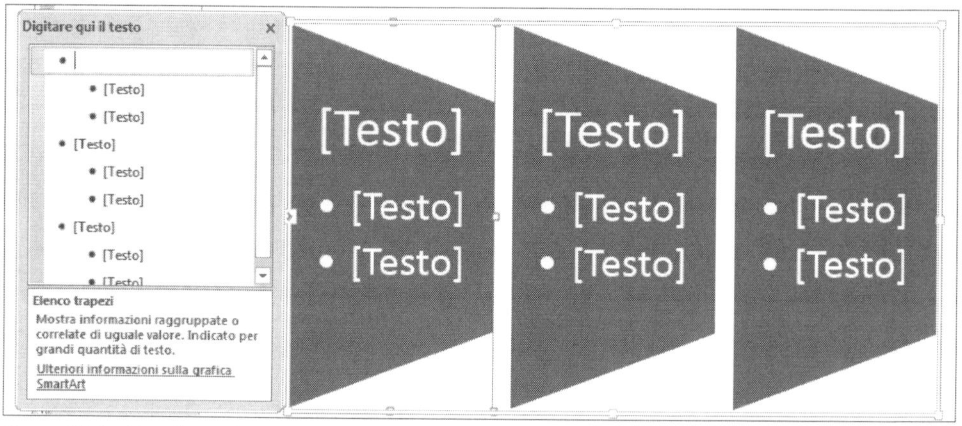

Figura 15.6 - Uno SmartArt con sottopunti.

È possibile aggiungere i sottopunti anche agli SmartArt che non sono già preimpostati per averli.
Tornando all'esempio della piramide, immaginiamo di voler aggiungere al testo *Grassi* i sottopunti *Vegetali* e *Animali*.
Selezionate la punta della piramide e portatevi alla scheda **Progettazione** degli **Strumenti SmartArt**.
Nel gruppo **Crea elemento grafico** premete il pulsante **Aggiungi punto elenco**.
Office aggiungerà un nuovo punto: digitate il vostro testo, poi, se volete inserire un secondo sottopunto, premete il tasto **Invio**. Il testo si ridimensiona per adeguarsi allo spazio disponibile.
La Figura 15.7 mostra la piramide con i sottopunti.
I pulsanti **Alza di livello** e **Abbassa di livello** accanto ad **Aggiungi punto elenco** vi permettono di alzare o abbassare il livello dei testi già esistenti.

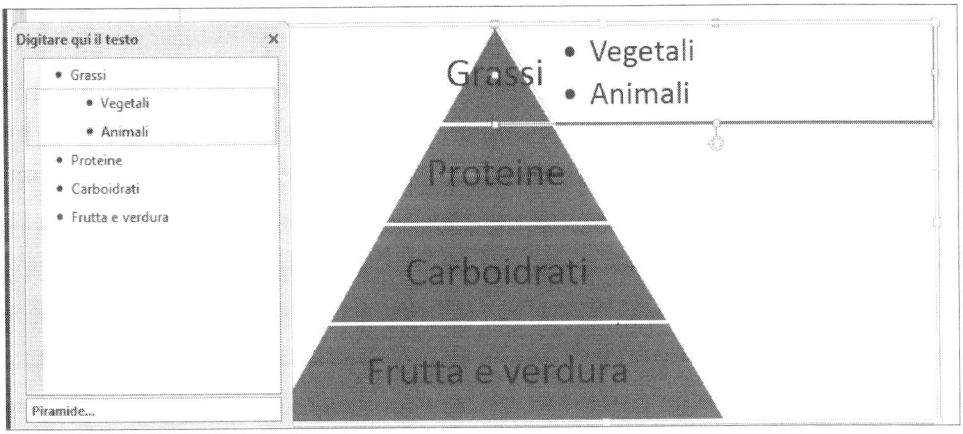

Figura 15.7 - La piramide con i sottopunti.

Eliminare forme e ridimensionare uno SmartArt

Abbiamo visto che è possibile aggiungere una forma a uno SmartArt, ma si può anche eliminarne una.

Immaginiamo di aver scelto lo SmartArt **Freccia verso l'alto** della categoria **Processi** (Figura 15.8).

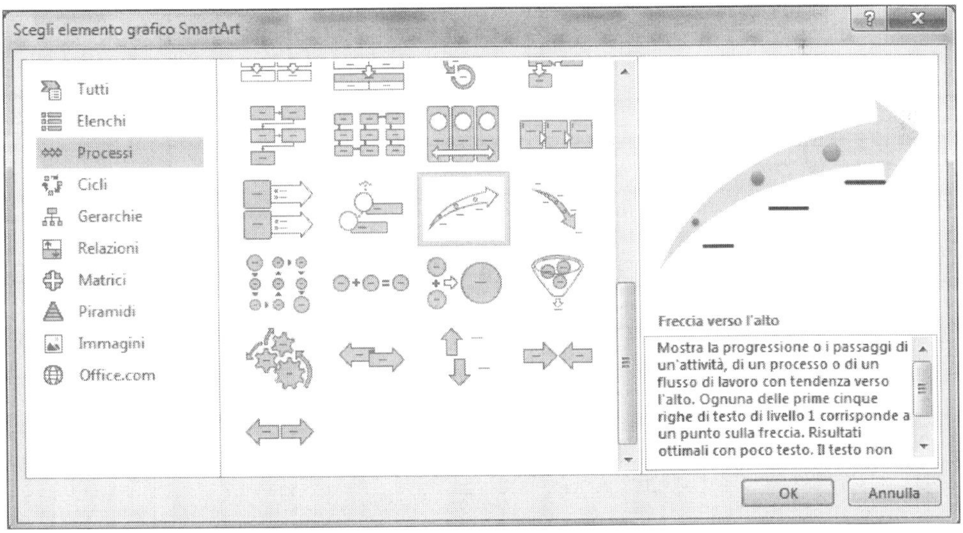

Figura 15.8 - Lo SmartArt Freccia verso l'alto della categoria Processi.

Questo tipo di SmartArt, per impostazione predefinita, prevede tre forme. A noi ne servono solo due. Come possiamo procedere?

Occorre, innanzitutto, selezionare la forma da eliminare. Nel caso specifico del nostro esempio, la forma è in realtà composta da due forme o parti (ne esistono anche di composte da tre o più parti): il testo e il pallino marcatore. Per eliminare la forma dallo SmartArt occorre selezionare tutte le parti che la compongono (Figura 15.9). Per selezionare le diverse parti di una forma basta tenere premuto il tasto **Ctrl** mentre si fa clic su di esse.

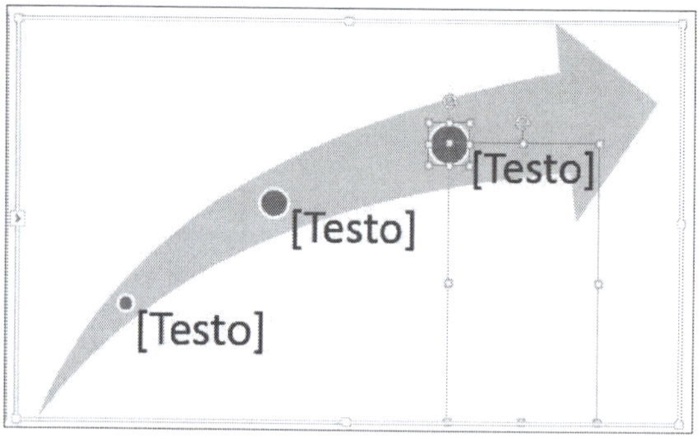

Figura 15.9 - Selezionare tutte le parti di una forma.

Una volta selezionate le varie parti di una forma, basterà premere sulla tastiera il tasto **Canc**.

Avrete notato che, quando si aggiunge o si rimuove una forma da uno SmartArt, le altre forme vengono riadattate in modo che lo SmartArt mantenga la stessa dimensione complessiva. Anche la dimensione del testo viene adattata.

Se volete modificare le dimensioni complessive dello SmartArt, dovete selezionarlo e utilizzare le maniglie di ridimensionamento poste agli angoli (a forma di tre puntini) o al centro dei lati (a forma di quattro puntini) della cornice azzurra che ne definisce l'area. Nella Figura 15.10 le maniglie di ridimensionamento sono segnalate da frecce.

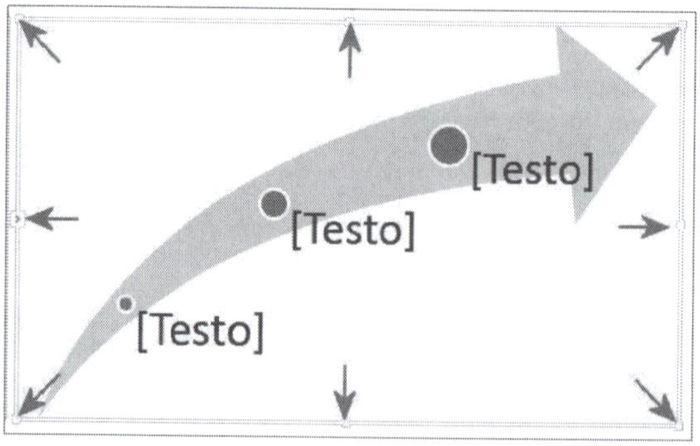

Figura 15.10 - Le maniglie di ridimensionamento.

Posizionatevi sulla maniglia che volete usare e, quando il mouse diventa una freccia a due punte, fate clic e trascinate fino alla dimensione desiderata, poi rilasciate il mouse. Se usate le maniglie angolari avrete un ridimensionamento proporzionale, altrimenti avrete una deformazione.

Formattare uno SmartArt

Gli SmartArt hanno il vantaggio di essere facilmente formattabili in tutti i loro aspetti.

Quando inserite uno SmartArt, per impostazione predefinita questo è piatto, senza effetti di tridimensionalità o ombre, ma è molto facile modificarlo applicando uno degli stili preimpostati per quel tipo di SmartArt.

Una volta selezionato lo SmartArt, trovate gli stili a disposizione nel gruppo **Stili SmartArt** della scheda **Progettazione degli Strumenti SmartArt** (Figura 15.11).

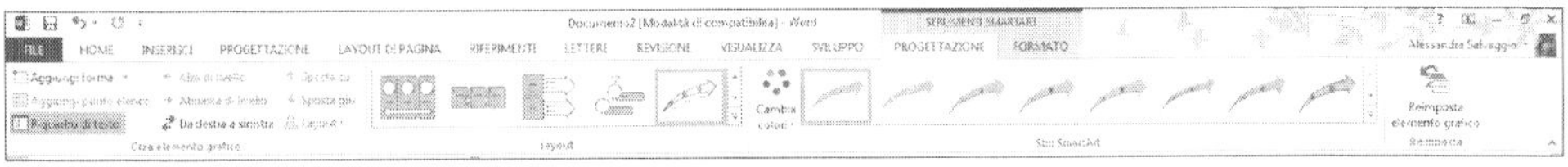

Figura 15.11 - Gli stili preimpostati.

Potete visualizzare tutti gli stili che avete a disposizione mediante la barra di scorrimento posta a destra o la freccina, con la quale potete visualizzare tutti gli stili contemporaneamente.

Se selezionate lo SmartArt nel suo complesso (non una delle sue forme o un testo) e fate passare il mouse sui vari stili disponibili, Office ve ne mostrerà l'anteprima direttamente nel documento, ma per applicare **realmente** uno stile occorre fare clic su di esso.

Oltre allo stile, è possibile modificare i colori dei vari elementi di uno SmartArt utilizzando combinazioni di colori predefinite.

Per visualizzarle, dopo aver selezionato lo SmartArt, usate il pulsante **Cambia colori**, che trovate appena alla sinistra del gruppo **Stili SmartArt**.

In questo modo visualizzerete un menu con le combinazioni di colori disponibili (Figura 15.12).

Alcune combinazioni sono ottenute usando colori tono su tono (Colore 1, Colore 2, Colore 3 ...), altre usano varie tonalità.

Anche con le combinazioni di colori, Word, al passaggio del mouse, vi mostra l'anteprima nel documento. Per selezionare effettivamente la combinazione di colori che vi interessa, fate clic su di essa.

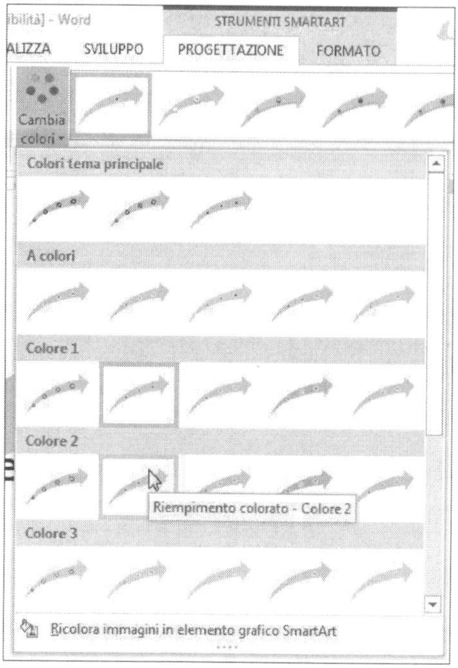

Figura 15.12 - Le combinazioni di colori disponibili.

Modificare il testo

Finora abbiamo modificato lo SmartArt nel suo complesso, ma possiamo modificarne anche le singole parti, per esempio l'aspetto del testo delle sue forme.
In questo caso, viene modificato solo il testo delle forme selezionate; quindi, se volete modificare il testo di tutte le forme, selezionatele tutte.
Una volta selezionato il testo che volete formattare, portatevi alla scheda **Formato** degli **Strumenti SmartArt**. Nel gruppo **Stili Word Art** trovate diversi gruppi di formattazioni da applicare al testo (Figura 15.13).

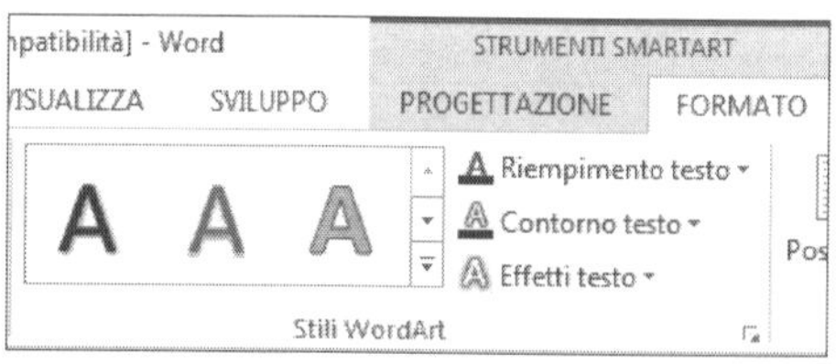

Figura 15.13 - Formattare il testo.

Oltre alle combinazioni già pronte sulla sinistra, sulla destra trovate i pulsanti **Riempimento testo, Contorno testo** ed **Effetti testo**, che vi permettono, rispettivamente, di modificare il riempimento e il contorno del testo e di applicargli un effetto.

Per quanto riguarda il riempimento, potete usare un colore piatto, un'immagine o una sfumatura. Per quanto riguarda il contorno, oltre al colore, potete modificarne lo spessore e l'aspetto (tratteggiato, puntinato ecc.).
Gli effetti che potete applicare riguardano le ombre, la tridimensionalità, gli aloni, il rilievo, la deformazione ecc. (Figura 15.14).

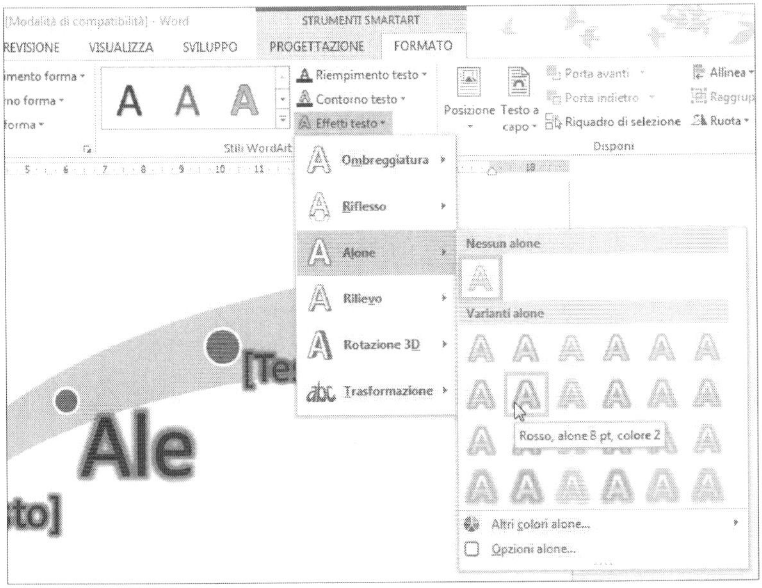

Figura 15.14 - Gli effetti che si possono applicare a un testo.

Per ogni categoria di effetti avete a disposizione un sottomenu con diverse proposte.

Cambiare forma

Oltre al testo, è possibile modificare le singole parti di una forma. Vediamo alcune delle opzioni che abbiamo a disposizione.
Partiamo dall'esempio della Figura 15.15.

Figura 15.15 - Lo SmartArt da modificare.

Come prima operazione, vogliamo trasformare i pallini delle forme in stelle. Anche in questo caso occorre selezionare tutti gli elementi da modificare.
Nella scheda **Formato** degli **Strumenti SmartArt**, nel gruppo **Forme** (il primo a sinistra), premete il pulsante **Cambia forma**. Word vi mostrerà un menu da cui potrete scegliere la forma che desiderate.

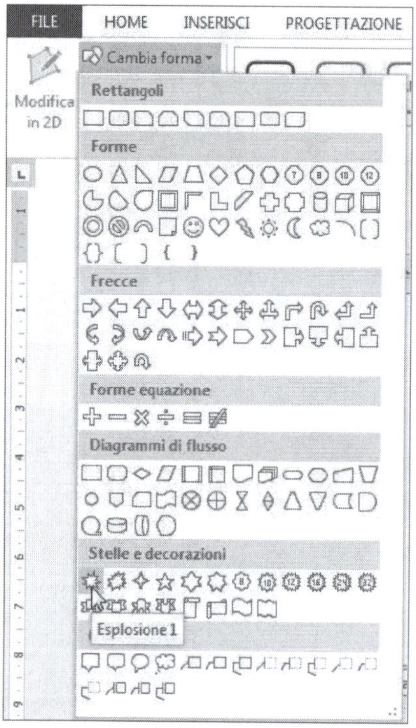

Figura 15.16 - Modificare la forma.

Per modificare le dimensioni delle forme, potete usare i pulsanti **Ingrandisci** e **Riduci** posti sotto il pulsante **Cambia forma**.
Ora vogliamo mettere un bordo intorno all'area del testo, cioè intorno alla forma del testo.

NOTA

Se il testo non è distinto dalla forma, come nell'esempio della Figura 15.3, viene modificata anche la forma.

Ancora una volta, dovete selezionare tutti i testi da modificare, poi potete utilizzare i comandi del riquadro **Stili forma** della scheda **Formato** (Figura 15.17).

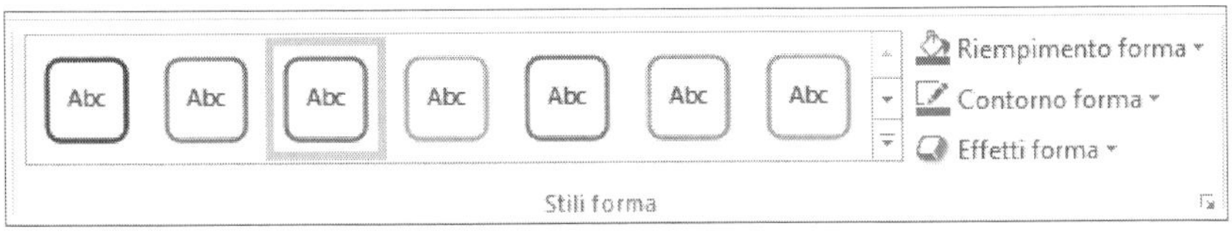

Figura 15.17 - I comandi del riquadro Stili forma.

Potete scegliere uno degli stili sulla sinistra o utilizzare, proprio come abbiamo visto per il testo, i pulsanti **Riempimento forma**, **Contorno forma** ed **Effetti forma** per modificare la forma a vostro piacimento.
La Figura 15.18 mostra il risultato che abbiamo ottenuto applicando uno degli stili preimpostati.

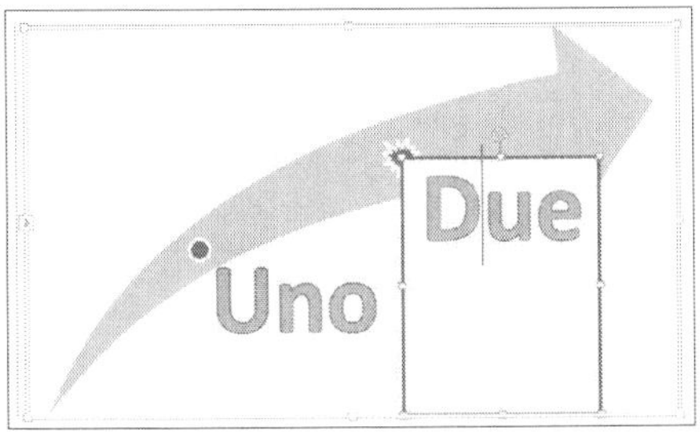

Figura 15.18 - Lo SmartArt modificato.

Cambiare layout e/o categoria

Abbiamo visto che di uno SmartArt si può cambiare e personalizzare quasi tutto.
Anche dopo tutte queste modifiche, è possibile cambiare il tipo di SmartArt scelto e Word riadatterà le nostre formattazioni al nuovo tipo.
Basterà selezionare lo SmartArt da modificare e, nella scheda **Progettazione**, dal gruppo **Layout**, scegliere il nuovo tipo.
Anche in questo caso, potete allargare il gruppo per vedere tutti i layout a disposizione.

16

I grafici

In questo breve capitolo ci occuperemo dei grafici. Office 2007 ha potenziato questo strumento e Office 2010/13 ha mantenuto le caratteristiche avanzate. Infatti, all'interno di Word si possono utilizzare tutte le funzioni di gestione dei grafici di Excel.

Grazie al ricorso a Excel, è possibile avvalersi in Word (e in PowerPoint) di tutte le caratteristiche più avanzate per la creazione e la gestione di un grafico, come l'uso delle formule o la possibilità di filtrare e ordinare i dati.

Non è necessario aprire Excel a parte: tutto avverrà direttamente in Word.

Potete avviare la creazione di un grafico dalla scheda **Inserisci**, nel gruppo **Illustrazioni**, con il pulsante **Grafico**.

Vi verrà mostrata la finestra **Inserisci grafico** (Figura 16.1).

Proprio come in Excel, dovete scegliere il tipo di grafico che desiderate (Istogramma, Grafico a barre ecc.) e poi, nel riquadro di destra, il modello che preferite.

Una volta scelto il tipo di grafico che desiderate, nel documento Word verrà inserito un grafico campione e verrà mostrata una finestra, una sorta di versione "ridotta" di Excel, con dei dati fittizi per il grafico: le due finestre appaiono sovrapposte (Figura 16.2).

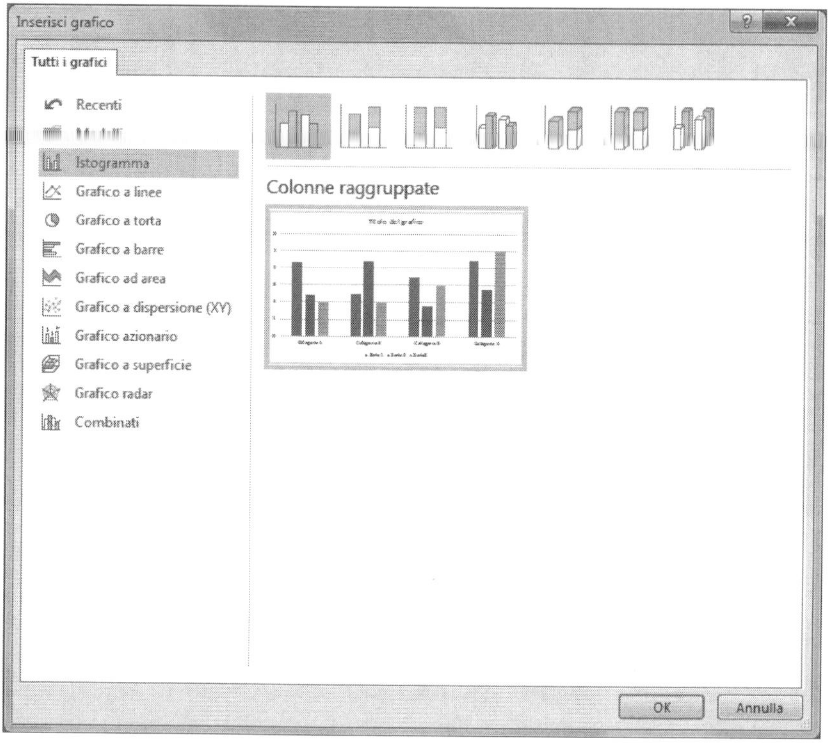

Figura 16.1 - La finestra Inserisci grafico.

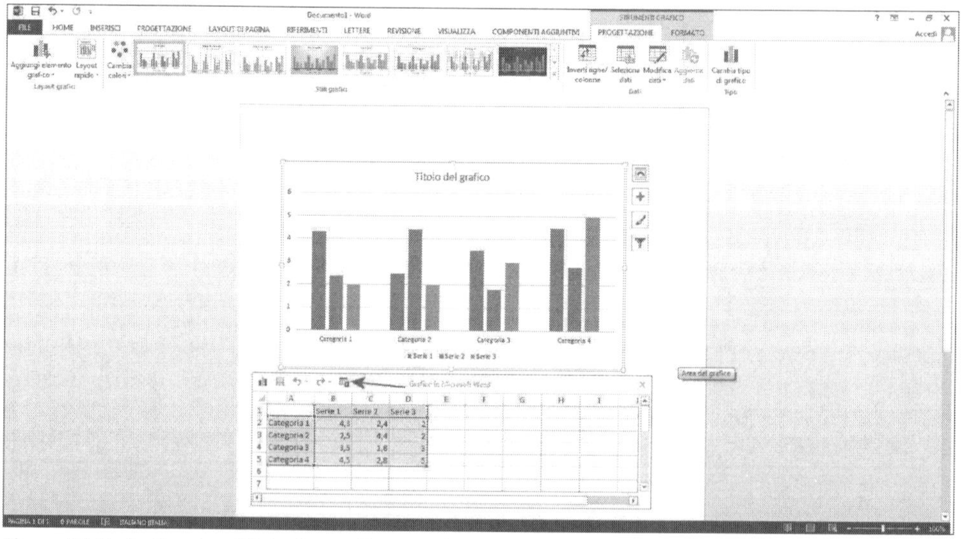

Figura 16.2 - La finestra di Word e quella con i dati campione.

> **NOTA**
>
> Se vi occorre modificare i dati con Excel, potete premere il pulsante **Modifica dati in Microsoft Excel**. Quando chiuderete Excel, tutte le modifiche ai dati si rifletteranno in Word.

Modificate i dati fittizi nel foglio sostituendoli con i dati reali per il vostro grafico: il grafico verrà aggiornato automaticamente (Figura 16.3).

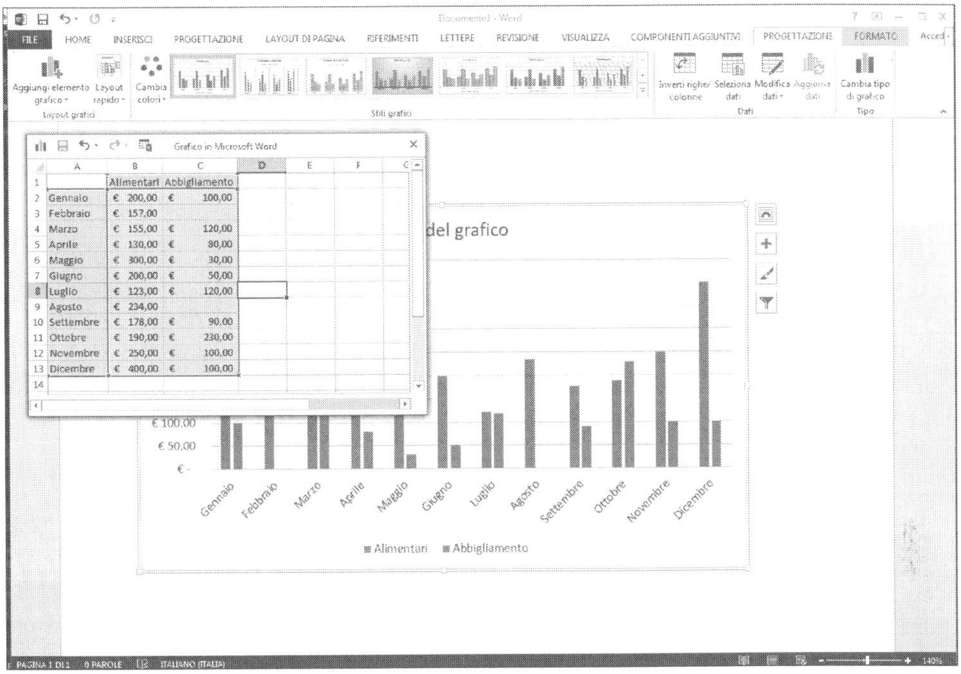

Figura 16.3 - Il grafico viene aggiornato.

> **NOTA**
>
> Se volete anche applicare un formato ai dati, potete selezionare le celle che li contengono e fare clic su di esse con il tasto destro del mouse e scegliere Formato celle: otterrete la finestra **Formato celle** identica alla finestra omonima di Excel.

Osservate il foglio con i dati: l'ultima cella che contiene dati da usare nel grafico è contraddistinta da un angolino blu.
A mano a mano che vi spostate verso il basso (o verso destra) nel foglio di lavoro per inserire nuove righe (o nuove colonne) di dati per il grafico, l'angolino blu si sposta per comprendere i nuovi dati.
Se copiate i dati per il grafico e li **incollate** nel foglio che li deve contenere, invece di scriverli direttamente, è possibile che l'angolino non si sposti e che, quindi, il grafico non mostri tutti i dati (anche se questi sono presenti nel foglio Excel). In questo caso, occorre che spostiate manualmente l'angolino blu in modo da porlo sull'ultima cella che contiene i dati per il grafico.
Per spostare l'angolino, portatevi con il mouse su di esso e, quando questo diventa una freccia a due punte, cominciate a trascinare fino a comprendere tutti i dati che vi occorrono: un contorno grigio indicherà l'area che sarà utilizzata per il grafico.
Vi basterà, ora, salvare il file Word per salvare automaticamente anche i dati.
Quando avete finito di lavorare con i dati, potete chiudere la finestra che li contiene senza preoccuparvi che vadano persi. In qualsiasi momento, potrete riaprire questa finestra: basterà fare clic sul grafico e visualizzare la scheda **Progettazione** degli **Strumenti grafico**. Qui troverete il pulsante **Modifica dati**. Se, invece, volete aprire i dati direttamente in Excel, scegliete, dal menu di questo pulsante, **Modifica dati in Excel 2013**.

Formattare il grafico

Il grafico viene inserito con le impostazioni (titolo, legenda, posizione) di base. Potete modificarle e personalizzare il grafico grazie alle schede degli **Strumenti grafico**: **Progettazione** e **Formato**.
Proprio come abbiamo visto nel Capitolo 15 per gli SmartArt, è possibile modificare la formattazione di un grafico in modo rapido applicando gli stili e le combinazioni di colore preimpostate.
Selezionate il grafico e portatevi nella scheda **Progettazione** degli **Strumenti grafico**. Qui trovate il gruppo **Stili grafici**: potete espanderlo con l'apposito pulsante a freccia per visualizzare tutti i numerosi stili a disposizione. Gli stili sono accessibili anche se fate clic sul pulsante **Stili grafico** posto alla destra del grafico stesso (Figura 16.4). Ovviamente, gli stili che vi vengono proposti variano a seconda del tipo di grafico che avete scelto.
Sulla barra multifunzione, alla sinistra del gruppo **Stili grafici** trovate il gruppo **Layout grafici**, in cui potete scegliere dei layout predefiniti per il grafico. Questi non influiscono sulla formattazione del grafico, come gli stili, ma vi permettono di mostrare i titoli, la legenda, la tabella dei dati ecc. in diverse combinazioni.

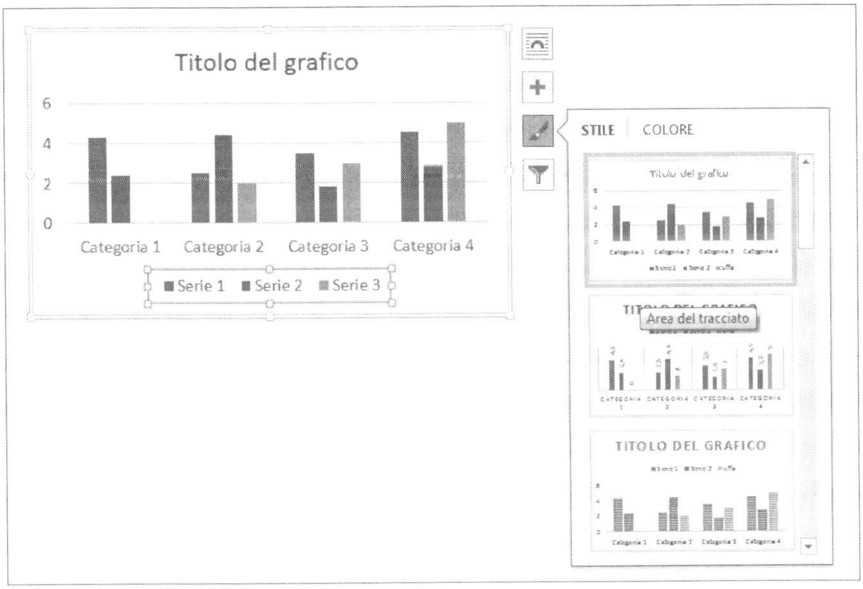

Figura 16.4 - Applicare uno stile a un grafico.

Se non volete usare uno dei layout preimpostati, ma scegliere i singoli elementi da inserire nel vostro grafico, dovete usare il pulsante **Aggiungi elemento grafico** alla sinistra del pulsante **Layout rapido**; in alternativa, potete usare il pulsante **Elementi grafico** [+] posto alla destra del grafico stesso. Per inserire un elemento basta selezionarlo nel menu che si apre al clic su questo pulsante (Figura 16.5).

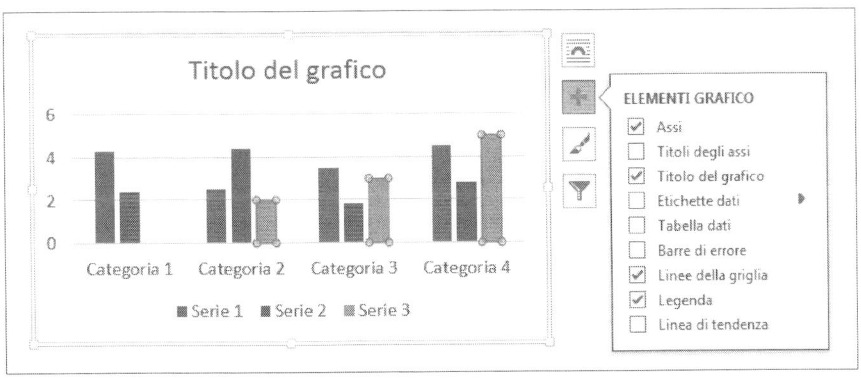

Figura 16.5 - Il menu del pulsante Elementi grafico.

Vari elementi in questo menu, grazie a una piccola freccia posta alla loro destra, permettono di accedere a delle sottovoci che consentono di personalizzare l'elemento da inserire (Figura 16.6).

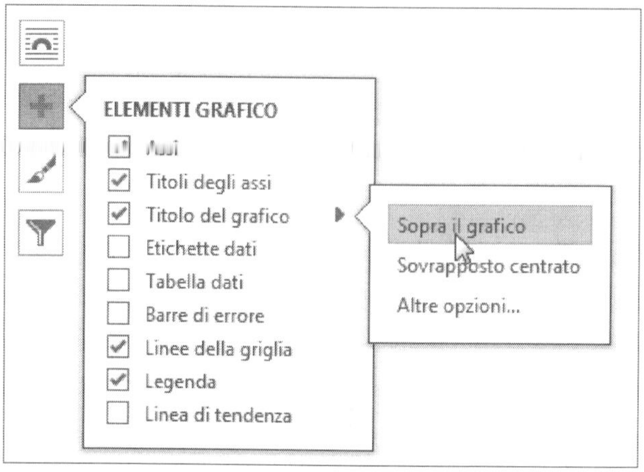

Figura 16.6 - Personalizzare l'elemento da inserire.

Per la formattazione di tutti questi elementi, potete ricorrere ai comandi della scheda **Formato** degli Strumenti grafico della barra multifunzione, in cui troverete dei controlli che vi sono già noti; sono identici, infatti, a quelli che abbiamo incontrato nel Capitolo 15 per la formattazione del testo e delle forme degli SmartArt: potete usarli per formattare i vari elementi del grafico.

Per concludere questa trattazione sui grafici, vi segnalo uno strumento che permette di evidenziare i singoli elementi del grafico in modo da aiutare la sua analisi. Potete usare il menu contestuale attivato dal pulsante **Filtro grafico** . Se fate clic sugli elementi di questo menu, verranno evidenziati gli elementi corrispondenti nel grafico (Figura 16.7).

Figura 16.7 - Evidenziare gli elementi del grafico.

Se, poi, deselezionate un elemento e premete il pulsante **Applica**, in basso a sinistra, quell'elemento viene eliminato dal grafico.
Riaprendo questo menu, riselezionando l'elemento eliminato e premendo il pulsante **Applica**, si farà in modo che l'elemento sia reinserito nel grafico.

17

Le immagini e gli elementi grafici

Trattando di **SmartArt** e **grafici**, abbiamo affrontato il **nuovo sistema** per la **formattazione** rapida degli **elementi**. Esso **si applica** anche alle **immagini** e agli **oggetti** grafici.

Per inserire un'immagine in un documento Word è necessario ricorrere alla scheda **Inserisci**. Nel gruppo **Illustrazioni** trovate i pulsanti **Immagini** e **Immagini online**, che permettono, rispettivamente, di inserire un'immagine creata o salvata nel vostro computer o un'immagine disponibile sul sito Office.com oppure in uno dei servizi online che avete sottoscritto.

Se scegliete di inserire un'immagine, vi verrà chiesto di individuarla sul vostro computer; se, invece, volete inserire un'immagine online, vi verrà mostrata la finestra Inserisci immagini (Figura 17.1), dalla quale dovrete, innanzi tutto, scegliere il servizio da cui volete recuperare l'immagine.

I servizi disponibili in questa finestra variano a seconda dei servizi che avete sottoscritto e di cui abbiamo parlato all'inizio del libro.

Tutti, sicuramente, disporrete di Office.com e di Bing. In entrambi i casi, dovete effettuare una ricerca scrivendo una o più parole nella casella posta accanto al nome del servizio. Bing effettuerà una ricerca su Internet e quindi restituirà delle immagini di ogni tipo e non necessariamente di libero utilizzo, mentre Office.com farà una ricerca fra le immagini Microsoft di libero utilizzo.

In ogni caso, al termine della ricerca, la finestra **Inserisci immagini** vi mostrerà delle miniature con i risultati della ricerca stessa (Figura 17.2).

Figura 17.1 - La finestra Inserisci immagini.

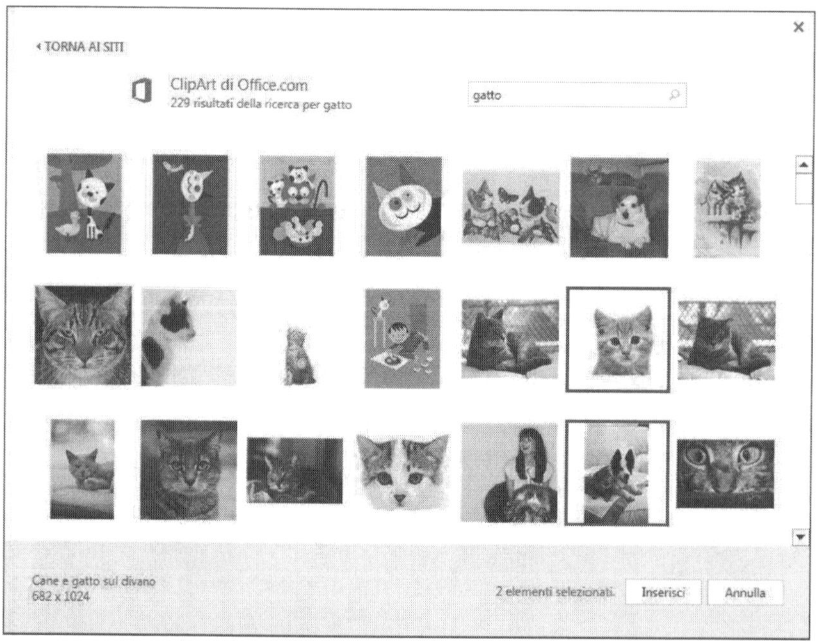

Figura 17.2 - I risultati della ricerca.

Selezionate l'immagine o le immagini che volete inserire, poi premete il tasto Inserisci per inserire effettivamente l'immagine o le immagini nel documento: Word deve scaricarle da Internet, quindi potrebbe avere bisogno di qualche secondo, a seconda delle dimensioni dell'immagine scelta e della connessione disponibile.

NOTA

Per selezioni multiple di immagini contigue, tenete premuto il tasto Maiusc; per selezionare, invece, immagini non contigue, tenete premuto il tasto Ctrl.

Una volta inserita, un'immagine scaricata da Internet si comporta come un'immagine qualsiasi ed è possibile formattarla con gli stessi strumenti. Non c'è alcuna differenza fra la gestione di un'immagine locale e una scaricata da un servizio online.
Potete, quindi, fare le vostre prove utilizzando uno qualsiasi di questi tipi di immagini. Torneremo più avanti sulla formattazione delle immagini. Ora dobbiamo occuparci dell'inserimento di altri tipi di immagini.

Cattura di schermate e compressione delle immagini

Office offre la possibilità di catturare schermate del computer e inserirle direttamente da Word (ma anche da Excel, PowerPoint o Outlook) senza dover passare da un apposito programma. In pratica, è possibile catturare una schermata del computer e inserirla in un file di Word automaticamente, senza salvarla a parte come file immagine, il che è molto utile se, ad esempio, si sta creando un manuale di istruzioni su qualche programma o procedura.
Una volta inserita, l'immagine potrà essere trattata come qualsiasi altra immagine inserita nel documento.
Lo strumento di cattura delle schermate si trova nella scheda **Inserisci**, nel gruppo **Illustrazioni**, accanto ai controlli che permettono di inserire immagini e clip art.
Per catturare una schermata, conviene "prepararla" prima di avviare la cattura stessa. Ovvero conviene aprire il programma da cui si deve catturare l'immagine e predisporlo nel modo opportuno.
Poi tornate al programma in cui volete inserire la schermata (Word, in questo caso) e fate clic sul pulsante **Schermata**; quindi, nel relativo menu, premete il pulsante **Ritaglio schermata**. Il programma di Office verrà ridotto a icona. Eventualmente, aprite il programma di cui volete eseguire la cattura. Non c'è molto tempo, ma solo fino a quando lo schermo rimane a colore pieno. Quando appare "sbiadito" è il momento della cattura: basta contornare con il mouse (facendo clic e poi trascinando) l'area da catturare (Figura 17.3).

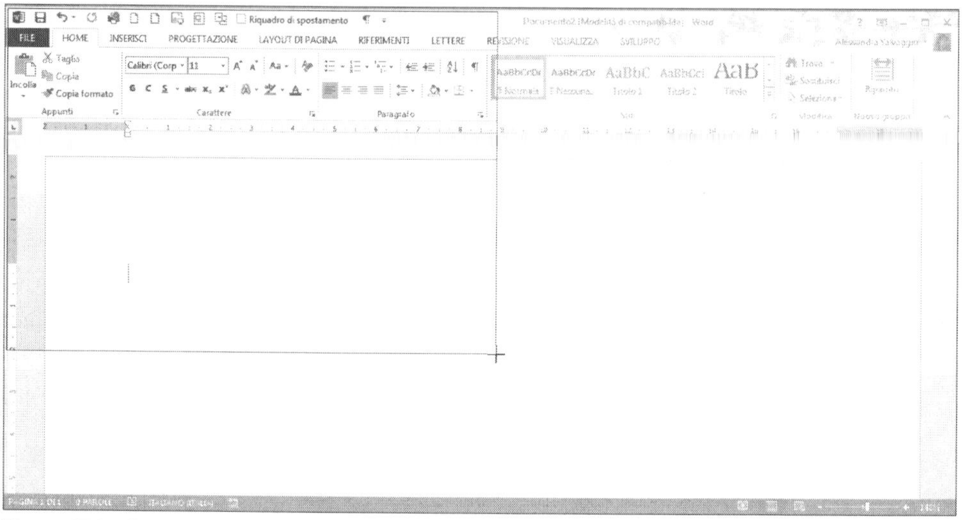

Figura 17.3 - Catturare una schermata.

Non appena rilasciate il mouse, l'area selezionata sarà catturata e l'immagine corrispondente sarà inserita nel file aperto.
Tutte le immagini catturate vengono poi inserite in una sorta di galleria che si apre con il pulsante **Schermata** (Figura 17.4): è sufficiente fare clic sull'immagine che ci interessa per inserirla nel documento corrente.

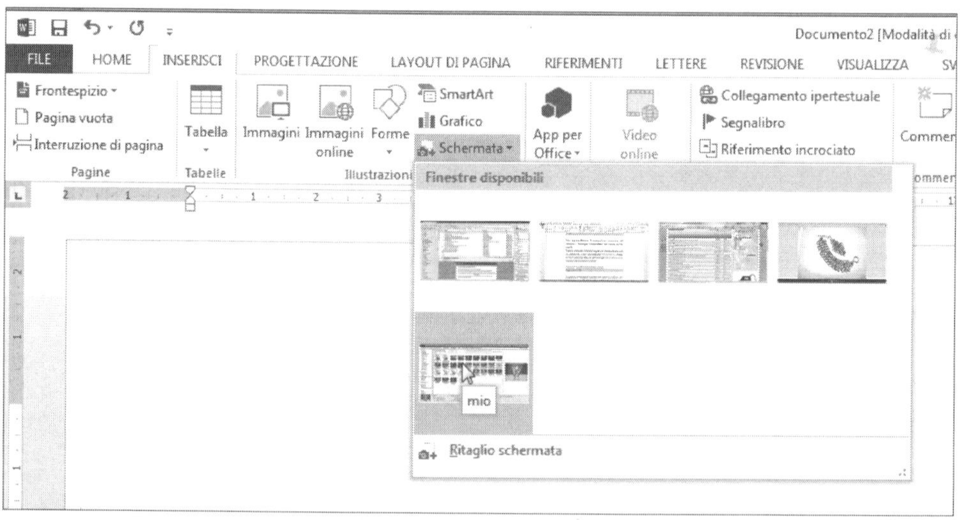

Figura 17.4 - La galleria delle immagini catturate.

La galleria di immagini catturate così creata è condivisa tra i vari programmi di Office; ciò significa che un'immagine catturata con Word può tranquillamente essere usata in PowerPoint o Excel e viceversa. A dire il vero, la si può usare anche in Outlook, visto che questo usa Word come motore di rendering.
Questa funzionalità è davvero utile. La cattura delle immagini richiede pochi secondi e le immagini rimangono salvate per un eventuale riutilizzo.
Certo, si potrebbe obiettare che la tecnica che abbiamo appena descritto comporta la creazione di documenti di dimensioni maggiori, dato che l'immagine inserita tramite lo strumento **Schermata** non viene ottimizzata, come potrebbe essere se fosse salvata con un normale programma di gestione delle immagini.
Questo è senz'altro vero, ma già dalla versione 2007 Word e gli altri programmi di Office dispongono di uno strumento, mantenuto nella nuova versione 2010/13, di compressione e ottimizzazione delle immagini. Certo, non si arriva all'efficienza che si potrebbe avere con un programma esterno, ma, considerando l'immediatezza della nuova tecnica di cattura delle immagini, vale comunque la pena di accettare un compromesso, almeno in molti casi.
Questo strumento di compressione delle immagini si trova nella scheda aggiuntiva **Strumenti immagine**, che viene visualizzata quando si fa clic su un'immagine. Di questa scheda parleremo in modo più dettagliato in seguito; per ora limitiamoci a osservare come comprimere un'immagine.

NOTA

La tecnica di compressione delle immagini che presenteremo ora può essere applicata a tutte le immagini di un documento, non solo a quelle catturate con lo strumento **Schermata**.

Dopo aver selezionato l'immagine che si vuole comprimere, bisogna portarsi nella scheda **Formato** degli **Strumenti immagine**. Qui, nel gruppo **Regola**, premete il pulsante **Comprimi immagini**. Verrà mostrata la finestra **Comprimi immagini** (Figura 17.5), in cui si possono scegliere le opzioni di compressione dell'immagine.

NOTA

Naturalmente, alla compressione può corrispondere una perdita di qualità dell'immagine stessa.

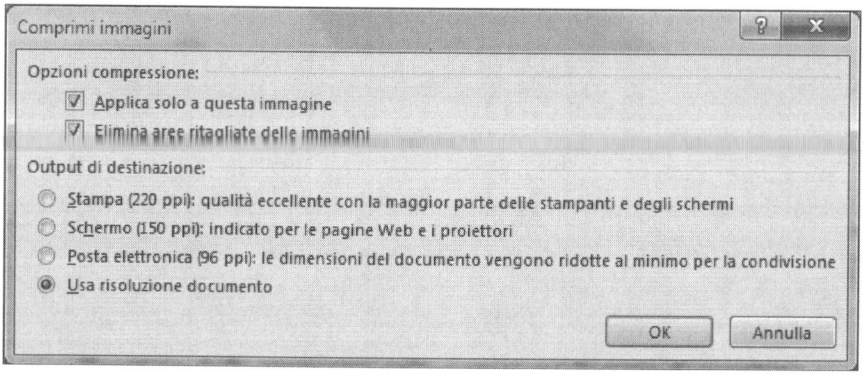

Figura 17.5 - La finestra Comprimi immagini.

In particolare, nella sezione **Output di destinazione** potete scegliere l'output a cui è destinata la vostra immagine. In questo modo Office applicherà la compressione più adatta a quel tipo di output.

Per concludere il nostro discorso sulla cattura delle schermate, potremmo dire che la vera pecca di questo strumento è l'impossibilità di catturare il puntatore del mouse, cosa che, in alcuni casi, può rivelarsi molto utile. Ci auguriamo che questa operazione diventi possibile in una prossima versione di Office.

Formattare le immagini

Trovate gli strumenti di formattazione delle immagini nella scheda **Formato** degli **Strumenti immagine** (Figura 17.6).

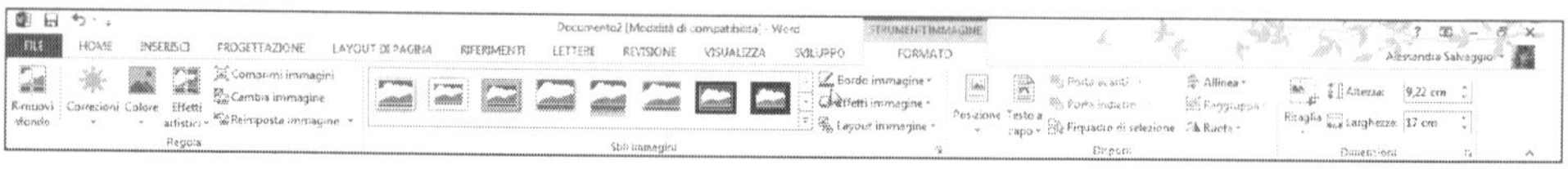

Figura 17.6 - La scheda Formato degli Strumenti immagine.

> **NOTA**
>
> Se lavorate in **modalità di compatibilità**, molti comandi descritti qui non saranno disponibili. Avrete a disposizione solo i comandi che erano presenti anche nelle vecchie versioni di Office.

Nel gruppo **Regola** (quello più a sinistra), all'estrema sinistra, trovate il comando **Rimuovi sfondo**. Si tratta di un'evoluzione di una funzionalità già presente nelle vecchie versioni di Office, ovvero la possibilità di rendere trasparente un colore di un'immagine.

Per eliminare lo sfondo, basta selezionare l'immagine che si deve ritoccare e premere il pulsante **Rimuovi sfondo**.

Office tenta di individuare l'area da rimuovere (che viene evidenziata in fucsia) e mostra la scheda aggiuntiva **Rimuovi sfondo** (Figura 17.7) sulla barra multifunzione.

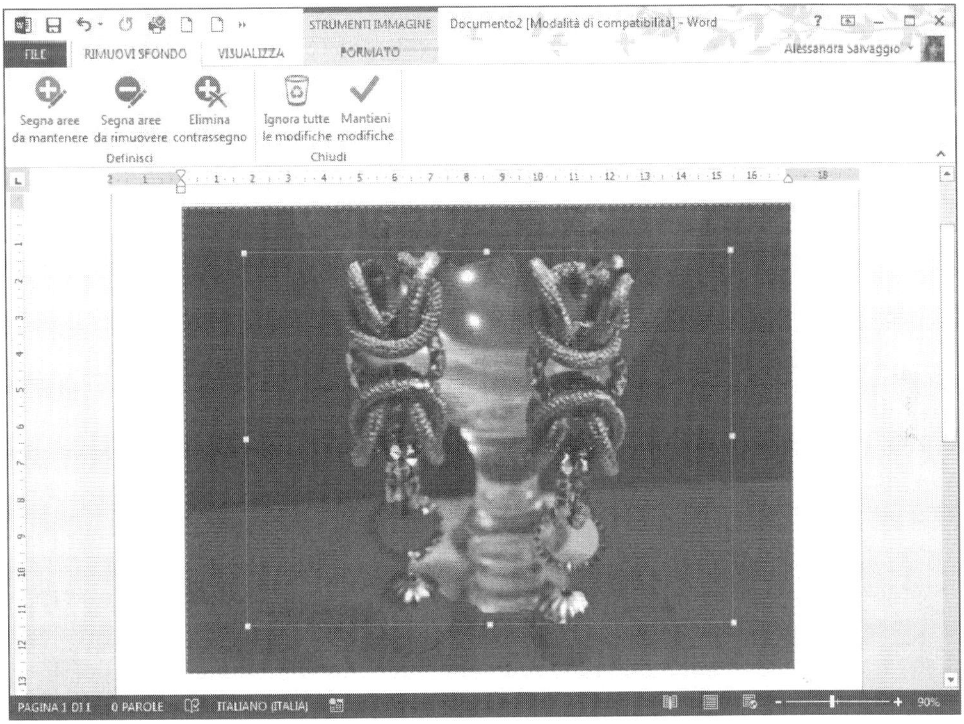

Figura 17.7 - La scheda Rimuovi sfondo.

Con i comandi del gruppo **Definisci**, è possibile definire le aree da tenere o da eliminare, semplicemente con un clic del mouse.
Quando avete terminato, premete il pulsante **Mantieni modifiche** del gruppo **Chiudi** per applicare le modifiche e chiudere la scheda **Rimuovi sfondo**.
Oltre alla rimozione dello sfondo, nel gruppo **Regola** troviamo i comandi per la correzione dell'immagine, in particolare per la correzione della **luminosità**, del **contrasto** e della **sfocatura**.
Basta selezionare l'immagine e aprire il menu del pulsante **Correzioni**. Le correzioni possibili sono raggruppate per tipo e indicate con una sorta di anteprima dell'effetto che avranno sull'immagine selezionata.
Passando con il mouse sulla miniatura dell'anteprima, vedrete anche un'anteprima nell'immagine reale. Per applicare effettivamente la correzione, però, occorre fare clic sulla miniatura.

Se, invece di scegliere una correzione preimpostata, preferite definire manualmente i valori della correzione, dopo aver selezionato l'immagine, nel menu del pulsante **Correzioni**, scegliete **Opzioni correzione immagine**.
Word aprirà, sul lato destro della sua finestra, il riquadro **Formato immagine**. Nella sezione **Correzione immagine** (Figura 17.8) troverete tutti i comandi con cui regolare i valori di correzione.

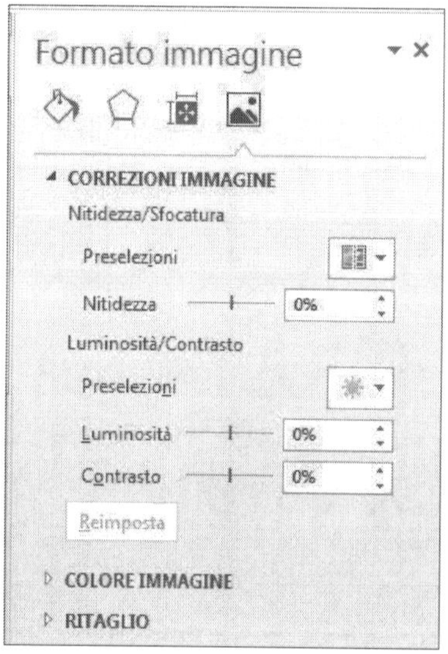

Figura 17.8 - Il riquadro Formato immagine.

Accanto al pulsante **Correzioni** si trova il pulsante **Colore**; questo apre un menu che permette di modificare il colore delle immagini. Il menu funziona esattamente come quello che abbiamo descritto per la correzione delle immagini.
Le modifiche possibili sono divise in tre gruppi: **Saturazione colore**, **Tonalità colore**, **Ricolora**.
La saturazione, semplificando al massimo, indica quanto è intenso un colore.
Le modifiche relative alla tonalità agiscono sui toni base dell'immagine, mentre le modifiche della sezione **Ricolora** vi consentono di cambiare i colori della vostra immagine. Sarà un po' come se la guardaste attraverso un vetro colorato. L'effetto è analogo alla conversione in bianco e nero (o, meglio, in scala di grigi), ma, in questo caso, otterrete una conversione in bianco e un colore (per esempio, bianco e rosso e tutte le sfumature intermedie). Se i colori proposti non vi bastano, dal menu **Altre varianti** potete scegliere il colore che preferite.
Per personalizzare le modifiche al colore, potete scegliere la voce **Opzioni colore immagine** per aprire l'apposito riquadro laterale.

Effetti artistici

Nel gruppo **Regola** si trova anche una delle principali novità della gestione delle immagini in Word 2010/13, a cui vogliamo dedicare una sezione a parte. Si tratta della possibilità di applicare **effetti artistici**. Praticamente, dall'interno dei programmi di Office (non solo Word, ma anche Excel, PowerPoint e Outlook) è possibile ritoccare le immagini e applicare alcuni di quegli effetti che tradizionalmente si applicano con programmi di fotoritocco, come Photoshop (che, chiaramente, rimane insostituibile per ritocchi di precisione).

Gli effetti artistici che si possono applicare sono numerosi e di livello abbastanza buono: vanno dal disegno al tratto, al pennello, all'acquarello, all'effetto vetro, fotocopia, plastica ecc. Chiaramente non si tratta di sostituire i programmi dedicati, che sono inarrivabili in termini di qualità; questi effetti, però, rispondono alle esigenze della maggior parte degli utenti, che non richiedono funzionalità avanzate e usano solo in minima parte le enormi potenzialità di programmi come Photoshop. Per l'utente non esperto, inoltre, applicare un effetto a un'immagine da Word è più facile e immediato di quanto non sia compiere la stessa operazione da un programma dedicato (che, magari, neanche possiede).

In molti casi e per molti utenti, si tratta di un compromesso assolutamente valido e da prendere in considerazione.

Per accedere a questi effetti artistici, occorre selezionare l'immagine da modificare e, nel gruppo **Regola**, premere il pulsante **Effetti artistici**.

Dal relativo menu (Figura 17.9) si può scegliere di applicare l'effetto che si desidera.

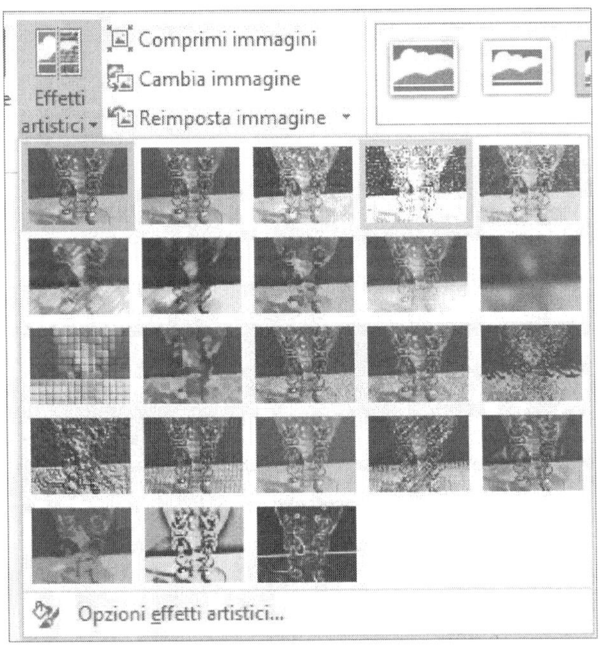

Figura 17.9 - Gli effetti artistici disponibili.

Anche se abbiamo detto che gli effetti artistici di Office non possono competere con quelli di programmi dedicati come Photoshop, questo non significa assolutamente che vanno applicati così come sono, a scatola chiusa, senza la minima possibilità di regolazione.
Anzi, dopo aver applicato un effetto, tenendo selezionata l'immagine, sempre dal menu del pulsante **Effetti artistici**, si può scegliere la voce **Opzioni effetti artistici**. Verrà proposto il riquadro laterale **Formato immagine** con la sezione **Effetti artistici**, in cui sono presenti le opzioni di regolazione disponibili per lo specifico effetto che si è applicato.
Tornando al gruppo **Regola**, della scheda **Formato** degli **Strumenti immagine**, i comandi **Cambia immagine** e **Reimposta immagine sono** decisamente intuitivi. Il primo serve per sostituire l'immagine su cui state lavorando con una nuova, mantenendo però tutte le formattazioni che avete applicato. Il secondo vi permette di riportare l'immagine alle sue condizioni originali, rimuovendo tutte le formattazioni applicate.

NOTA

Quest'ultimo comando ci suggerisce che tutte le formattazioni che applicate a un'immagine sono **reversibili**, almeno finché lavorate col formato di Office 2007.

A parte i nuovi effetti artistici, l'aspetto più interessante della formattazione delle immagini è presente nel gruppo **Stili immagini** della scheda **Formato** degli **Strumenti immagine** (Figura 17.6).
Gli stili immagine, infatti, ci permettono con un solo clic di aggiungere un'ombra o un bordo all'immagine oppure di smussarne gli angoli, o, ancora, di applicarle un effetto 3D. La Figura 17.10 vi mostra l'applicazione di uno stile a un'immagine.
Trovate altri effetti da applicare all'immagine nel menu che si apre con il pulsante **Effetti immagine**, alla destra degli stili, sempre nel gruppo **Stili immagine**.
Se desiderate personalizzare il bordo della vostra immagine, potete ricorrere al pulsante **Bordo immagine**, posto appena sopra il pulsante **Effetti immagine**.
Se fate clic su di esso, visualizzerete il suo Da questo menu potete scegliere il colore del bordo, il suo spessore e l'eventuale tratteggio o puntinatura.ra 17.11).
Da questo menu potete scegliere il colore del bordo, il suo spessore e l'eventuale tratteggio o puntinatura.
Questo menu vi serve anche se volete eliminare un bordo che avete aggiunto in precedenza: dovete usare la voce **Nessun contorno**.

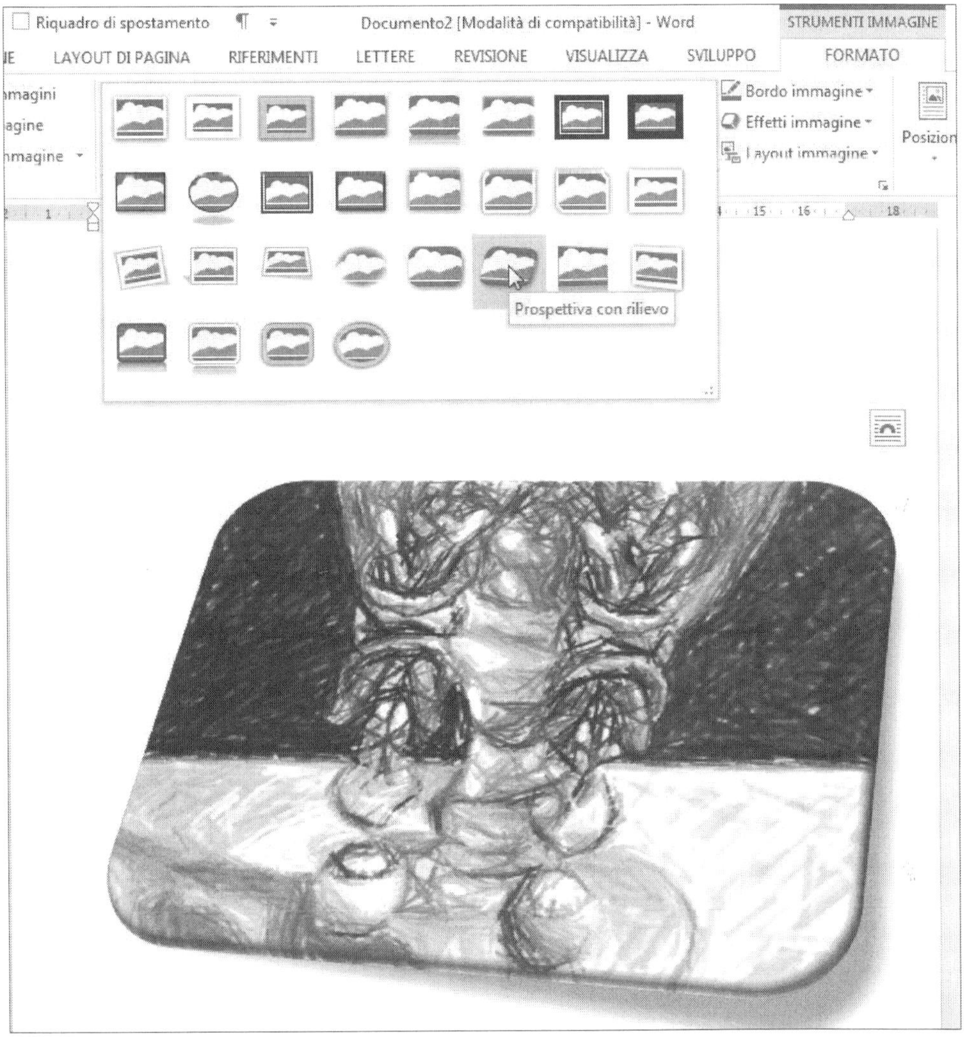

Figura 17.10 - Uno stile applicato a un'immagine.

Il gruppo **Stili immagine** della scheda **Formato** degli **Strumenti immagine** (Figura 17.6) presenta anche un altro interessante pulsante: **Layout immagine**.

Usando i comandi del menu di questo pulsante, potete trasformare l'immagine selezionata in una forma di uno SmartArt di tipo Immagine (ne abbiamo parlato nel Capitolo 15). Naturalmente, dovete poi scegliere altre immagini per le altre forme dello SmartArt.

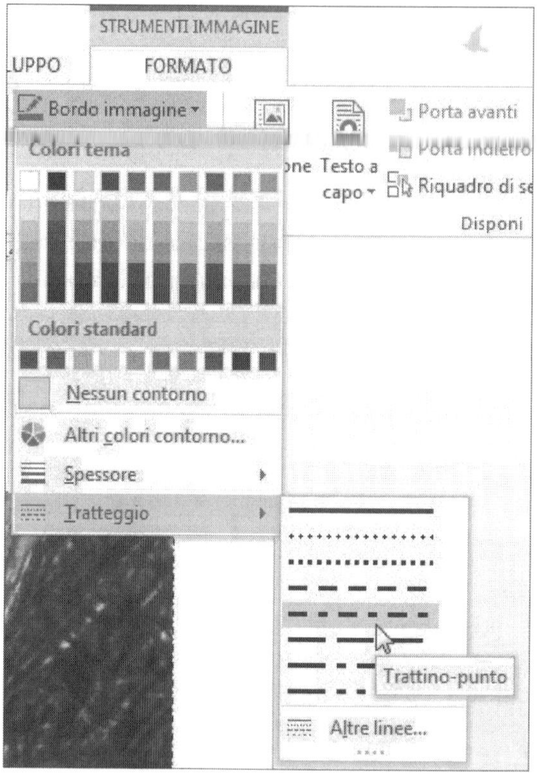

Figura 17.11 - Mettere un bordo a un'immagine.

La posizione delle immagini

I comandi del gruppo **Disponi** della scheda **Formato** degli **Strumenti immagine** (Figura 17.12) permettono di gestire la posizione dell'immagine rispetto al testo e/o ad altri oggetti.

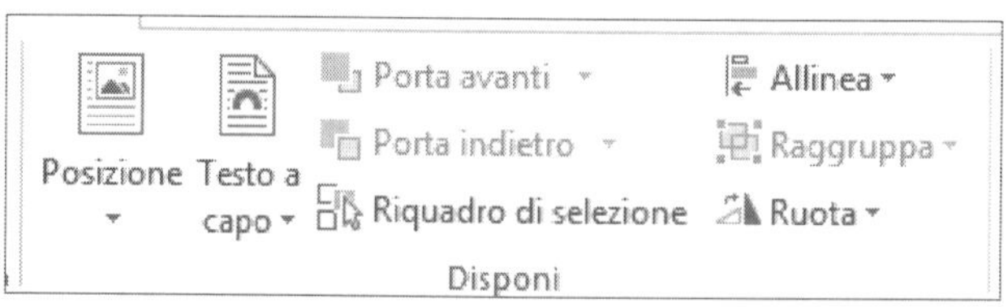

Figura 17.12 - Il gruppo Disponi.

Qui trovate comandi per l'allineamento delle immagini (**Allinea**), la loro rotazione (**Ruota**) e l'ordine di sovrapposizione (**Porta avanti**, **Porta indietro**), per il raggruppamento di più immagini e per gestire il rapporto che le immagini hanno con il testo vicino a cui si trovano (**Posizione** e **Testo a capo**).

Prima di affrontare l'argomento del rapporto fra testo e immagini, occorre fare una premessa. Le immagini possono essere inserite in un documento Word in due modalità: in linea e mobili. Le immagini in linea sono inserite all'interno del testo, nel punto di inserimento come se fossero un carattere, mentre le immagini mobili sono svincolate dal testo e possono essere posizionale e ruotate a piacimento. Infatti, quando si inserisce un'immagine in linea, Word la ridimensiona per far sì che si inserisca esattamente nello spazio che ha a disposizione. Se, invece, l'immagine viene inserita come immagine mobile, mantiene le sue dimensioni originali. Per impostazione predefinita, quando inserite un'immagine, Word la inserisce come immagine in linea, ossia come se fosse parte del testo stesso, e sarà possibile scriverle accanto. È possibile modificare le dimensioni sia delle immagini in linea, sia di quelle mobili utilizzando le maniglie di ridimensionamento, ossia i quattro pallini vuoti posti agli angoli dell'immagine e i quattro quadratini vuoti posti al centro dei lati.

Posizionando il cursore su una delle maniglie, esso si trasforma in una freccia a due punte che potete usare per trascinare la maniglia su cui siete posizionati fino a raggiungere le dimensioni che desiderate. Se si trascinano le maniglie agli angoli (quelle circolari), il ridimensionamento avverrà mantenendo le proporzioni originali, altrimenti l'immagine verrà deformata.

Se aprite il menu del pulsante **Testo a capo**, noterete che inizialmente tutte le immagini prevedono la disposizione **In linea con il testo**. Si tratta, dunque, di immagini in linea con il testo. Se scegliete una qualsiasi altra opzione, le trasformerete in immagini mobili. Anche dal menu del pulsante **Posizione** trovate diverse opzioni relative al rapporto fra testo e immagini. Anche in questo caso, comunque, le immagini verranno trattate come immagini mobili.

Oltre a queste opzioni predefinite, Word vi permette di controllare esattamente la disposizione delle immagini. Dal menu del pulsante Disposizione testo, scegliete la voce **Altre opzioni layout**.

Word aprirà la finestra **Layout** (Figura 17.13) alla scheda **Posizione**.

Le opzioni della scheda vi permettono di impostare con estrema precisione la disposizione dell'immagine. Sia per la posizione verticale sia per quella orizzontale, potete scegliere fra **Allineamento** (la posizione dell'immagine è determinata in rapporto all'elemento selezionato nella casella rispetto a) e **Posizione assoluta** (l'immagine è posizionata sotto l'elemento indicato mantenendo la distanza specificata in centimetri). Per la posizione orizzontale, esiste anche l'opzione **Layout libro**, che si usa quando si utilizzano le pagine affiancate e le immagini devono essere collocate all'interno o all'esterno rispetto alla pagina o al margine.

Nella sezione **Opzioni**, potete stabilire se, quando si aggiunge o si elimina del testo prima del punto in cui si trova l'immagine, quest'ultima si deve spostare con il testo (opzione **Sposta oggetto con testo**) o deve rimanere fissa nella pagina contenente il testo in cui è collocato il punto di inserimento dell'immagine stessa. L'immagine si sposta solo se il testo cambia pagina (opzione **Blocca ancoraggio**). Deselezionando entrambe le opzioni, si può muovere liberamente l'immagine nella pagina.

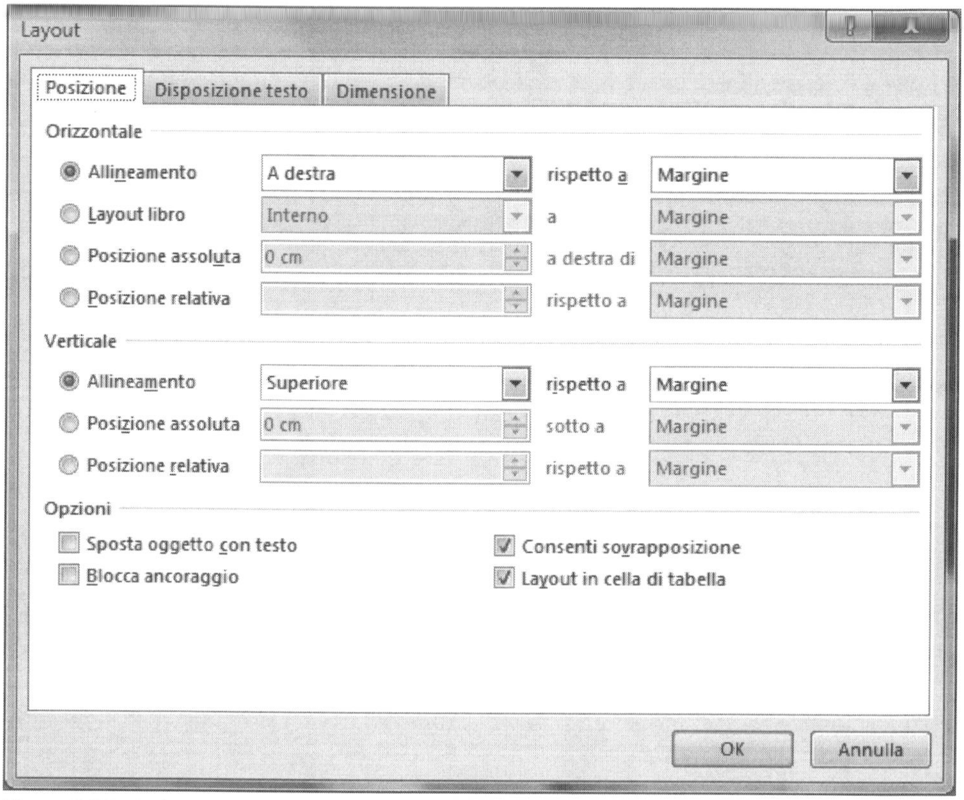

Figura 17.13 - La finestra Layout alla scheda Posizione.

Se vi portate alla scheda **Disposizione testo** (Figura 17.14) di questa finestra, trovate i comandi per poter definire il rapporto fra l'immagine e il testo con estrema precisione.

Nella sezione **Stile**, ci sono opzioni che permettono di determinare come disporre il testo intorno all'immagine. Se scegliete le opzioni per il testo che scorre intorno all'immagine (**Incorniciato**, **Ravvicinato** e **All'interno**), potete poi selezionare, nella sezione **Disposizione testo**, il modo in cui questo deve avvenire.

Le opzioni disponibili sono:

- **Su entrambi i lati**: il testo si dispone su entrambi i lati dell'immagine;
- **Solo a sinistra**: il testo si dispone solo alla sinistra dell'immagine;
- **Solo a destra**: il testo si dispone solo alla destra dell'immagine;

- **Sul lato più largo**: il testo si dispone solo sul lato dell'immagine dove c'è più spazio libero.

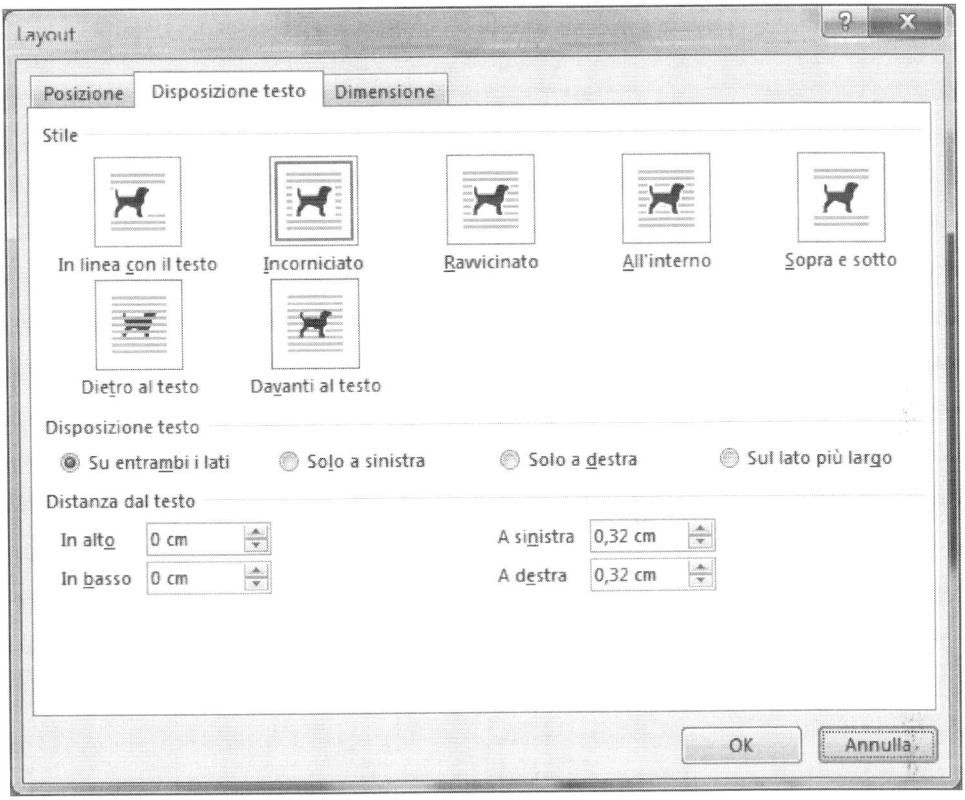

Figura 17.14 - La finestra Layout alla scheda Disposizione testo.

Un'altra possibilità interessante offerta dalla scheda è quella di determinare la distanza del testo dall'immagine. Si tratta di un'opzione molto utile, infatti spesso con i layout preimpostati l'immagine è attaccata al testo sul lato superiore e inferiore e questo può produrre un effetto non piacevole. Non è necessario impostare la stessa distanza su tutti i lati, ma potete intervenire nel modo che più si adatta alla vostra immagine e al vostro documento.

Per completare la descrizione della finestra **Layout avanzato**, passiamo alla scheda **Dimensione** (Figura 17.15).

Qui è possibile determinare le esatte dimensioni in centimetri o percentuale dell'immagine ed eventualmente ruotarla e bloccarne le proporzioni (impedire, cioè, che un eventuale ridimensionamento deformi l'immagine).

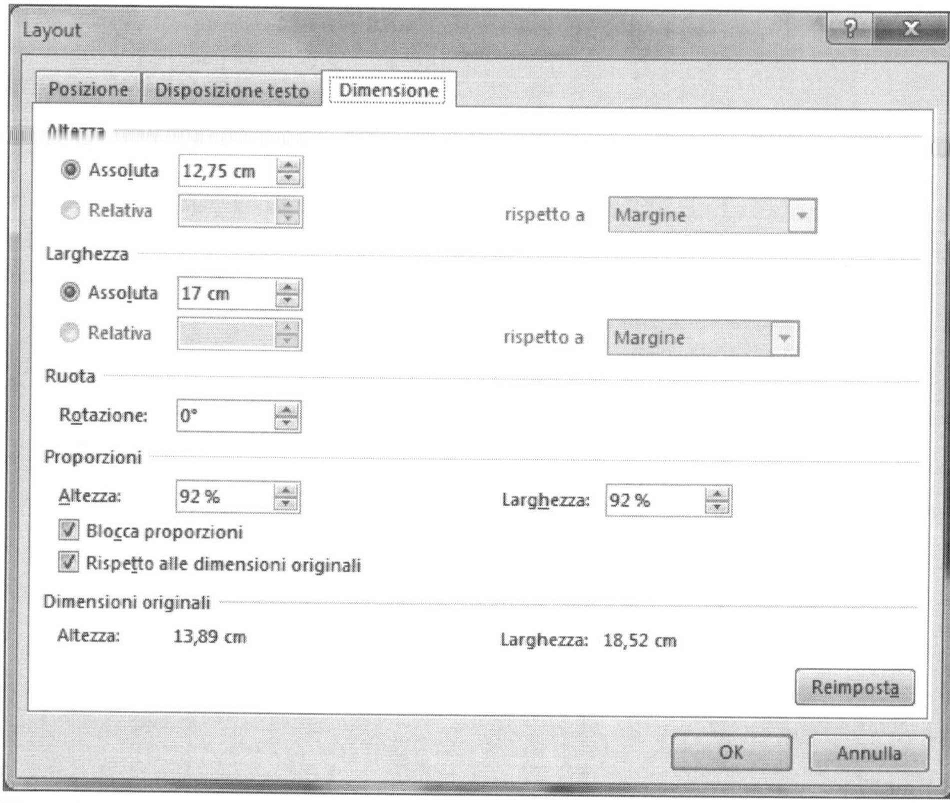

Figura 17.15 - La finestra Layout alla scheda Dimensione.

Word 2013 ha introdotto una interessante novità riguardante il posizionamento delle immagini, che avvicina questo programma a quelli di desktop publishing. Si tratta delle guide per il posizionamento delle immagini.

Se decidete di gestire l'immagine non in linea con il testo, la potete posizionare trascinandola con il mouse e rilasciandola nella posizione che preferite. In questa situazione non è sempre facile determinare se l'immagine è stata allineata correttamente con gli elementi che la circondano, come l'inizio della riga di testo, il bordo della pagina, il centro della pagina ecc. Grazie a questa nuova funzionalità, vengono visualizzate delle linee guida nel momento in cui l'immagine si allinea con gli elementi significativi della pagina (Figura 17.16).

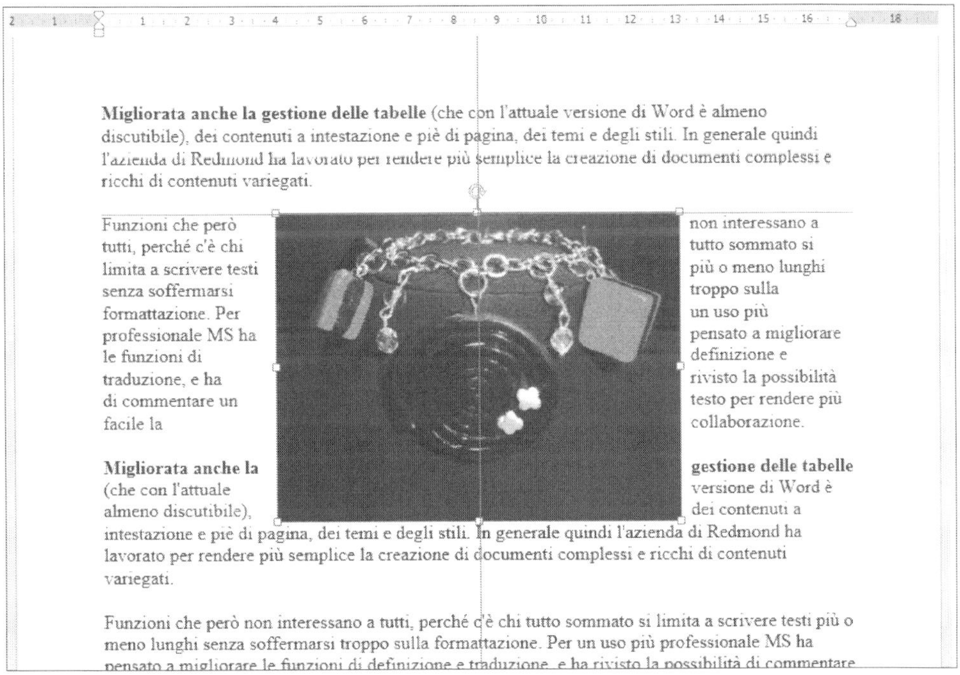

Migliorata anche la gestione delle tabelle (che con l'attuale versione di Word è almeno discutibile), dei contenuti a intestazione e piè di pagina, dei temi e degli stili. In generale quindi l'azienda di Redmond ha lavorato per rendere più semplice la creazione di documenti complessi e ricchi di contenuti variegati.

Funzioni che però non interessano a tutti, perché c'è chi tutto sommato si limita a scrivere testi più o meno lunghi senza soffermarsi troppo sulla formattazione. Per un uso più professionale MS ha pensato a migliorare le funzioni di definizione e traduzione, e ha rivisto la possibilità di commentare un testo per rendere più facile la collaborazione.

Migliorata anche la gestione delle tabelle (che con l'attuale versione di Word è almeno discutibile), dei contenuti a intestazione e piè di pagina, dei temi e degli stili. In generale quindi l'azienda di Redmond ha lavorato per rendere più semplice la creazione di documenti complessi e ricchi di contenuti variegati.

Funzioni che però non interessano a tutti, perché c'è chi tutto sommato si limita a scrivere testi più o meno lunghi senza soffermarsi troppo sulla formattazione. Per un uso più professionale MS ha pensato a migliorare le funzioni di definizione e traduzione, e ha rivisto la possibilità di commentare

Figura 17.16 - Le guide di allineamento.

Le **guide di allineamento** sono disabilitate per impostazione predefinita. Per attivarle, dopo aver scelto un allineamento non in linea con il testo per l'immagine, fate clic sull'immagine per attivare la scheda **Formato** degli **Strumenti Immagine**. Qui, nel gruppo **Disponi**, aprite il menu del pulsante allinea e scegliete **Usa guide di allineamento**. Tenete presente che le guide non sono immediatamente visibili, ma si attivano quando l'immagine è allineata a qualche elemento significativo.

Le guide di allineamento, una volta attivate, sono applicate a tutte le immagini non in linea con il testo e alle forme di cui parleremo più avanti.

Ritagliare un'immagine

L'ultimo gruppo della scheda **Formato** degli **Strumenti immagine** contiene le opzioni per il ritaglio e il ridimensionamento delle immagini.

Per cominciare, concentriamoci sulla possibilità di ritagliare un'immagine.

L'elemento più interessante del gruppo è il pulsante **Ritaglia**. Se fate clic su di esso, ai lati e agli angoli dell'immagine compaiono delle maniglie nere. Se avvicinate il puntatore del mouse a queste maniglie, questo cambierà aspetto (Figura 17.17).

Figura 17.17 - Le maniglie di ritaglio dell'immagine.

A questo punto, potete trascinare la maniglia verso l'interno dell'immagine per tagliare dall'immagine stessa la porzione più esterna, fino al punto in cui viene trascinata la maniglia. L'area che sarà cancellata appare in grigio. Basta premere il tasto **Invio** per eliminarla effettivamente dall'immagine.
Il pulsante **Ritaglia** dispone anche di un menu che si può visualizzare facendo clic sulla piccola freccia nella parte bassa del pulsante stesso (Figura 17.18).

Figura 17.18 - Il menu del pulsante Ritaglia.

Se si sceglie la voce **Ritaglia forma**, comparirà un menu in cui si può scegliere una forma che, come un taglia biscotti, ritaglierà l'immagine (Figura 17.19).

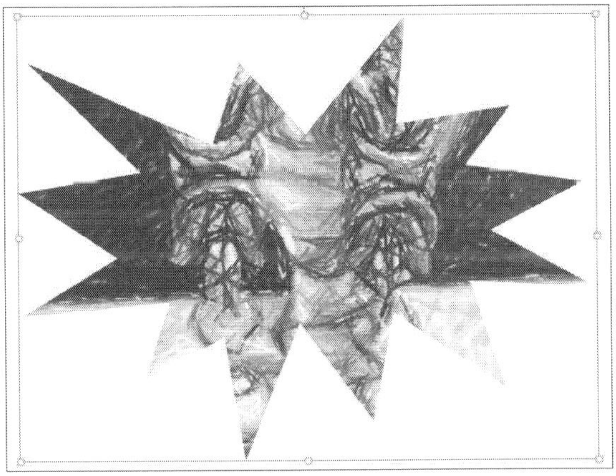

Figura 17.19 - Un'immagine ritagliata da una forma.

Se, invece, si sceglie la voce **Proporzioni**, si possono scegliere le proporzioni tra larghezza e altezza che deve avere l'immagine una volta ritagliata. Sarà Word stesso a calcolare l'area dell'immagine da ritagliare per rispettare quelle proporzioni.

Convertire in una versione precedente

Se convertite un documento, una cartella di lavoro, una presentazione che contiene un'immagine a cui sono applicate le formattazioni tipiche di Office 2010/13 in un formato precedente, modificherete l'immagine in modo permanente.
L'immagine nel file salvato con una vecchia versione manterrà tutte le caratteristiche di formattazione che le avete assegnato, ma queste non potranno più essere rimosse, né modificate (a meno di non inserire da capo l'immagine originale).

Le forme

Per concludere questo capitolo, accenniamo alle forme. Si tratta di elementi già presenti nelle vecchie versioni di Office. Anche in questo caso la novità consiste nella possibilità della formattazione attraverso gli stili.
Per inserire una forma, basta portarvi nella scheda **Inserisci**, nel gruppo **Forme** (Figura 17.20), e fare clic sulla forma che vi interessa. Quindi, potete disegnare la forma facendo clic nel punto in cui volete che essa cominci e trascinate con il mouse. Quando la forma ha la dimensione che desiderate, rilasciate pure il mouse.
Una volta inserita la forma, Office vi mostrerà (se la forma è selezionata) gli **Strumenti disegno** (Figura 17.21) per la sua formattazione.

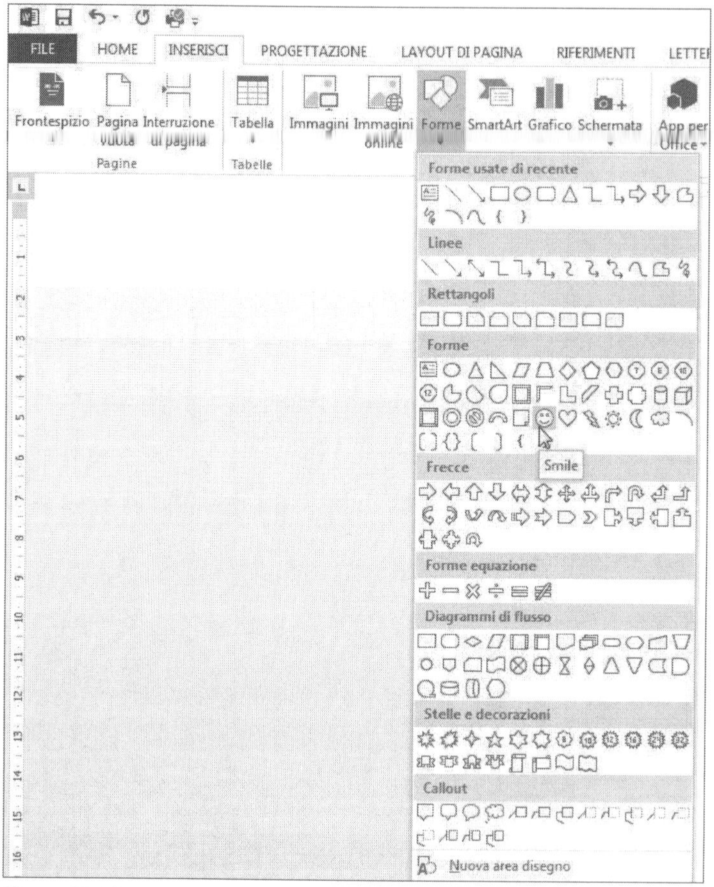

Figura 17.20 - Inserire una forma.

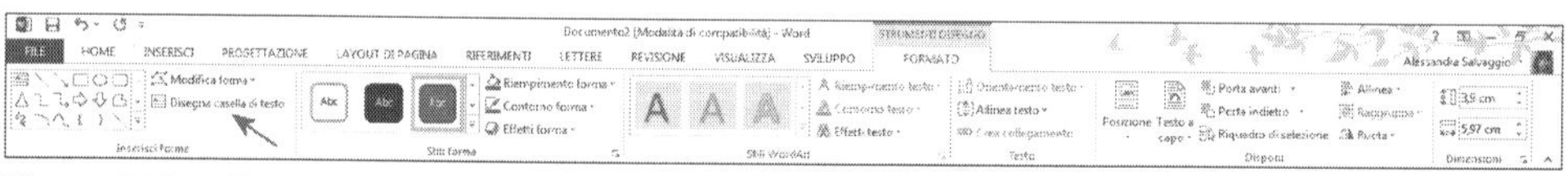

Figura 17.21 - Gli Strumenti disegno.

Tutti i comandi vi sono già noti, quindi non occorre un'ulteriore spiegazione.
Possiamo solo aggiungere che a ogni forma può essere associata una casella di testo: basta selezionare la forma e premere il pulsante **Disegna casella di testo** del gruppo **Inserisci forme**, il primo a sinistra della scheda **Formato** degli **Strumenti di disegno** (Figura 17.21). Nella Figura 17.21 lo abbiamo evidenziato con una freccia.
Dopo aver premuto il pulsante **Disegna casella di testo**, il puntatore del mouse assume l'aspetto di una croce e potete usarlo per disegnare un'area destinata a ospitare il testo all'interno della forma.

Testo alternativo

Come abbiamo già avuto modo di dire a proposito delle tabelle, anche le immagini e, in genere, gli oggetti grafici devono essere opportunamente preparati perché il documento che li contiene possa essere considerato accessibile.
Come per le tabelle, occorre fornire un testo alternativo e una descrizione per l'oggetto grafico.
Per poter fornire questi elementi, occorre fare clic col tasto destro del mouse sull'oggetto grafico e, dal relativo menu contestuale, scegliere la voce **Formato immagine** o **Formato forma**. Word mostrerà il riquadro laterale **Formato**. Qui dovete portarvi nella sezione **Layout e Proprietà** ed espandere l'area **Testo alternativo** (Figura 17.22).

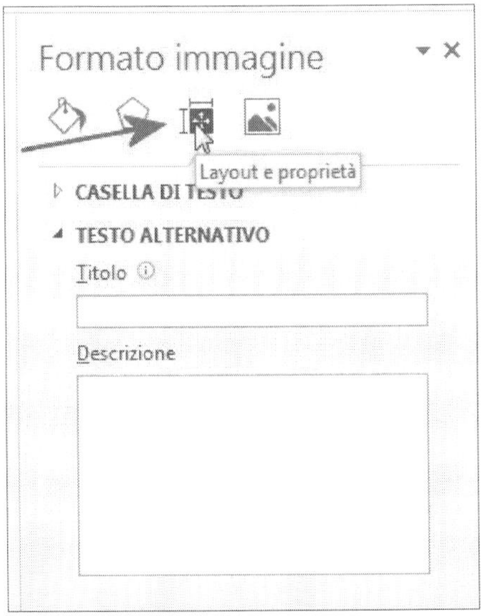

Figura 17.22 - Fornire un testo alternativo per immagini e oggetti grafici.

Verifica di accessibilità

Nel libro abbiamo più volte accennato alle problematiche legate all'accessibilità dei documenti, nei cui confronti Office 2010/13 si dimostra molto sensibile.
Abbiamo visto che ci sono una serie di accorgimenti che si possono adottare perché un documento possa essere considerato accessibile.
In ogni caso, è sempre bene verificare se i propri documenti presentano problemi di accessibilità.
Per effettuare questa verifica, è sufficiente aprire il file che si vuole controllare e quindi aprire la scheda **File**. Qui, nella sezione **Informazioni**, dal menu del pulsante **Verifica documento**, occorre scegliere **Verifica accessibilità**.

Word verifica immediatamente il documento e, al termine dell'analisi, mostra il riquadro delle attività **Verifica accessibilità** con il riepilogo delle problematiche rilevate (Figura 17.23).

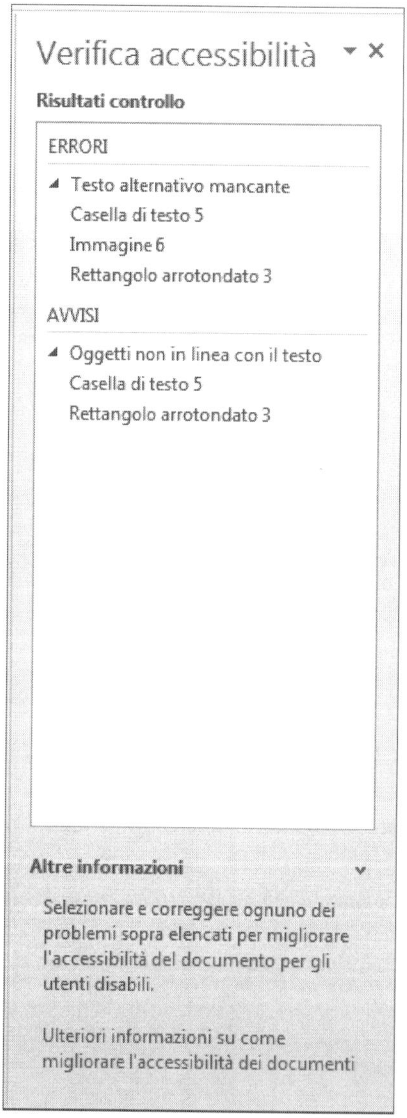

Figura 17.23 - Il riquadro delle attività Verifica accessibilità.

18

La struttura dei documenti

In questo capitolo imparerete a utilizzare la visualizzazione struttura per creare l'ossatura dei vostri documenti.

La visualizzazione struttura vi permette di visualizzare la struttura del documento, con i titoli principali, i titoli di livello inferiore e il testo.
La visualizzazione struttura offre gli strumenti adatti a creare la "scaletta" del documento, la sua ossatura. Possiamo utilizzarla, cioè, per definire quello di cui parleremo, creando le varie parti di cui si comporrà il documento; poi potremo passare a un'altra visualizzazione per inserire i contenuti.
Si tratta di uno strumento molto utile, soprattutto quando si lavora a documenti lunghi che devono comunque mantenere una loro coerenza e unità.
Vediamo come utilizzare al meglio la visualizzazione struttura.
Per prima cosa, passate in visualizzazione struttura (scheda **Visualizza**, gruppo **Visualizzazioni**, pulsante **Struttura**). Word aggiunge alla barra multifunzione la scheda **Struttura**, alla sinistra della scheda **Home** (Figura 18.1).

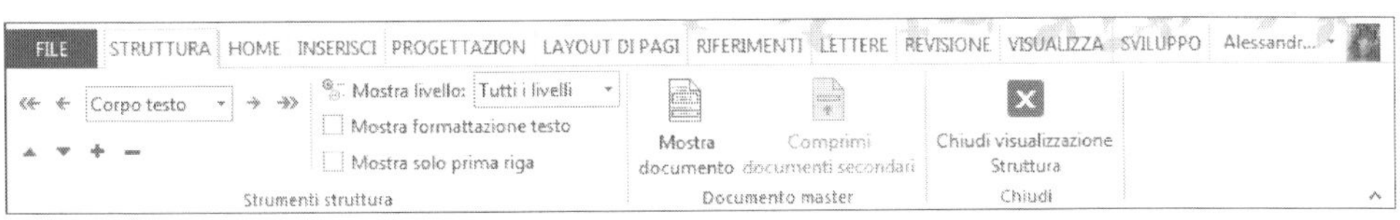

Figura 18.1 - La barra degli strumenti Struttura.

Se lavorate con un documento nuovo, Word vi propone come stile Titolo 1 (nel gruppo a destra, leggete Livello 1). È lo stile che dovete usare per scrivere i titoli dei capitoli principali del vostro testo. Cominciate a digitare il titolo del vostro primo capitolo, poi premete il tasto **Invio**. Word vi propone ancora lo stile Titolo 1 (Figura 18.2).

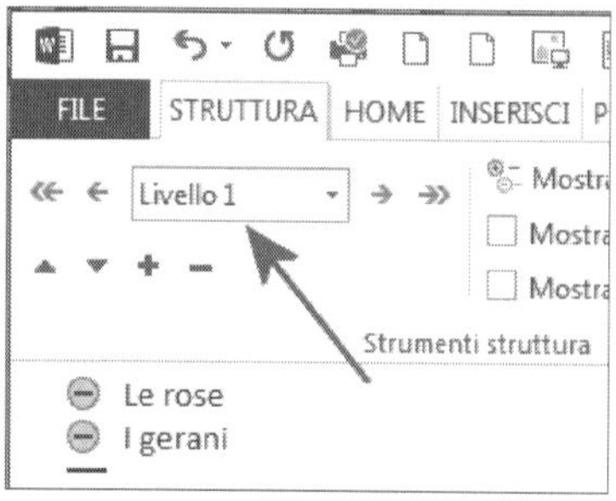

Figura 18.2 - Lo stile è ancora Titolo 1.

Se desiderate passare a un capitolo secondario, quindi allo stile Titolo 2, premete il tasto **Tab** o fate clic sul pulsante **Abbassa di livello** →, sempre nel gruppo **Strumenti struttura**. Digitate il titolo di secondo livello, poi premete **Invio**. Word vi propone ancora lo stile Titolo 2.

Se desiderate inserire nuovamente un titolo di Livello 1, premete **Maiusc+Tab** o fate clic sul pulsante **Alza di livello** ← sulla scheda **Struttura**. Ora potete scrivere (Figura 18.3). È possibile inserire titoli con una profondità fino a nove livelli.

Figura 18.3 - Titoli di livello diverso.

In visualizzazione struttura potete cominciare a digitare il testo del vostro documento, anche se ne viene visualizzata solo una piccola porzione. Per passare al livello Corpo del testo, premete sulla tastiera **Maiusc+Ctrl+N**, oppure fate clic sul pulsante **Abbassa a livello di corpo del testo** » nel gruppo **Strumenti struttura**.

Una volta che avete definito la struttura del documento, passate alla visualizzazione Bozza o layout di stampa per digitare il testo. In ogni momento potete tornare a modificare la struttura.
La visualizzazione struttura vi consente di visualizzare solo alcune parti del vostro documento, comprimendo le altre, o di visualizzare solo i titoli fino al livello selezionato. Questa ultima possibilità vi permetterà di vedere solo l'ossatura del documento e di spostare facilmente i contenuti. Vediamo come:

- Per spostare un paragrafo in una posizione diversa, basta selezionarne il titolo e usare i pulsanti **Sposta Su** ▲ e **Sposta giù** ▼. Il testo associato al titolo verrà spostato automaticamente. Per selezionare un titolo, con eventuali sottotitoli e tutto il testo associato, basta fare un singolo clic sul segno più posto alla sua sinistra, quando il puntatore del mouse ha assunto la forma di una freccia a quattro punte (Figura 18.4).

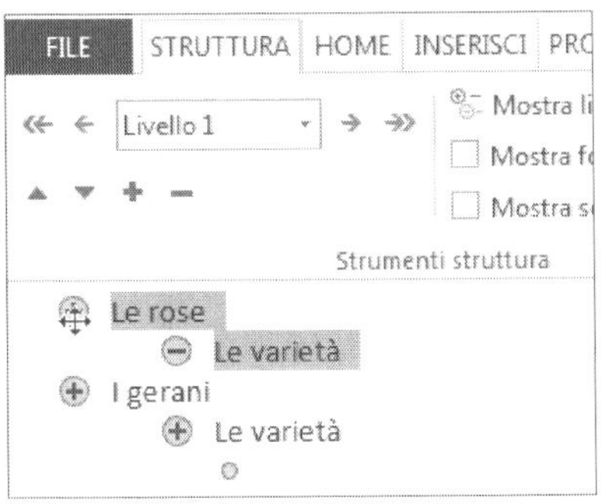

Figura 18.4 - Selezionare un titolo con i sottotitoli e il testo associato.

- Per visualizzare solo i titoli fino a un determinato livello, basta aprire il menu **Mostra livello** e scegliere il livello fino al quale volete arrivare (Figura 18.5).

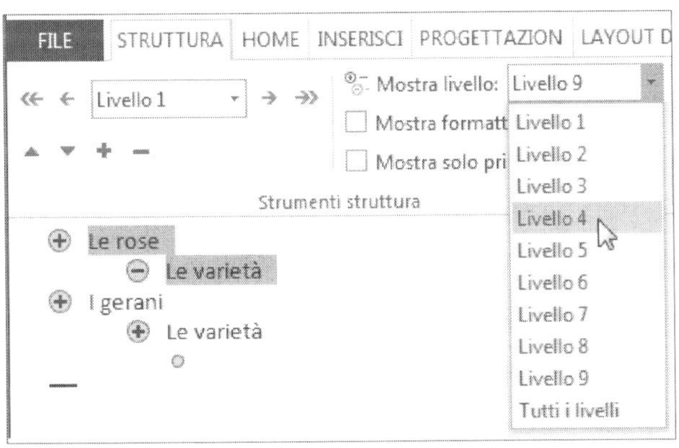

Figura 18.5 - Scegliere il livello fino a cui visualizzare il documento.

- Per espandere o comprimere il contenuto associato a un titolo basta fare doppio clic sul segno più posto alla sua sinistra. Se accanto al titolo c'è un meno, invece di un più, significa che al di sotto di quel titolo non c'è nulla. Nella Figura 18.5 il capitolo "Le varietà" al di sotto di "I gerani" contiene del testo, mentre il capitolo "Le varietà" al di sotto di "Le rose" è vuoto.
- Se fate clic in una porzione del documento in visualizzazione struttura e poi passate in visualizzazione Bozza o layout di stampa, verrà visualizzato il testo in cui avete fatto clic. Potete usare la struttura per muovervi facilmente nel documento.

Se state lavorando in visualizzazione struttura e inviate in stampa il vostro documento, verranno stampati solo gli elementi visualizzati in quel momento e **NON** tutto il documento, anche se l'anteprima di stampa ve lo mostra tutto intero.

19

Muoversi nel documento e correggere il testo

In questo **capitolo** impareremo a **spostarci velocemente** nei documenti, a **cercare** e sostituire una **parola**, a **correggere** gli **errori** di ortografia e a **scrivere rapidamente** espressioni di uso **comune**.

Riquadro di spostamento

Il riquadro di spostamento, a mio parere, è stata una delle novità di Word più azzeccate della versione 2010 (ovviamente, mantenuta nella versione 2013). Si tratta, infatti, di uno strumento estremamente utile, che permette di navigare la struttura di un documento (e molto altro) mentre lo si sta guardando.
Il riquadro di spostamento appare alla sinistra della schermata di Word (Figura 19.1). Se il riquadro di spostamento non fosse disponibile, è sempre possibile aprirlo selezionando l'opzione **Riquadro di spostamento** nel gruppo **Mostra** della scheda **Visualizza**. Per poter usare correttamente e in modo efficace il riquadro di spostamento, occorre usare **gli stili titolo di vario livello** per i titoli delle varie sezioni del proprio documento. Sono proprio i titoli che creano l'ossatura del documento che viene mostrata nel riquadro, proprio come accade nella visualizzazione **Struttura**, di cui abbiamo parlato nel Capitolo 18. Il riquadro di spostamento, infatti, condivide, come vedremo in seguito, diverse caratteristiche con la visualizzazione **Struttura**. In qualche modo, potremmo dire che è una forma "rapida" della visualizzazione **Struttura**.

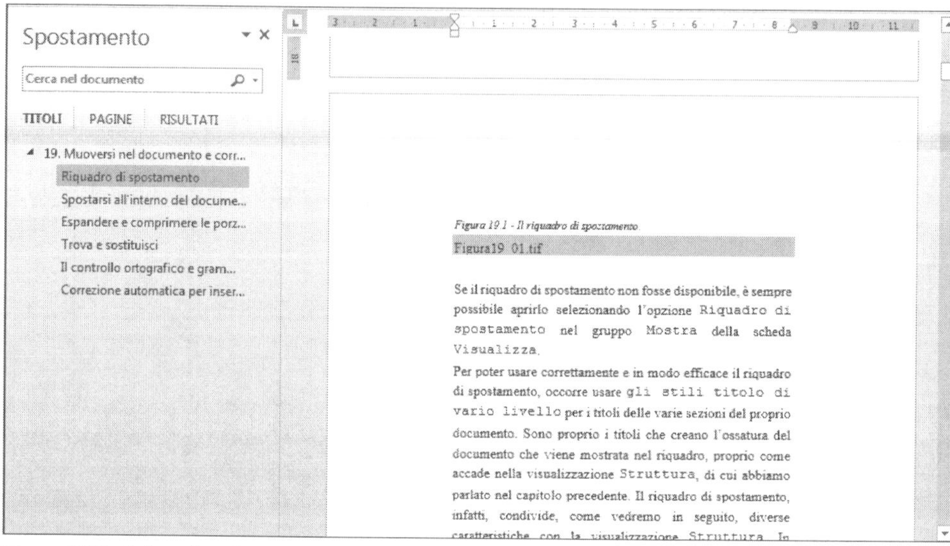

Figura 19.1 - Il riquadro di spostamento.

> **NOTA**
> Può capitare che in un file appena creato il riquadro di spostamento non sia in grado di mostrare i diversi titoli. In questo caso, la soluzione più rapida consiste nel salvare il file di Word, chiuderlo e riaprirlo: il riquadro di spostamento visualizzerà correttamente l'ossatura del documento.

Vediamo ora come utilizzare al meglio questo utilissimo strumento.
Innanzitutto, vediamo il suo utilizzo più semplice, ossia la possibilità di spostarsi a un punto preciso del documento, facendo clic sul titolo corrispondente. Il riquadro di spostamento, cioè, può comportarsi come un vero e proprio navigatore per muoversi velocemente in documenti lunghi.
Un'altra funzionalità importantissima del riquadro di spostamento è il fatto che esso consente di analizzare la struttura del documento mentre vi si sta lavorando.
Il titolo della parte di documento nella quale si trova il cursore è evidenziato in azzurro, mentre gli altri titoli sono presentati in grigio (Figura 19.2).
La possibilità di avere sotto controllo il punto del documento in cui ci si trova è estremamente importante quando si lavora con file di ampie dimensioni.
Il navigatore, inoltre, non indica solo il punto del documento in cui ci si trova, ma dà anche un'idea generale della struttura del documento stesso, naturalmente sempre a patto che si siano usati gli stili Titolo.

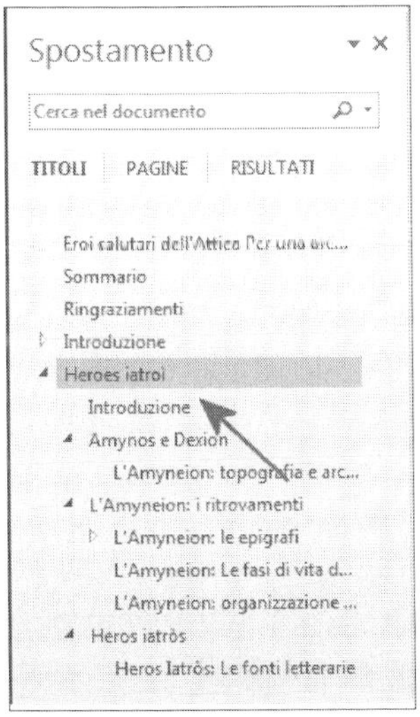

Figura 19.2 - La porzione di documento "attiva".

I titoli di livello inferiore sono "annidati" sotto quelli di livello superiore. Proprio come quando si lavora in visualizzazione **Struttura**, anche nel riquadro di spostamento è possibile comprimere la struttura e nascondere i titoli annidati.

Per nascondere i titoli contenuti al di sotto di un titolo di livello superiore, basta fare clic sulla piccola freccia nera alla sinistra del nome del titolo di livello superiore.

Per riaprire la struttura si può usare la stessa freccia che ora è rivolta verso destra ed è di colore bianco.

La Figura 19.3 mostra, a sinistra, una struttura espansa e, a destra, la stessa struttura compressa.

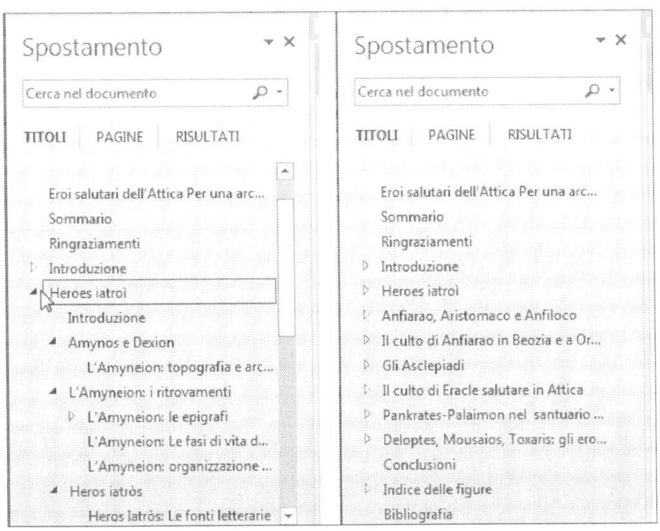

Figura 19.3 - Una struttura espansa e contratta.

> **NOTA**
> Se si fa clic sul nome del titolo, si verrà portati alla sezione del documento. Per comprimere e aprire la struttura del documento bisogna solo usare le piccole frecce laterali.

Per espandere o comprimere velocemente tutta la struttura di un documento, basta fare clic con il tasto destro del mouse su uno qualunque dei titoli mostrati nel riquadro di spostamento e, dal relativo menu contestuale, scegliere **Espandi tutto** o **Comprimi tutto**.
Il riquadro di spostamento permette anche di riorganizzare la struttura di un documento. Vediamo subito come fare. Innanzitutto, per spostare un'intera sezione, è sufficiente trascinare il relativo titolo e rilasciarlo nella posizione in cui si desidera.
Se, poi, si vuole eliminare un'intera sezione al di sotto di un titolo, basta fare clic con il tasto destro del mouse sul titolo da eliminare e scegliere la voce **Elimina**.
Oltre che eliminare una sezione, la si può creare. Per aggiungere un titolo di pari livello prima o dopo il livello selezionato, fate clic con il tasto destro del mouse e scegliete **Nuovo titolo prima** o **Nuovo titolo dopo**.
Automaticamente viene aggiunto un rettangolo vuoto nel riquadro di spostamento e Word vi porta al punto del documento in cui è stato inserito il nuovo titolo (Figura 19.4).

> **NOTA**
> Si noti che il riquadro vuoto è selezionato come titolo attivo.

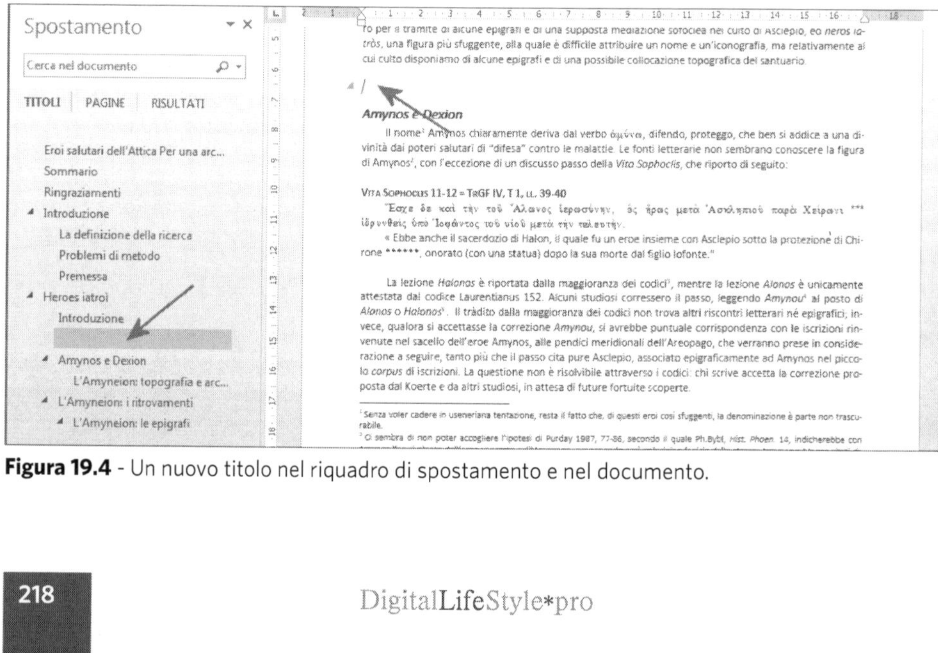

Figura 19.4 - Un nuovo titolo nel riquadro di spostamento e nel documento.

Lo stile Titolo appropriato è già impostato: basta cominciare a digitare il nuovo titolo. A mano a mano che lo scrivete, oltre che nel documento, il titolo comparirà anche nel riquadro di spostamento.

Si procede allo stesso modo per aggiungere un titolo di livello inferiore. Dopo aver selezionato il titolo al di sotto del quale si vuole aggiungerne uno nuovo, è sufficiente fare clic con il tasto destro del mouse e scegliere **Nuovo sottotitolo**.

Dal menu del tasto destro del mouse è possibile anche cambiare il livello di un titolo, alzandolo o abbassandolo. Dopo averlo selezionato, basta scegliere le voci **Alza di livello** o **Abbassa di livello**.

Tra gli aspetti più interessanti del riquadro di spostamento, a mio avviso, vi è la possibilità di selezionare un titolo con il suo contenuto, ma soprattutto di stampare un titolo con il suo contenuto evitando di stampare tutto il documento.

Per accedere a queste funzioni, è sufficiente fare clic con il tasto destro del mouse sul titolo che volete stampare e/o selezionare e scegliere, rispettivamente, le voci **Seleziona titolo e contenuto** e **Stampa titolo e contenuto**.

È bene precisare una cosa. Quando avviate la stampa di un titolo con il suo contenuto, venite portati nella sezione **Stampa** della vista **Backstage**, da cui potrete poi lanciare effettivamente la stampa. Non preoccupatevi se nell'anteprima di stampa vedete più testo di quello che è effettivamente contenuto nella sezione che avete scelto di stampare. Una volta inviato in stampa, verrà effettivamente stampato solo il titolo scelto con il suo contenuto, esattamente come accade quando si cerca di stampare la struttura di un documento dalla visualizzazione struttura.

Il riquadro di spostamento dispone anche di un'altra "visualizzazione", oltre a quella di cui abbiamo discusso fin qui.

Infatti, se ci si porta alla scheda **Pagine**, si può vedere un'anteprima di tutte le pagine del documento, un po' come accade con i documenti .pdf in Adobe Reader, e fare clic su di esse per spostarsi nel documento (Figura 19.5).

Oltre alle schede descritte fin qui, il riquadro di spostamento dispone di una terza scheda, **Risultati**, che serve per visualizzare i risultati delle ricerche nel documento.

Per avviare una ricerca, basta scrivere la parola o le parole da cercare nella casella **Cerca nel documento** nella parte alta del riquadro di spostamento, poi premere **Invio** o fare clic sul pulsante a forma di lente per avviare la ricerca.

Il testo cercato viene evidenziato in arancione nel documento. Nel riquadro di spostamento, nella visualizzazione con i titoli delle sezioni, i titoli il cui contenuto contiene il testo cercato appaiono evidenziati (Figura 19.6).

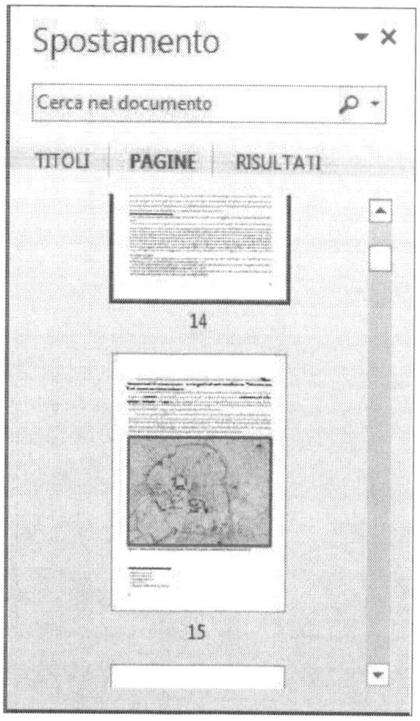

Figura 19.5 - L'anteprima delle pagine del documento nel riquadro di spostamento.

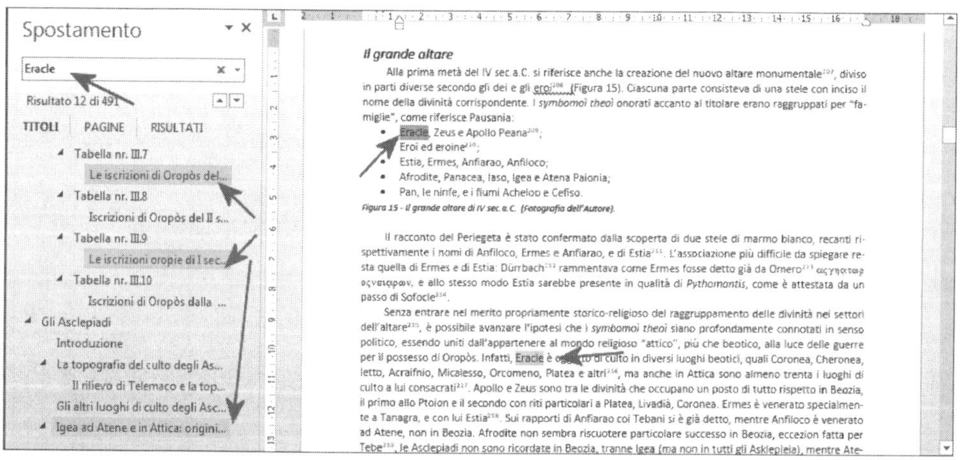

Figura 19.6 - I titoli che contengono il testo ricercato.

Se si passa alla scheda **Risultati** del riquadro di spostamento, vengono riportati i passi in cui ricorre la parola ricercata. Se si fa clic su ciascuna porzione di testo, si verrà automaticamente portati al punto del documento che contiene quel testo (Figura 19.7).

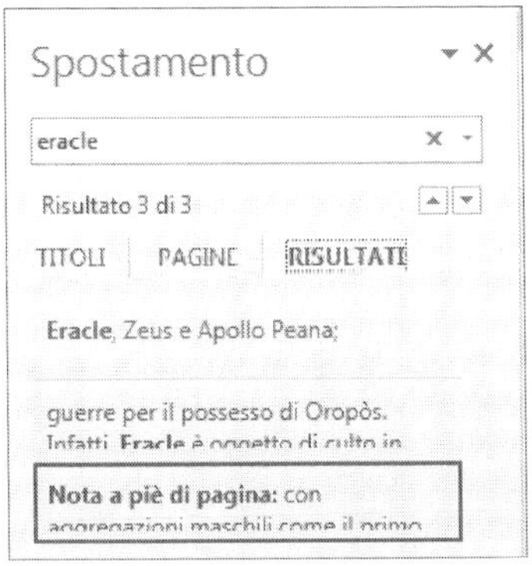

Figura 19.7 - Le porzioni di documento che contengono il testo ricercato.

Espandere e comprimere le porzioni di documento

Quando si lavora con documenti molto lunghi, può essere scomodo visualizzare tutto il testo del documento.
In alcuni casi può essere più comodo nascondere le porzioni del documento che in quel momento non interessano.
Word 2013 permette tutto questo, purché abbiate usato gli stili titolo: è possibile, infatti, nascondere e visualizzare il testo sottostante a ogni stile titolo, grazie a una piccola freccia che compare alla sinistra di ogni titolo quando passate su di esso con il puntatore del mouse (Figura 19.8).

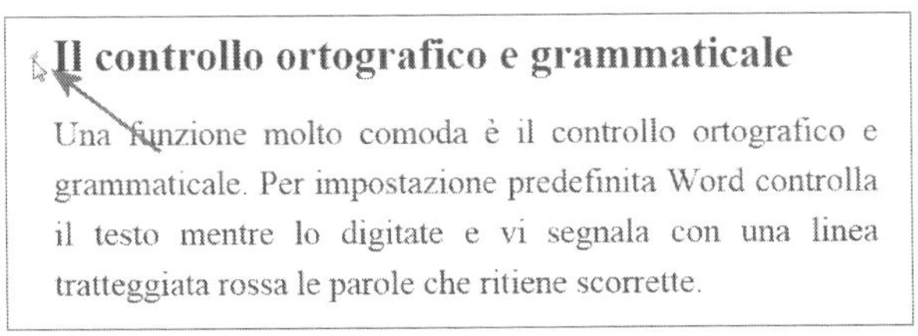

Figura 19.8 - Comprimere una parte del documento.

Facendo clic su questa freccia, comprimerete quella sezione di documento. Il titolo rimane visibile e la freccia apparirà rivolta verso sinistra a indicare che la porzione di documento relativa a quel titolo è compressa. Facendo nuovamente clic sulla freccia, potrete espandere nuovamente il testo compresso.
Word permette, inoltre, di espandere/comprimere tutto il documento in una sola volta. Basta fare clic col tasto destro del mouse su un qualunque titolo e scegliere, dal menu contestuale, la voce **Espandi/comprimi** per accedere al relativo menu. Qui, oltre alle opzioni per espandere/comprimere quello specifico titolo, trovate anche le voci **Espandi**

tutti i titoli e **Comprimi tutti i titoli**, che permettono, rispettivamente, di espandere tutto il documento o di nascondere tutto il testo tranne i titoli.

Spostarsi all'interno del documento

Oltre al riquadro di spostamento, ci sono altri strumenti che permettono di spostarsi velocemente nell'ambito di un documento.
Nella scheda **Home**, nel gruppo **Modifica**, fate clic sulla freccina posta accanto al pulsante **Trova**, quindi dal relativo menu scegliete **Vai**.
Word vi mostrerà la finestra **Trova e sostituisci** alla scheda **Vai** (Figura 19.9).

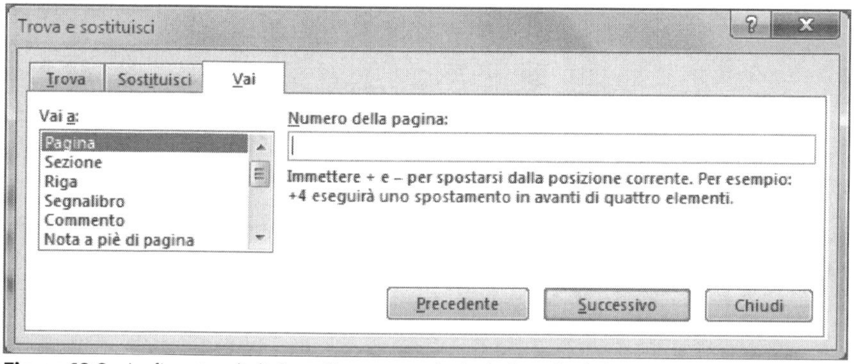

Figura 19.9 - La finestra di dialogo Trova e sostituisci alla scheda Vai.

L'uso della finestra è molto semplice: basta scegliere nella casella **Vai a:** il tipo di elemento che si vuole raggiungere (per esempio, una pagina) e indicare il suo numero nel campo accanto, che cambia nome a seconda dell'elemento selezionato. Una volta definito ciò a cui vi volete spostare, usate il pulsante **Successivo** per raggiungere l'elemento che desiderate.

Trova e sostituisci

La finestra **Trova e sostituisci** permette, oltre che di spostarsi a un punto specifico del documento, di cercare il testo in un documento (un po' come il riquadro di spostamento, ma con opzioni avanzate). Nella scheda **Home**, nel gruppo **Modifica**, scegliete **Ricerca avanzata** dal menu del pulsante **Trova**. Word vi mostrerà la finestra **Trova e sostituisci** alla scheda **Trova** (Figura 19.10).

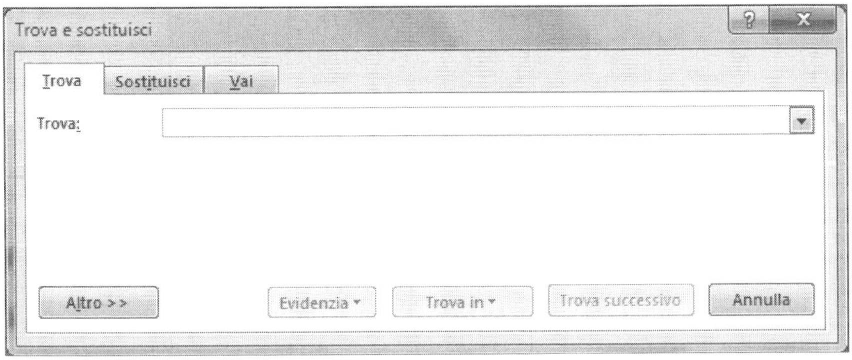

Figura 19.10 - La finestra di dialogo Trova e sostituisci alla scheda Trova.

Nel campo **Trova** digitate la voce da ricercare, poi premete il pulsante **Trova successivo** per avviare la ricerca: vi sarà mostrata la prima occorrenza della parola o dell'espressione indicata. Premete ancora il pulsante **Trova successivo** per spostarvi all'occorrenza successiva.

Se la ricerca richiede parametri più complessi (per esempio, si cercano le occorrenze di una parola solo nei casi in cui è scritta in grassetto o solo come parola intera e non all'interno di altre parole), premete il pulsante **Altro**. In questo modo Word allargherà la finestra per mostrarvi nuovi comandi (Figura 19.11).

NOTA

Se volete tornare alla versione semplice della finestra, premete il pulsante **Standard**.

I nuovi comandi della finestra vi permettono di raffinare i criteri della ricerca. Per esempio, se volete trovare l'occorrenza di una parola solo quando è in grassetto, occorre procedere nel modo seguente: premete il pulsante **Formato**; Word vi mostrerà il relativo menu. Qui scegliete **Carattere**. Visualizzerete, allora, la finestra **Trova carattere**.

Nella casella **Stile carattere** selezionate la voce **Grassetto**, poi premete il pulsante **OK**. Word vi mostrerà nuovamente la finestra **Trova e sostituisci** alla scheda **Trova**: ora la scheda registra la vostra richiesta di trovare solo le occorrenze della parola ricercata scritte in grassetto (Figura 19.13).

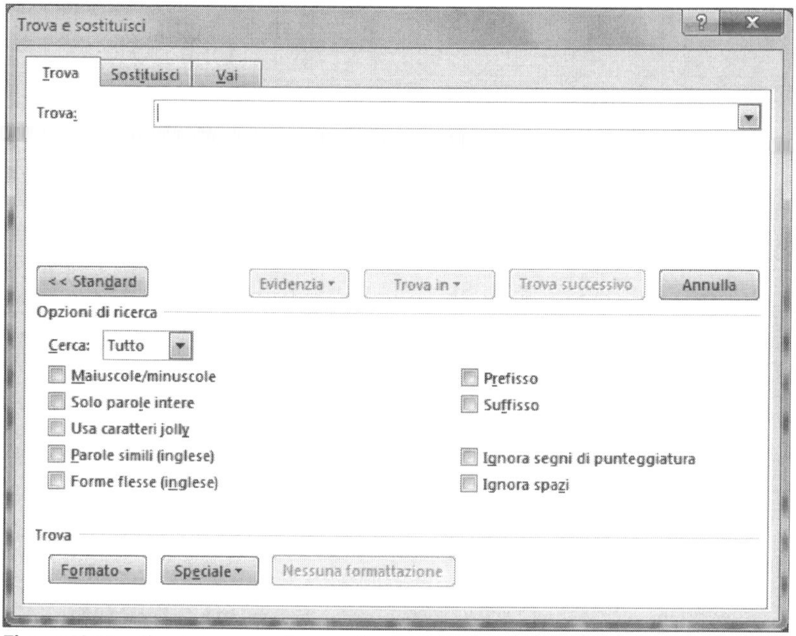

Figura 19.11 - Ulteriori comandi per raffinare la ricerca.

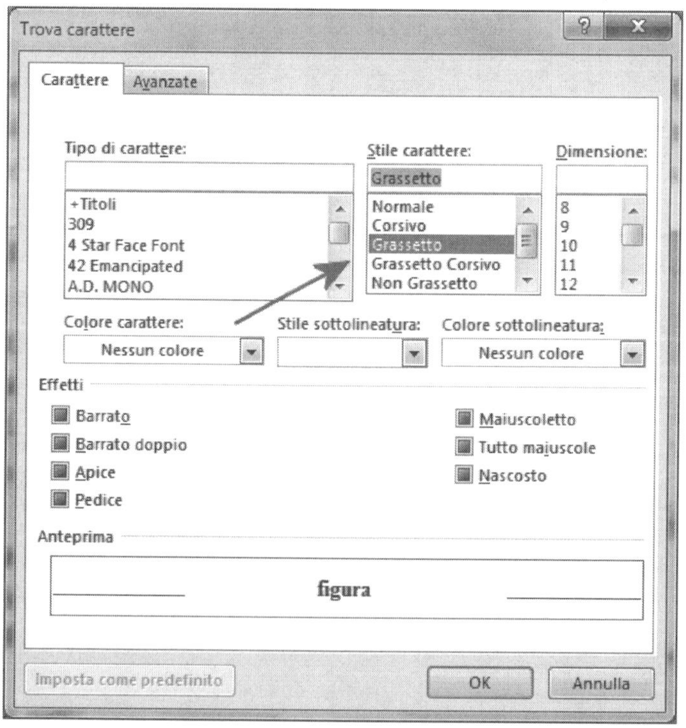

Figura 19.12 - La finestra Trova carattere.

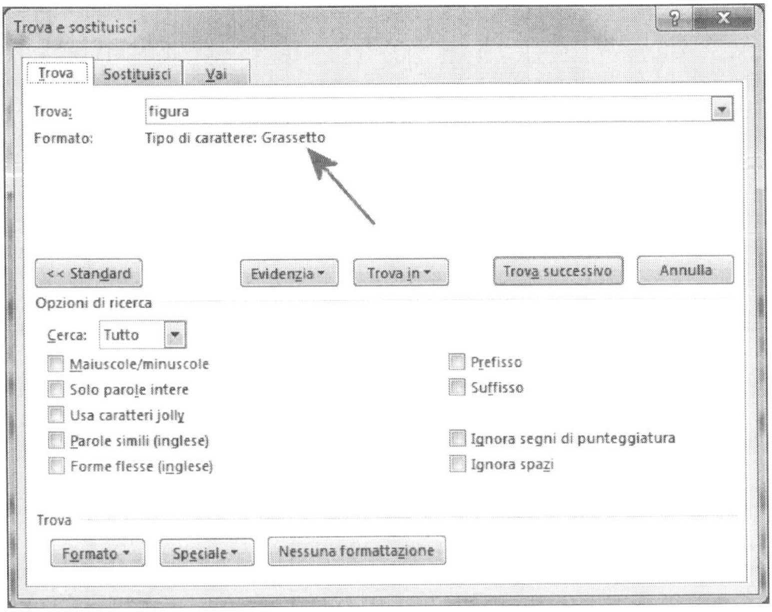

Figura 19.13 - Cercare solo le occorrenze scritte in grassetto.

Ora potete avviare la ricerca come già sapete.
La scheda **Trova** vi permette anche di evidenziare una parola o un'espressione nel documento. In questo caso, dopo aver impostato le opzioni per la ricerca come avete imparato finora, premete **Evidenzia** e quindi **Evidenzia tutto**. Word evidenzia in giallo tutte le occorrenze della parola cercata che trova nel documento.
Per rimuovere l'evidenziazione, premete di nuovo il pulsante **Evidenzia** e poi **Cancella evidenziazione**.
Se, oltre a cercare una parola o un'espressione, volete sostituirla con un'altra, vi dovete spostare alla scheda **Sostituisci** (Figura 19.14). Potete aprire questa scheda anche premendo il pulsante **Sostituisci** nel gruppo **Modifica** della scheda **Home**.

Figura 19.14 - La finestra di dialogo Trova e sostituisci alla scheda Sostituisci.

Della scheda **Sostituisci** esistono la versione standard e quella allargata, come per la scheda **Trova**. Per ora occupiamoci di una sostituzione semplice: nella casella **Trova** digitate il testo da sostituire e nella casella **Sostituisci con** inserite il testo con cui lo volete rimpiazzare. Premete il pulsante **Trova successivo** per trovare la prima occorrenza della parola da sostituire. Quando l'avete trovata, premete il pulsante **Sostituisci** per sostituirla effettivamente. Ripetete la procedura per sostituire le altre occorrenze. Se volete sostituire in una volta sola tutte le occorrenze della parola, premete il pulsante **Sostituisci tutto**: alla fine dell'operazione Word vi mostrerà una finestra con il riepilogo di quanto ha fatto (Figura 19.15). Premete il pulsante **OK** per chiuderla e proseguire.

Figura 19.15 - Word riepiloga le sostituzioni che ha effettuato.

Per concludere l'analisi della scheda **Sostituisci** vi proponiamo un esempio di sostituzione più complessa. Immaginiamo di voler sostituire in un documento tutte le occorrenze di una parola quando è scritta con l'iniziale maiuscola, in grassetto, ma non in corsivo con la stessa parola scritta in rosso e sempre con l'iniziale maiuscola.

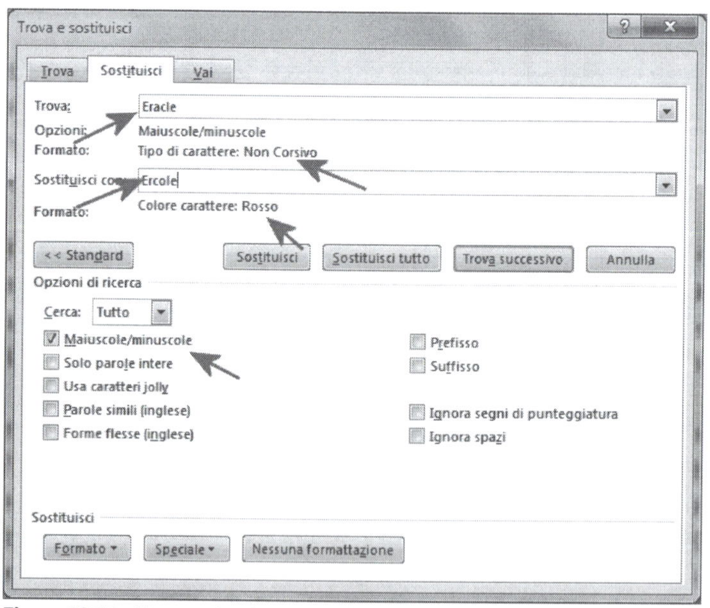

Figura 19.16 - Una sostituzione complessa.

Premete il pulsante **Altro** per allargare la scheda **Sostituisci**: nella casella **Trova** scrivete la parola da cercare con l'iniziale maiuscola; poi, nella sezione **Opzioni di ricerca** mettete un segno di spunta alla voce **Maiuscole/minuscole**. Ora spostatevi nella casella **Sostituisci con**, scrivete nuovamente la parola e premete il pulsante **Formato**. Nel relativo menu, scegliete la voce **Carattere**; Word vi mostrerà la finestra **Sostituisci carattere**. Dall'elenco a discesa **Colore carattere** scegliete il rosso, poi chiudete la finestra.
Ora la scheda **Sostituisci** si presenterà come nella Figura 19.16.
Continuate la procedura di sostituzione come già sapete.

Il controllo ortografico e grammaticale

Una funzione molto comoda è il controllo ortografico e grammaticale. Per impostazione predefinita, Word controlla il testo mentre lo digitate e vi segnala con una linea tratteggiata rossa le parole che ritiene scorrette.
Se fate clic su una parola evidenziata in questo modo con il tasto destro del mouse, dal relativo menu contestuale potete scegliere una delle proposte di correzione presentate da Word (Figura 19.17) semplicemente facendo clic su di essa.

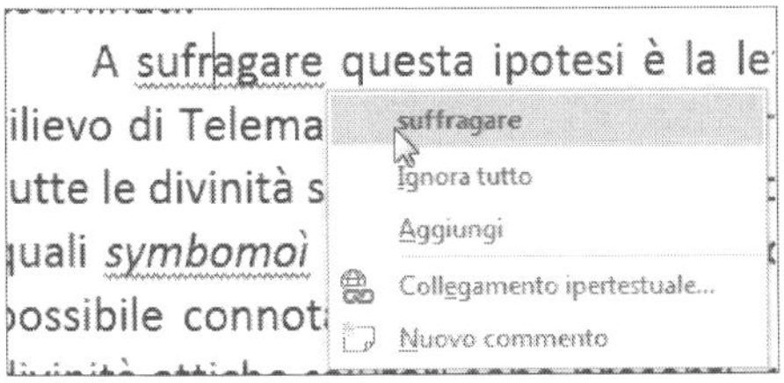

Figura 19.17 - Correggere una parola digitata scorrettamente.

Se la voce che avete inserito è corretta, ma Word la segnala comunque come errata, potete fare clic su di essa col tasto destro del mouse e, dal relativo menu contestuale, scegliere **Aggiungi**: in questo modo la nuova parola verrà inserita nel dizionario di Word, che non la segnalerà più come errore.
Se, invece, la parola è corretta, ma non la volete memorizzare nel dizionario di Word, dovete scegliere **Ignora tutto**.
Mentre digitate il testo, Word cerca di capire in quale lingua state scrivendo e di proporvi il controllo ortografico in quella lingua. Se, però, il documento contiene frasi in più lingue, non sempre Word riesce a effettuare questa operazione velocemente e correttamente. Se vedete che una parola, pur scritta correttamente, viene sottolineata come se fosse scorretta, probabilmente è perché Word non è riuscito a capire in quale lingua è scritta. In questo caso, fate clic sulla parola col tasto destro del mouse e, dal relativo menu contestuale, scegliete **Lingua** e quindi la lingua

in cui la parola è scritta. Se la lingua che vi serve non è disponibile, scegliete la voce **Imposta lingua di modifica** dal menu del pulsante **Imposta lingua** nel gruppo **Lingua** della scheda **Revisione**. Word vi mostrerà la finestra **Lingua** (Figura 19.18), in cui potrete scegliere la lingua che state utilizzando.

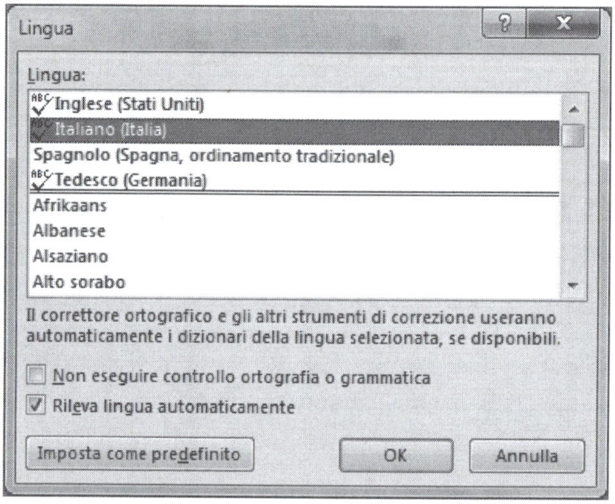

Figura 19.18 - La finestra Lingua.

NOTA

Torneremo sulla gestione delle lingue in Word nel Capitolo 21.

Se preferite, potete evitare la correzione ortografica durante la digitazione per effettuarla quando il documento è concluso. Per prima cosa, occorre disabilitare la correzione automatica: portatevi alla **Backstage** (scheda **File**) e premete il pulsante **Opzioni**.
Portatevi alla categoria **Strumenti di correzione** e togliete il segno di spunta dalla voce **Controlla ortografia durante la digitazione** (Figura 19.19).
Premete **OK** per tornare al testo. Quando avete finito di scrivere, potete abilitare il controllo dell'ortografia nel gruppo **Strumenti di correzione** della scheda **Revisione**, con il pulsante **Controllo ortografia e grammatica**.

NOTA

Naturalmente, questo tipo di controllo può essere effettuato anche quando non è disabilitato il controllo durante la digitazione.

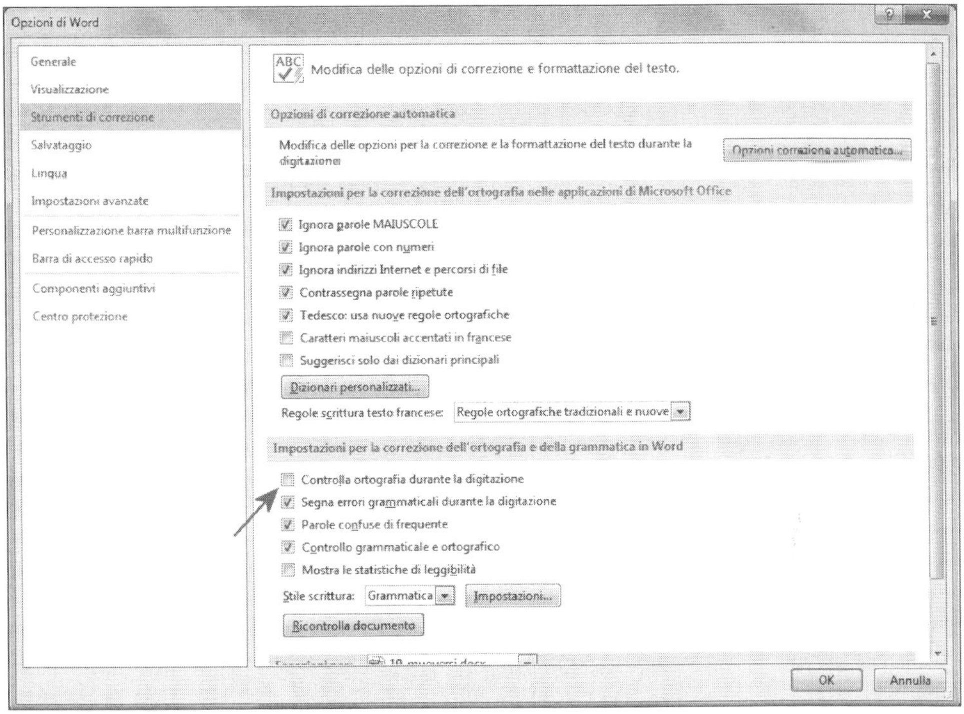

Figura 19.19 - Disabilitare la correzione ortografica durante la digitazione.

Appena individua un errore, Word ve lo segnala nel riquadro laterale **Controllo ortografia** (Figura 19.20).

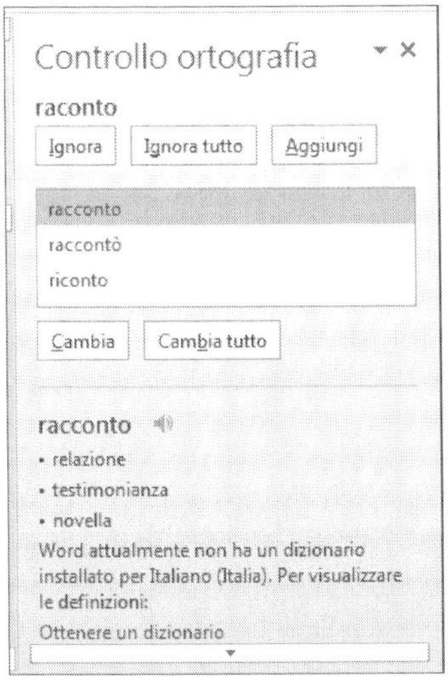

Figura 19.20 - Word segnala un errore.

Vi viene indicata una serie di alternative fra cui scegliere per correggere l'errore. È anche possibile ignorare l'errore o aggiungere la parola non riconosciuta da Word (scegliendo le voci corrispondenti) al suo vocabolario, per far sì che venga riconosciuta nelle occorrenze successive. Automaticamente viene impostato l'italiano come lingua di riferimento; qualora si utilizzi una lingua diversa, si può fare in modo che anche il controllo ortografico venga effettuato in quella lingua, selezionandola nel modo visto in precedenza.

Correzione automatica per inserire velocemente espressioni di uso frequente

Quando si scrive un testo, capita spesso di ricorrere frequentemente alle stesse espressioni o di commettere lo stesso errore. Per esempio, nella stesura di questo manuale ho usato spesso l'espressione *barra multifunzione*. In casi come questo è utile ricorrere alle impostazioni di correzione automatica per fare in modo che sia sufficiente digitare alcune lettere per ottenere l'espressione completa: scrivendo *bm* si otterrà *barra multifunzione*.
Vediamo come fare: aprite la finestra **Opzioni di Word** (scheda **File**, pulsante **Opzioni**). Portatevi alla categoria **Strumenti di correzione** e fate clic sul pulsante **Opzioni Correzione automatica**. Apparirà la finestra **Correzione automatica** (Figura 19.21).

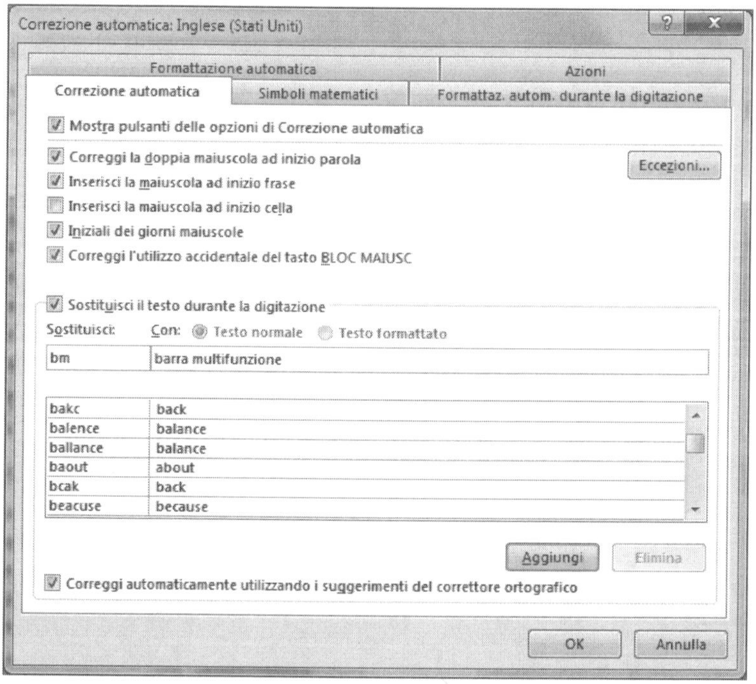

Figura 19.21 - La finestra Correzione automatica.

Nella casella **Sostituisci** scrivete la sigla che volete usare al posto dell'espressione completa (in questo caso *bm*). Nella casella **Con** scrivete l'espressione che volete ottenere (in questo caso *barra multifunzione*).
Premete ora il pulsante **Aggiungi** e quindi **OK** per chiudere la finestra.
Ora, appena digitate la sigla, seguita da uno spazio o da un segno d'interpunzione, Word la sostituirà con l'espressione completa.
Quando sostituisce la sigla con il testo completo, Word vi permette di annullare la correzione. Vediamo come fare:

1. fate clic sul testo inserito da Word: questo farà apparire uno smart tag (Figura 19.22);

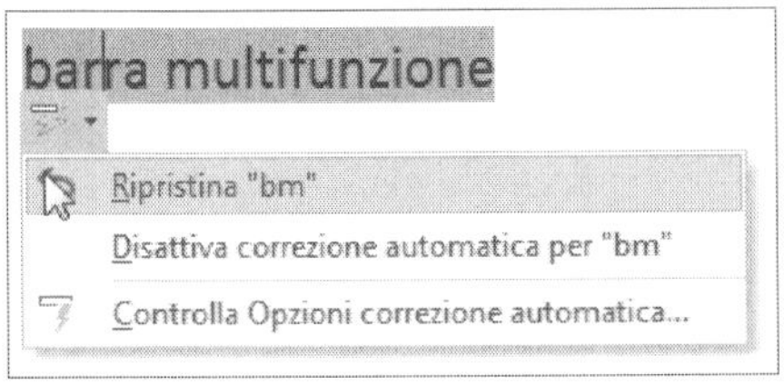

Figura 19.22 - Lo smart tag che permette di annullare la correzione automatica.

2. fate clic sullo smart tag per visualizzare il relativo menu e selezionate la voce **Ripristina** *testo precedente*, dove *testo precedente* è il testo che è stato modificato dalla correzione automatica.

20

Sommari, indici e riferimenti incrociati

Quando lavorate con **documenti** piuttosto **lunghi**, come relazioni, proposte commerciali o tesi di laurea, può essere molto **utile** dotare il vostro documento di un **indice generale** o **sommario** e magari di un **indice analitico**. In questo **capitolo** vedremo come fare.

Il sommario

Si tratta di un elemento che in genere si colloca all'inizio del documento e ne riassume il contenuto, presentando i titoli dei capitoli e dei sottocapitoli con l'indicazione della pagina in cui si trovano. L'inserimento di un sommario aiuta il lettore a orientarsi nel testo, a farsi un'idea di ciò che lo aspetta. È consigliabile inserirlo sempre anche quando i documenti non sono lunghissimi, ma sono composti di tante parti distinte.

Se avete usato, nella costruzione del vostro documento, gli **stili Titolo** di Word, creare un sommario sarà un'operazione rapidissima.

Mentre preparate il documento, dovete fare in modo che i capitoli o i paragrafi che volete includere nel sommario abbiano un titolo a cui è applicato uno stile Titolo da 1 a 9. La gerarchia dei titoli sarà riproposta nel sommario.

Fate clic nel punto in cui volete che compaia il sommario, poi portatevi alla scheda **Riferimenti**. Nel gruppo **Sommario**, fate clic sul pulsante **Sommario**. Potete scegliere lo stile per il vostro sommario dal relativo menu (Figura 20.1).

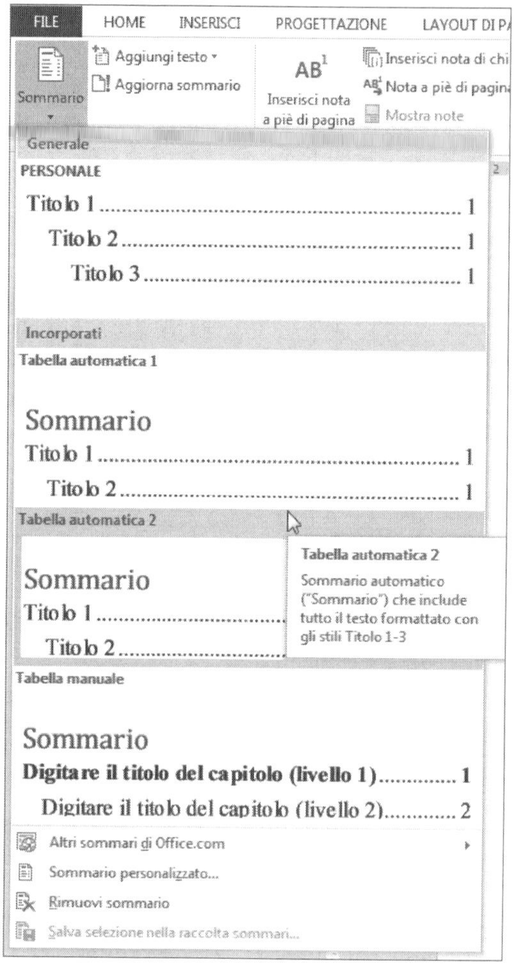

Figura 20.1 - Il menu del pulsante Sommario.

Se preferite avere un maggiore controllo sullo stile del vostro sommario, scegliete la voce **Sommario personalizzato**. Apparirà la finestra **Sommario** (Figura 20.2).
Dall'elenco a discesa **Formati**, selezionate lo stile che volete usare per il sommario.
Nella casella di testo **Mostra livelli fino a:**, selezionate il numero di livelli che volete includere nel sommario (per esempio, se scegliete 3, saranno inseriti nel sommario i titoli di livello 1, 2 e 3, mentre saranno esclusi i titoli dal livello 4 in poi).
Dai restanti controlli della finestra potete stabilire le altre opzioni per la formattazione del vostro sommario.
La Figura 20.3 vi mostra il sommario di un documento. Se fate clic su una voce del sommario tenendo premuto il tasto **Ctrl**, Word vi porterà automaticamente al punto del documento a cui quella voce fa riferimento.

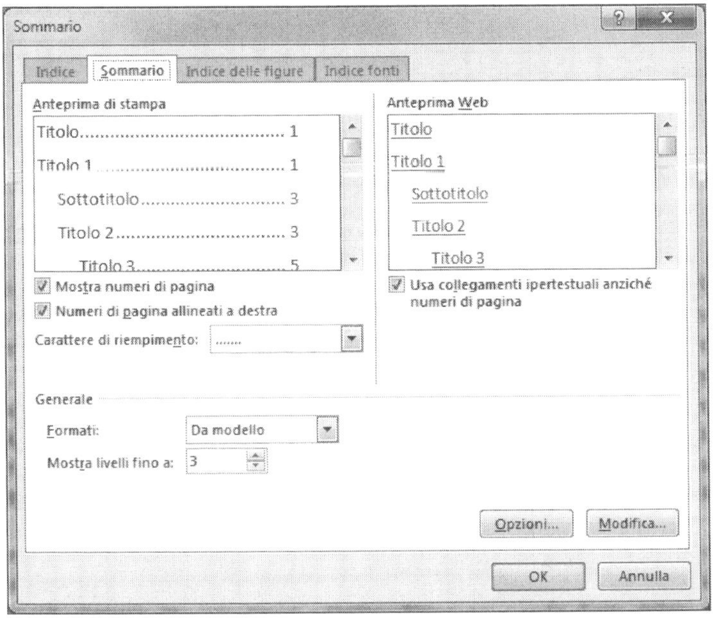

Figura 20.2 - La scheda Sommario della finestra Sommario.

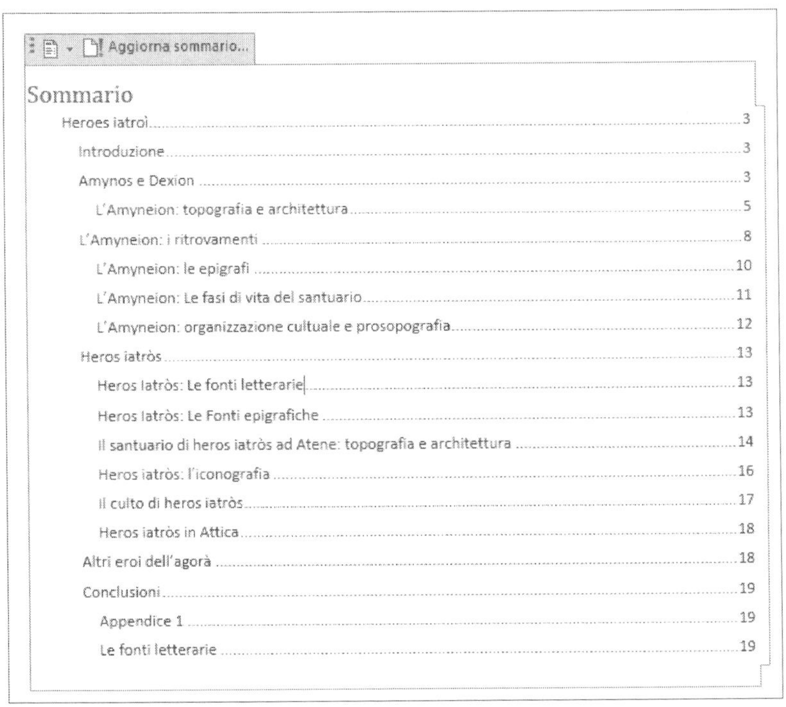

Figura 20.3 - Un documento con il sommario.

Aggiornare il sommario

Non c'è bisogno di attendere di aver completato un documento per crearne il sommario. Infatti, quest'ultimo è facilmente aggiornabile: basta selezionare l'intero documento (scheda **Home**, gruppo **Modifica**, pulsante **Seleziona** e, dal suo menu, **Seleziona tutto**) e quindi premere sulla tastiera il tasto **F9**.
Oppure, portatevi al sommario e poi, nella scheda **Riferimenti**, nel gruppo **Sommario**, fate clic sul pulsante **Aggiorna sommario**. In entrambi i casi, Word visualizzerà la finestra di dialogo **Aggiorna sommario** (Figura 20.4).
Dovete scegliere se aggiornare l'intero sommario (quindi aggiungere eventuali nuovi paragrafi) o aggiornare solo i numeri di pagina delle voci già presenti.

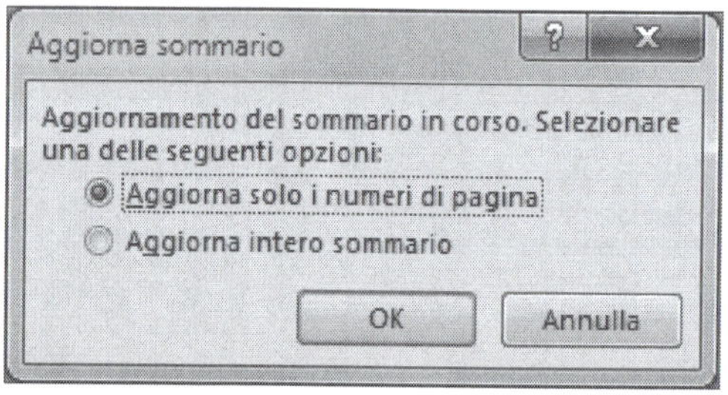

Figura 20.4 - La finestra di dialogo Aggiorna sommario.

Usare il sommario per copiare la struttura di un documento

Con Word, purtroppo, non è facile copiare solo la struttura di un documento, magari per conservarla in un documento a parte e/o inviarla via e-mail.
Dalla visualizzazione struttura, infatti, non è possibile copiare solo i titoli. Se si selezionano e si copiano titoli a cui è associato un testo, quest'ultimo, anche se è compresso e non visibile, viene copiato comunque assieme ai titoli.
È possibile aggirare l'ostacolo usando i sommari.
Aprite il documento di cui volete estrarre la struttura. Create un sommario **senza numeri** di pagina. Per fare questo, nella scheda **Sommario** della finestra **Sommario** (Figura 20.2) basterà deselezionare le opzioni **Mostra numeri di pagina** e **Usa i collegamenti ipertestuali anziché i numeri di pagina**. Non preoccupatevi troppo della formattazione.
Selezionate il sommario, poi premete **Ctrl+Maiusc+F9** per convertirlo in testo normale (Figura 20.5).

Heroes iatroì

Introduzione

Amynos e Dexion

L'Amyneion: topografia e architettura

L'Amyneion: i ritrovamenti

L'Amyneion: le epigrafi

L'Amyneion: Le fasi di vita del santuario

L'Amyneion: organizzazione cultuale e prosopografia.

Heros iatròs

Heros Iatròs: Le fonti letterarie

Heros Iatròs: Le Fonti epigrafiche

Il santuario di heros iatròs ad Atene: topografia e architettura

Heros iatròs: l'iconografia

Il culto di heros iatròs

Heros iatròs in Attica

Altri eroi dell'agorà

Conclusioni

Appendice 1

Le fonti letterarie

Figura 20.5 - Il testo ottenuto convertendo il sommario.

Il testo risultante mantiene le formattazioni necessarie per evidenziare i livelli di struttura. Tagliate il testo ottenuto e incollatelo in un nuovo documento.

L'indice analitico

L'indice analitico normalmente compare alla fine di un libro o di un documento molto lungo e mostra, in ordine alfabetico, l'elenco delle parole rilevanti che ricorrono nel testo, seguite dal numero di pagina.
Per creare un indice analitico, si deve procedere in due tempi: come prima operazione, occorre marcare le parole o le frasi che costituiranno le voci dell'indice (ossia il testo da includere nell'indice), poi si potrà creare l'indice vero e proprio.
Vediamo subito come fare. Dopo aver evidenziato la parola (o le parole) che volete trasformare in voce principale dell'indice, portatevi alla scheda **Riferimenti** della barra multifunzione e, nel gruppo **Indice**, premete il pulsante **Segna voce**.
Word mostrerà la finestra di dialogo **Segna voce di indice analitico** (Figura 20.6).

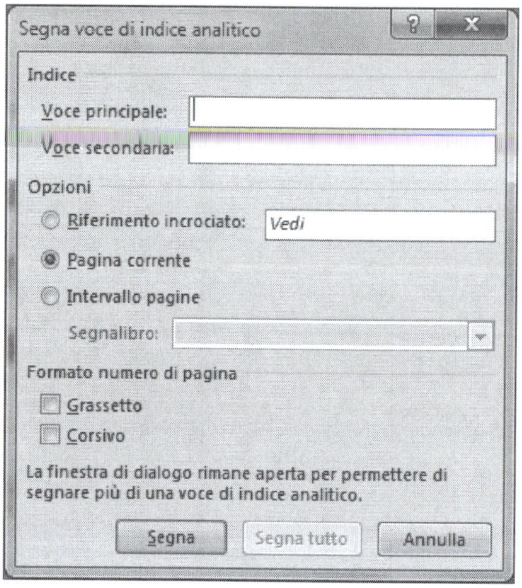

Figura 20.6 - La finestra Segna voce di indice analitico.

Il testo selezionato appare nella casella **Voce principale**; potete modificarlo se non è esattamente quello che volete visualizzare nell'indice.

Nella sezione **Opzioni**, selezionate **Pagina corrente**, se desiderate che nell'indice, accanto alla voce che avete selezionato, compaia il numero di pagina in cui la voce occorre.

Nella sezione **Formato numero di pagina** potete indicare se volete applicare un formato speciale al numero della pagina. Le opzioni disponibili sono **Grassetto** e **Corsivo**.

Premete **Segna**, se desiderate marcare solo l'occorrenza della parola o della frase che avete selezionato, o premete **Segna tutto** per marcare la prima occorrenza della parola o della frase che avete selezionato **in ogni paragrafo** del documento. Ricordate che sono marcate solo le occorrenze identiche, considerando anche le maiuscole e le minuscole. Quando si marca una voce di indice, Word inserisce uno speciale campo **XE (Voce di indice)** (Figura 20.7).

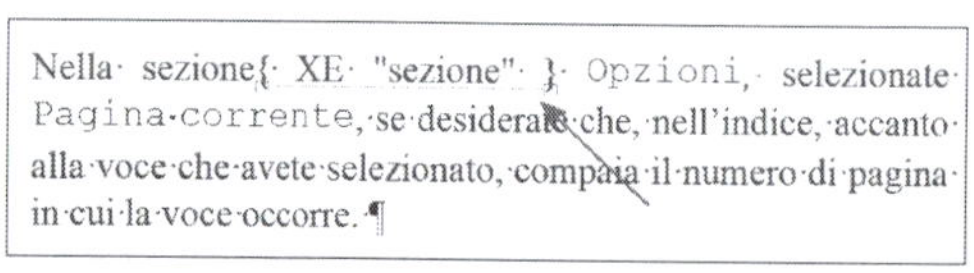

Figura 20.7 - Il campo Voce di indice compare nel documento.

Questo campo è visibile quando è attiva la visualizzazione dei caratteri nascosti (¶), che si attiva automaticamente ogni volta che si segna una voce di indice.

La finestra **Segna voce di indice analitico** (Figura 20.6) rimane aperta. Potete fare clic nel documento e selezionare un'altra voce da inserire nell'indice. Dopo la selezione, fate nuovamente clic sulla finestra **Segna voce di indice analitico**, che si aggiornerà in base alla vostra selezione. Proseguite in questo modo finché non avrete marcato tutte le voci che volete inserire nell'indice.
Word permette anche di creare delle voci secondarie, ossia voci che compaiono al di sotto di voci principali.
Occorre sempre utilizzare la finestra **Segna voce di indice analitico** (Figura 20.6). Nel campo **Voce principale** scrivete la voce principale al di sotto della quale volete che compaia la voce secondaria, mentre nel campo **Voce secondaria** inserite la voce secondaria che volete marcare. Procedete, poi, a compilare la finestra come abbiamo visto per le voci principali.

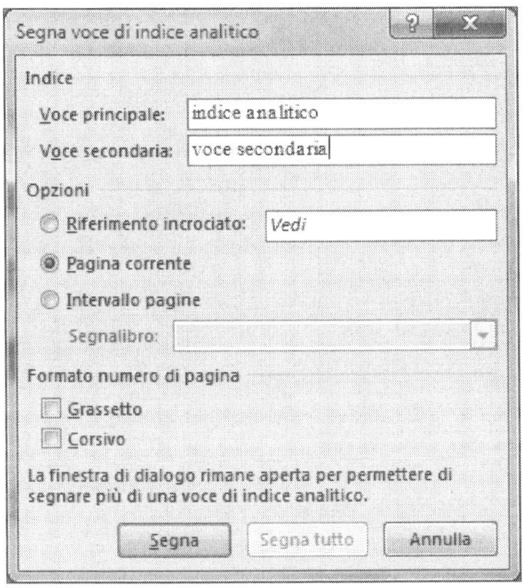

Figura 20.8 - La finestra Segna voce di indice analitico utilizzata per marcare una voce secondaria.

Ripetete le indicazioni del punto precedente per marcare tutte le voci secondarie che desiderate. La Figura 20.9 mostra un campo che marca una voce secondaria all'interno di un documento. Notate che la voce secondaria è separata dalla voce primaria dal simbolo due punti (:).

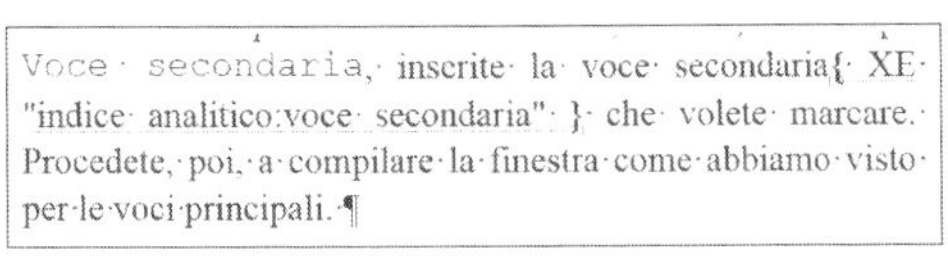
Voce secondaria, inserite la voce secondaria{ XE "indice analitico:voce secondaria" } che volete marcare. Procedete, poi, a compilare la finestra come abbiamo visto per le voci principali.¶

Figura 20.9 - Il campo Voce secondaria dell'indice compare nel documento.

Word permette anche di creare dei **Riferimenti incrociati**, ossia delle voci di cui non si indica la pagina, ma un riferimento ad altre voci.
Selezionate la voce dalla quale volete fare il rinvio a un'altra voce e attivate la finestra **Segna voce di indice analitico** (Figura 20.10); nella sezione **Opzioni**, selezionate **Riferimento incrociato**, quindi, accanto alla scritta **Vedi**, inserite la voce a cui volete rinviare il lettore. Infine, premete il pulsante **Segna**.

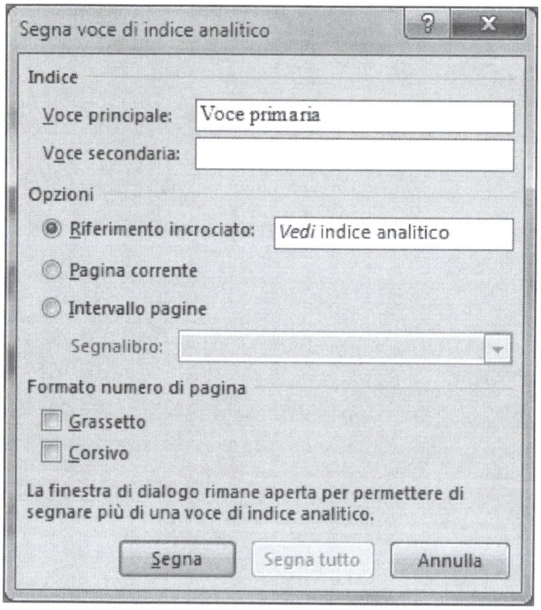

Figura 20.10 - La finestra Segna voce di indice analitico con l'indicazione di un riferimento incrociato.

Dopo aver marcato tutte le voci che volete inserire nell'indice, potete passare alla creazione dell'indice vero e proprio.
Posizionate il cursore nel punto in cui volete inserire l'indice, di solito la fine del documento, quindi portatevi nella scheda **Riferimenti** e, nel gruppo **Indice**, premete il pulsante **Inserisci indice**. Comparirà la finestra **Indice** (Figura 20.11).
La finestra vi permette di scegliere la formattazione del vostro indice: potete decidere, per esempio, su quante colonne disporlo o quale modello predefinito usare. Fate le vostre scelte, quindi premete **OK**. Nella pagina comparirà l'indice (Figura 20.12).

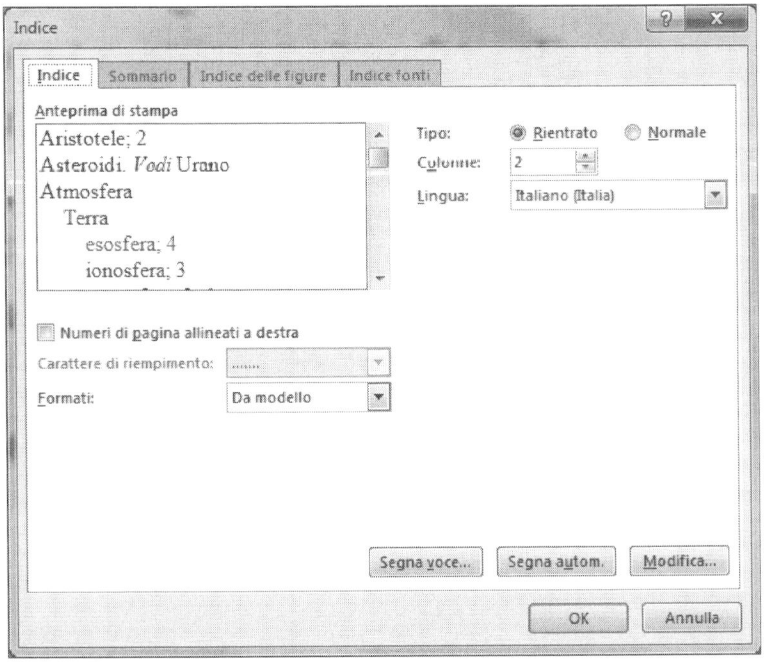

Figura 20.11 - La finestra Indice.

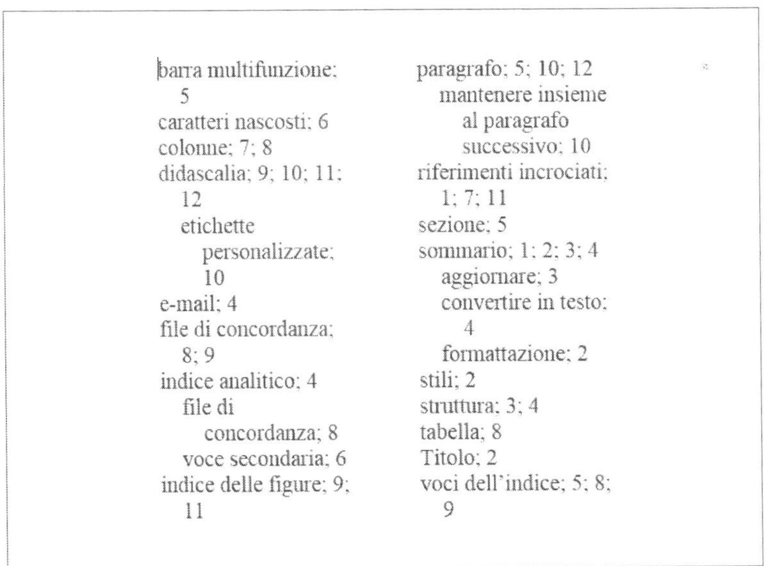

barra multifunzione: 5
caratteri nascosti; 6
colonne; 7; 8
didascalia; 9; 10; 11; 12
  etichette personalizzate; 10
e-mail; 4
file di concordanza; 8; 9
indice analitico; 4
  file di concordanza; 8
  voce secondaria; 6
indice delle figure; 9; 11
paragrafo; 5; 10; 12
  mantenere insieme al paragrafo successivo; 10
riferimenti incrociati; 1; 7; 11
sezione; 5
sommario; 1; 2; 3; 4
  aggiornare; 3
  convertire in testo; 4
  formattazione; 2
stili; 2
struttura; 3; 4
tabella; 8
Titolo; 2
voci dell'indice; 5; 8; 9

Figura 20.12 - Un esempio di indice.

Creare l'indice usando un file di concordanza

Se dovete creare l'indice di un documento molto lungo, marcare ogni singola voce può essere un'operazione piuttosto noiosa e che richiede molto tempo. In questo caso, potete ricorrere a un **file di concordanza**, ossia un file in cui sono elencate tutte le voci principali e secondarie che volete includere nell'indice.

Un file di concordanza è un file che contiene una tabella di due colonne: la prima elenca le voci del documento che volete inserire nell'indice, la seconda elenca le voci dell'indice da generare dal testo della prima colonna. Per definire delle voci secondarie, nella seconda colonna del file di concordanza basta scrivere la voce principale seguita da due punti (:) e dalla voce secondaria. La Figura 20.13 mostra un esempio di file di concordanza.

barra della formula	barra della formula
serie di dati	serie di dati
elenchi personalizzati	elenchi personalizzati
Backstage	Backstage
riempimento automatico	riempimento automatico
cancelletto	cancelletto
Copia formato	Copia formato
riferimento assoluto	riferimento assoluto
#DIV/0	#DIV/0
finestra: Argomenti funzione	finestra: Argomenti funzione
#RIF!	#RIF!
filtri	filtri
ordinamento	ordinamento
formattazione condizionale	formattazione condizionale

Figura 20.13 - Un esempio di file di concordanza.

Quando il file di concordanza è pronto, salvatelo e tornate al file di cui dovete creare l'indice. Posizionatevi nel punto del documento in cui volete inserire l'indice, poi aprite la finestra **Indice** (scheda **Riferimenti**, gruppo **Indice**, pulsante **Inserisci indice**; si osservi la Figura 20.11).

Qui, premete il pulsante **Segna autom.**: vedrete la finestra **Apri file segnalazione automatica indice**. Qui individuate il file di concordanza, poi premete il pulsante **Apri**. Word automaticamente segnerà le voci dell'indice in base a quanto avete disposto nel file di concordanza.

Comunque abbiate segnato le voci di indice (potete anche adottare una soluzione mista, sia usando il file di concordanza, sia segnando manualmente alcune voci), la creazione dell'indice vero e proprio utilizza la procedura che abbiamo descritto prima.

Indice delle figure e didascalie

Word vi permette anche di creare l'**indice delle figure** e vi consente di creare un elenco delle illustrazioni, delle tabelle, dei listati o delle equazioni che avete inserito nel vostro documento, purché per questi elementi si siano inserite delle didascalie.
Prima di spiegare come inserire l'indice delle figure, dunque, è bene spiegare come creare le didascalie per questi elementi.
Posizionate il punto di inserimento dove volete collocare la didascalia. La soluzione migliore è quella di porre la didascalia sotto l'immagine o a lato di questa.
Portatevi alla scheda **Riferimenti** e, nel gruppo **Didascalie**, premete il pulsante **Inserisci didascalia**.
Comparirà la finestra **Didascalia** (Figura 20.14).

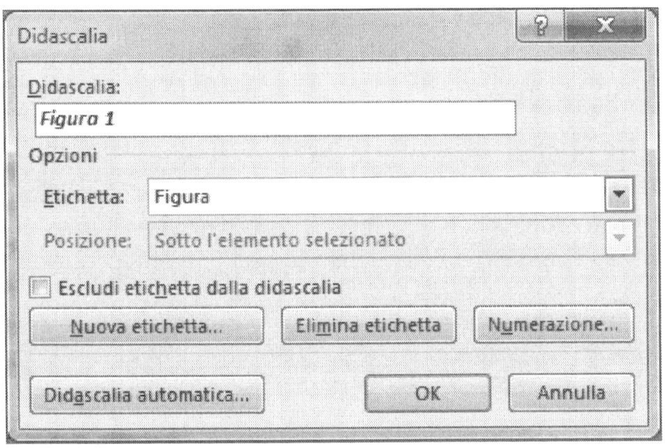

Figura 20.14 - La finestra Didascalia.

Nella casella **Didascalia** compaiono già l'etichetta e il numero progressivo che Word assegnerà alla vostra didascalia. Se lo desiderate, dopo il numero potete inserire la descrizione della figura.
Nella sezione **Opzioni**, nell'elenco a discesa **Etichetta**, potete selezionare l'etichetta da usare nella didascalia. In questo caso l'etichetta è Figura. Le altre etichette disponibili sono Equazione, Listato e Tabella.
Se nessuna delle etichette predefinite è adatta al vostro documento, potete crearne di personalizzate (per esempio, Illustrazione). Per farlo, premete il pulsante **Nuova etichetta**. Comparirà la finestra **Nuova etichetta** (Figura 20.15).

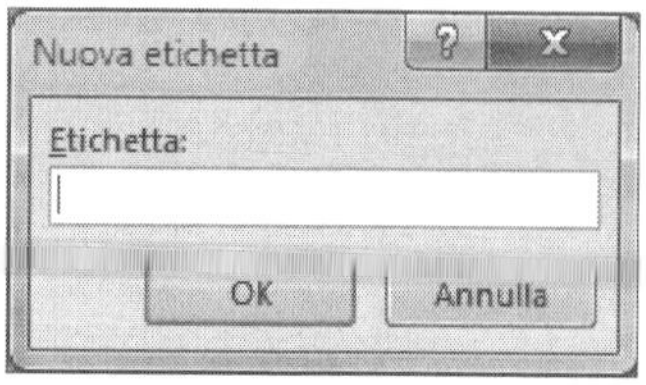

Figura 20.15 - La finestra Nuova etichetta.

Scrivete la nuova etichetta nel campo **Etichetta**, quindi premete **OK**. Tenete presente che Word tiene distinte le numerazioni delle didascalie per le diverse etichette: cioè, se nello stesso documento usate didascalie di tipo diverso, per esempio con etichetta *Figura* e con etichetta *Illustrazione*, le due serie avranno delle numerazioni indipendenti.

NOTA

Quando si usano le didascalie per le immagini o altri elementi grafici, è molto importante evitare che la didascalia, se si trova alla fine di una pagina, sia separata dall'immagine o dall'elemento grafico a cui si riferisce: questi due elementi devono spostarsi sempre uniti.
Word non permette di specificare che un paragrafo non debba mai essere separato dal precedente. In parole povere, **non è possibile** modificare lo stile didascalia per fare in modo che sia **sempre unito all'immagine** che lo precede. Occorre, piuttosto, creare uno stile di tipo paragrafo da applicare all'immagine o modificare il paragrafo che ospita l'immagine in modo che questo sia tenuto sempre unito al paragrafo successivo, che sarà, appunto, quello della didascalia. Per farlo, occorre lavorare nella finestra **Paragrafo** (per aprirla usate l'attivatore di finestre di dialogo nel gruppo **Paragrafo** della scheda **Home**) alla scheda **Distribuzione testo** e selezionare l'opzione **Mantieni con il successivo**.

Ora che abbiamo visto come inserire le didascalie per gli oggetti grafici dei nostri documenti, possiamo vedere come utilizzarle per creare l'indice delle figure.
Si tratta di una procedura piuttosto semplice. Vediamo subito come operare. Innanzitutto, posizionatevi nel punto in cui volete inserire l'indice delle figure (o delle tabelle, dei listati e delle equazioni), quindi portatevi alla scheda **Riferimenti** e, nel gruppo **Didascalie**, premete il pulsante **Inserisci indice delle figure**.
Word mostrerà la finestra **Indice delle figure** (Figura 20.16).

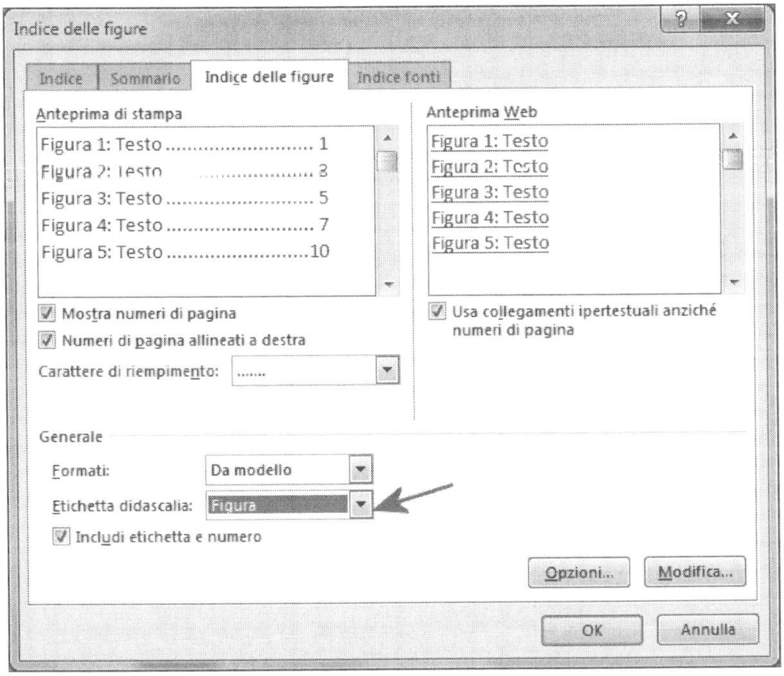

Figura 20.16 - La finestra Indice delle figure.

Dall'elenco a discesa **Etichetta didascalia**, dovete scegliere l'oggetto di cui volete creare l'indice (figure, listati, tabelle o equazioni). Attraverso gli altri controlli della finestra potete definire la formattazione dell'indice, poi premete il pulsante **OK** per concludere la procedura.

Riferimenti incrociati

Visto che abbiamo accennato alle didascalie, è opportuno fare un cenno, seppure rapido, ai riferimenti incrociati.

Questi permettono di creare, nel testo, dei rimandi alle didascalie. Una volta creato il rimando, se la numerazione delle didascalie cambia, anche il rimando viene aggiornato di conseguenza.

Fate clic nel punto in cui volete inserire il riferimento incrociato, poi portatevi alla scheda **Riferimenti** e, nel gruppo **Didascalie**, premete il pulsante **Riferimento incrociato**. Word mostrerà la finestra **Riferimenti incrociati** (Figura 20.17).

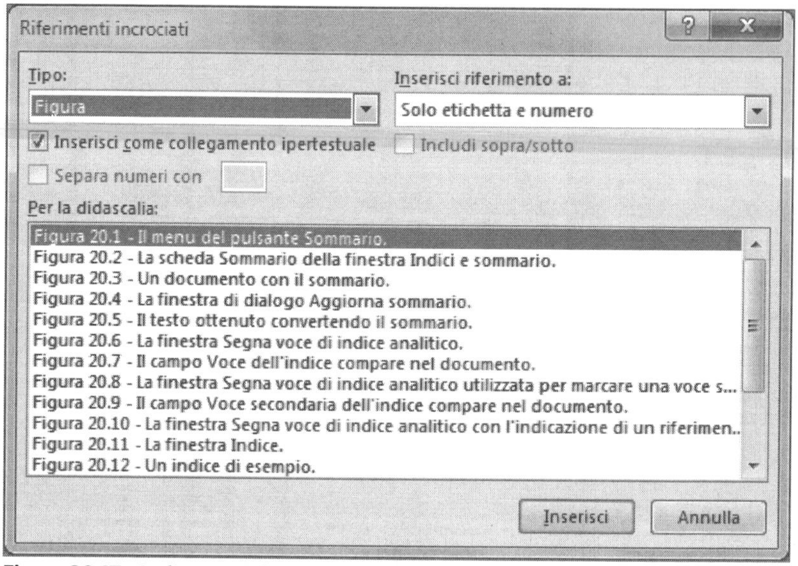

Figura 20.17 - La finestra Riferimenti incrociati.

Dall'elenco a discesa **Tipo**, scegliete il tipo di elemento verso cui volete creare il riferimento. Potete scegliere il punto di un elenco numerato, un titolo o didascalie che usano vari tipi di etichette.

Dal menu **Inserisci riferimento a:** potete scegliere il testo da cui deve essere costituito il riferimento incrociato: il numero di pagina, il numero di paragrafo, il testo della didascalia, il numero della figura ecc.

Nella casella **Per la didascalia** o **Per l'elemento numerato** (il nome di questa casella cambia a seconda del tipo di riferimento incrociato che si sta creando), fate clic sull'elemento a cui volete creare il riferimento.

Se selezionate l'opzione **Inserisci come collegamento ipertestuale**, potrete spostarvi dal riferimento all'elemento a cui punta e viceversa con un doppio clic.

Premete **Inserisci** per concludere la procedura e creare effettivamente il riferimento.

21

Gli strumenti per le lingue

Office dispone di molti strumenti per la gestione delle **lingue straniere**. **Traduttore** e **mini-traduttore** possono essere davvero **utili** per chi ha a che fare con **lingue** diverse dall'italiano.

Office ha sempre dedicato molta attenzione alla scrittura in lingue diverse. Oggi, con Word 2010/13, gli utenti multilingue possono accedere alle funzionalità di gestione delle lingue straniere in modo estremamente semplificato.
Tutte le opzioni relative alle lingue sono disponibili, infatti, in un'unica finestra.
Basta aprire la finestra **Opzioni** (scheda **File** > **Opzioni**) e portarsi nella sezione **Lingua** (Figura 21.1).
Qui sono state riunite tutte le opzioni di gestione delle lingue. Nella parte in alto, potete impostare le lingue da usare per la correzione ortografica, mentre, nella parte in basso, è possibile scegliere la lingua da usare per l'interfaccia utente di Office e la guida.
Per avere a disposizione una lingua diversa da quella predefinita, occorre prima scaricare il Language Pack con il supporto per le lingue. Per trovare il file necessario, potete premere il collegamento **Ottenere lingue aggiuntive per l'interfaccia utente e la guida da Office.com**, segnalato con una freccia nella Figura 21.1.
Il supporto per le lingue deve essere scaricato e installato. Una volta installata la lingua aggiuntiva, la si può scegliere nella finestra che stiamo analizzando. Come si vede, cambiare la lingua è semplice e immediato.

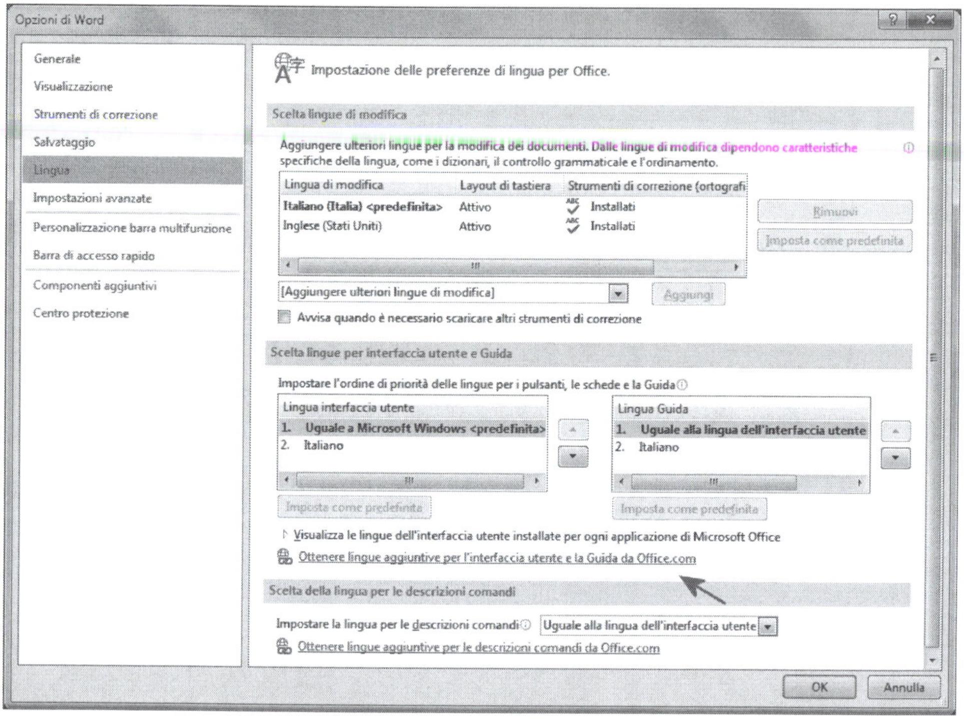

Figura 21.1 - La sezione Lingua della finestra Opzioni.

> **NOTA**
>
> Le funzionalità relative alla gestione delle lingue in Office 2007 erano disponibili tra gli strumenti di Office, quindi come applicazione esterna rispetto alle varie applicazioni di Office. Per accedere a questo strumento, bisognava scegliere **Start > Programmi > Microsoft Office > Strumenti di Microsoft Office > Microsoft Office 2007 Impostazioni lingua**.

Traduttore

Oltre alla possibilità di cambiare la lingua dell'interfaccia utente e della correzione ortografica, Word permette di tradurre una porzione di documento o un intero documento. Per attivare la traduzione, è sufficiente portarsi alla scheda **Revisione** e, nella sezione **Lingua**, scegliere **Traduci testo selezionato** o **Traduci documento** dal menu del pulsante **Traduci**, a seconda del tipo di traduzione che si desidera.

Il testo selezionato non può essere molto lungo, meglio una parola per volta.

Se si avvia la traduzione di testo selezionato, Word mostra sulla destra il riquadro delle attività **Ricerche** (Figura 21.2).

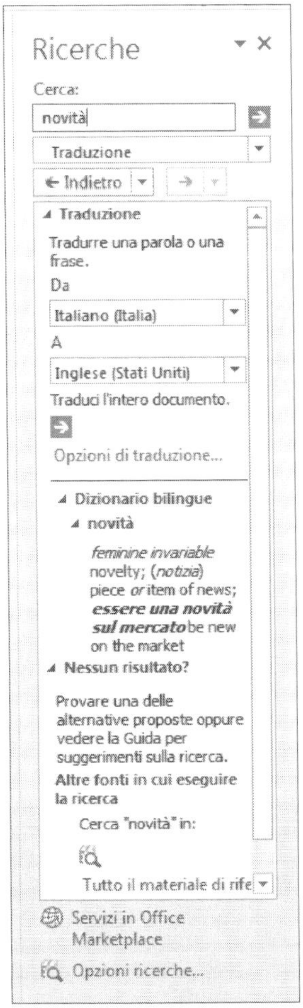

Figura 21.2 - Il riquadro delle attività Ricerche.

Qui si possono scegliere le lingue coinvolte nella traduzione e quindi leggere il testo tradotto.

> **NOTA**
>
> La funzionalità di traduzione in altre lingue è disponibile in Excel, OneNote, Outlook, PowerPoint, Publisher e Visio. Per poterne usufruire, comunque, bisogna essere connessi a Internet.

Se, invece, si sceglie di tradurre l'intero documento, innanzitutto vi verrà chiesta la lingua verso cui volete effettuare la traduzione; inoltre, la prima volta che accedete a questo servizio, occorre abilitare i **servizi online**. Per farlo basta fare clic sull'apposito collegamento, visibile nella Figura 21.3, in basso.

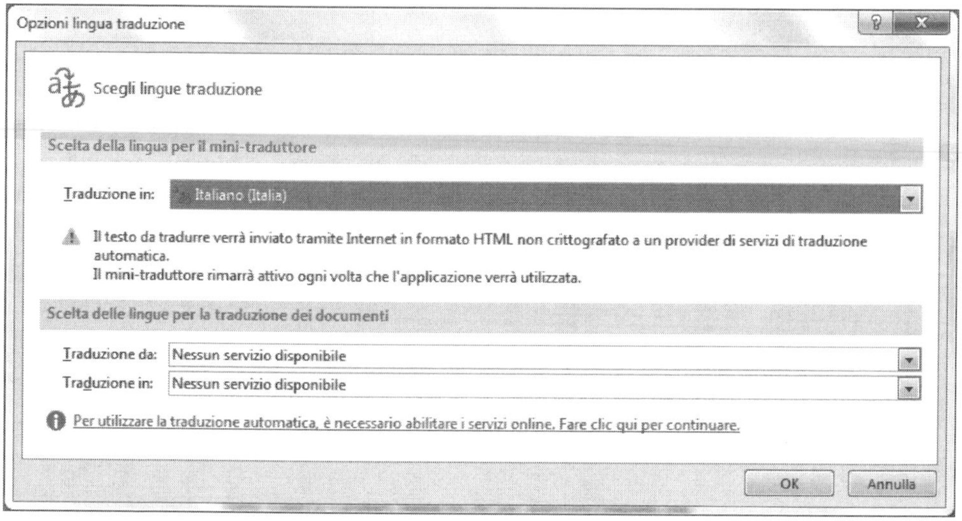

Figura 21.3 - Avviare la traduzione dell'intero documento.

Per avviare la traduzione vera e propria, nella finestra della Figura 21.3 premete il pulsante **OK**. Word vi avvisa che il vostro testo sarà inviato su Internet per la traduzione e ve ne chiede la conferma (Figura 21.4).

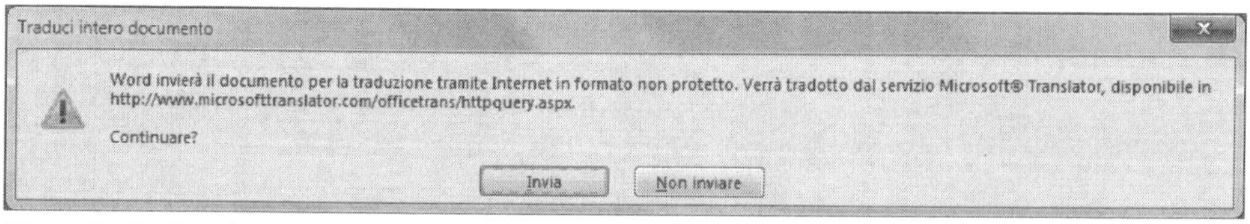

Figura 21.4 - Word chiede di confermare l'invio del testo per la traduzione.

Premete **Invia** per proseguire. Dopo qualche istante (il tempo sarà più o meno lungo a seconda della lunghezza del documento da tradurre), verrà aperto il browser con la traduzione del testo del vostro documento. Eventualmente copiatela e incollatela in Word.

Mini-traduttore

Il mini-traduttore permette di visualizzare la traduzione in una lingua scelta della parola su cui si passa con il puntatore del mouse. È uno strumento molto comodo, per esempio, quando si sta leggendo un testo in lingua straniera e si ignora il significato solo di alcune parole.

Per visualizzare una traduzione in una lingua non è nemmeno necessario che nel computer siano installati il Language Pack o gli strumenti di correzione per la lingua in questione. È davvero uno strumento utile. Vediamo subito come usarlo: per prima cosa, il mini-traduttore deve essere attivato. La prima volta che lo si usa occorre anche specificare la lingua verso cui si vuole vedere la traduzione. Nella scheda **Revisione**, nel gruppo **Lingua**, aprite il menu del pulsante **Traduci** e scegliete **Mini-traduttore**. Vi verrà mostrata una finestra identica a quella della Figura 21.3, in cui, nella sezione **Scelta della lingua per il mini-traduttore**, potete scegliere la lingua verso la quale desiderate che il mini-traduttore effettui la traduzione.

NOTA

Questa lingua rimane impostata per ogni uso successivo del mini-traduttore, anche per gli altri programmi della suite (Outlook, PowerPoint e OneNote) che dispongono di questo strumento.
Dopo la prima volta, quando si attiva il mini-traduttore non verrà più chiesto di specificare la lingua da usare.

Se, in un secondo momento, vorrete cambiare la lingua, basterà riaprire il menu del pulsante **Lingua** e scegliere **Scegli lingua traduzione**.
Torniamo al mini-traduttore. Una volta che lo si è attivato, è sufficiente sostare con il puntatore del mouse sulla parola o sulla selezione di parole di cui si vuole vedere la traduzione: dopo pochi secondi comparirà un rettangolo grigio semitrasparente con la traduzione.
Se si sposta il puntatore del mouse su questo rettangolo, il suo sfondo grigio diventa più opaco (Figura 21.5) e si possono usare le opzioni di questo strumento.

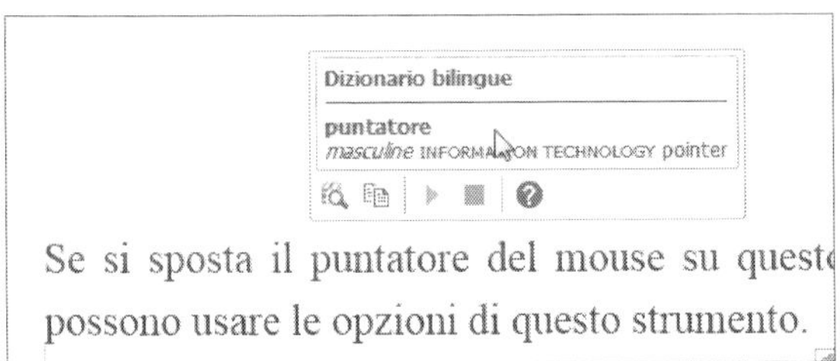

Figura 21.5 - Il mini-traduttore.

Se si preme il pulsante **Copia**, si potrà copiare il testo tradotto per poi incollarlo.
Invece, usando il pulsante **Espandi**, si può aprire lo strumento normale di traduzione nel riquadro delle attività a destra della schermata.
Il mini-traduttore è capace anche di leggervi la traduzione, in modo che possiate essere sicuri della sua pronuncia: basta fare clic sul pulsante **Riproduci** per fare in modo che il mini-traduttore legga la parola o le parole che ha tradotto.

22

Creare un nuovo modello di file

In questo capitolo faremo conoscenza con i modelli di Word. Impareremo a usarli e a creare dei modelli personalizzati.

Quando si crea un nuovo file, è possibile basarlo su un modello, ovvero un file con elementi già pronti che potete poi adattare alle vostre esigenze.
In realtà, avviene sempre qualcosa di simile: infatti, quando create un nuovo file, Word "sa" già quale dimensione deve avere la pagina, quale carattere usare e a quale dimensione. Conosce anche i margini della pagina e dispone di stili predefiniti. Tutte queste informazioni sono salvate nel file Normal.dotm, che Word usa come modello per ogni file vuoto che si crea.
Al momento dell'installazione di Office, però, sono resi disponibili anche modelli aggiuntivi sul sito Office.com. Questi modelli sono più "ricchi" rispetto a Normal, che contiene solo le informazioni base e, per il resto, è vuoto. I modelli di cui stiamo parlando contengono già elementi grafici e contenuto.
Vediamo subito come utilizzarli.
Portatevi alla scheda **File**, nella sezione **Nuovo** (Figura 22.1).

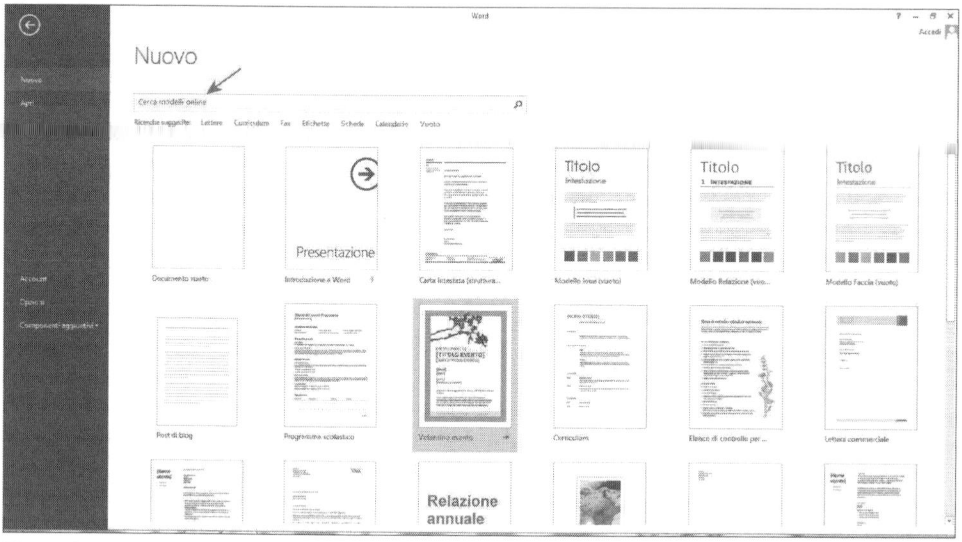

Figura 22.1 - La sezione Nuovo della scheda File.

Qui trovate le anteprime di alcuni dei modelli disponibili online. Per visualizzarne altri, fate una ricerca utilizzando la casella **Cerca modelli online**.
Quando avete individuato il modello che fa per voi, fate clic sulla sua miniatura (Figura 22.2).

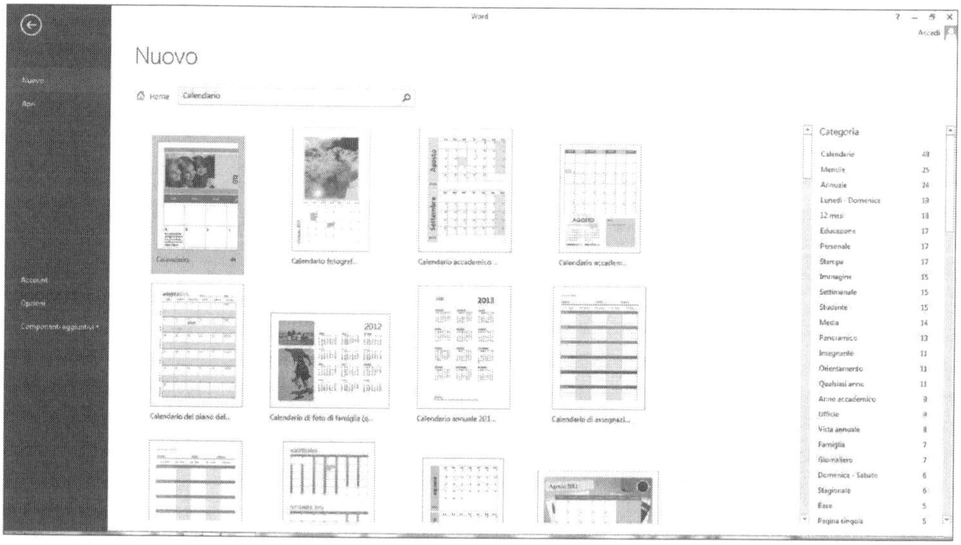

Figura 22.2 - La miniatura di un modello.

Word lo scaricherà per voi dal sito Microsoft (Figura 22.3) e creerà un nuovo file sulla base di questo modello.

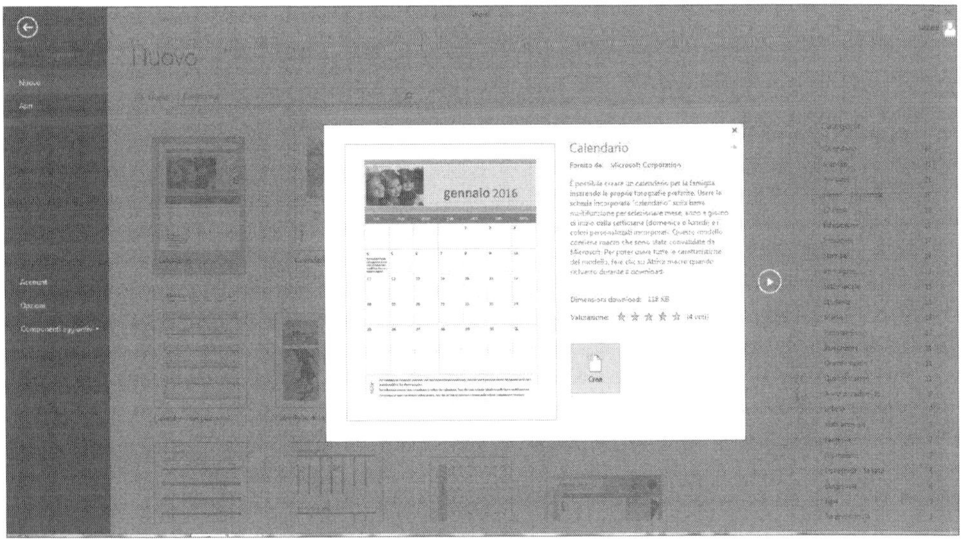

Figura 22.3 - Word scarica il modello dal sito Microsoft.

Il nuovo file conterrà già tutti gli elementi presenti nel modello e potrà poi essere arricchito con contenuto personalizzato.
È bene tenere presente che il nuovo file è distinto dal modello.
Eventuali modifiche apportate al nuovo file non si riflettono nel modello.
Potete usare e salvare il nuovo file esattamente come se fosse creato ex novo da voi.

Creare modelli personalizzati

Nonostante Microsoft fornisca moltissimi modelli sia installati in locale, sia da scaricare dal sito Microsoft, è praticamente impossibile riuscire a soddisfare le esigenze di tutti gli utenti.
Naturalmente ognuno di noi ha le sue necessità e i tipi di documenti di uso più comune sono diversi. Quasi tutti, però, abbiamo bisogno di creare spesso documenti dello stesso tipo che magari modifichiamo solo di poco.
Bene, l'ideale è creare un **modello personalizzato**, ovvero un file generico con tutte le caratteristiche comuni a questi documenti, salvarlo come modello e poi usarlo come base quando dobbiamo creare un nuovo documento di quel tipo.
Come esempio, creeremo un modello di verbale di riunione.

Innanzitutto abbiamo scritto in un nuovo documento un verbale generico, senza date, nomi o orari (Figura 22.4).

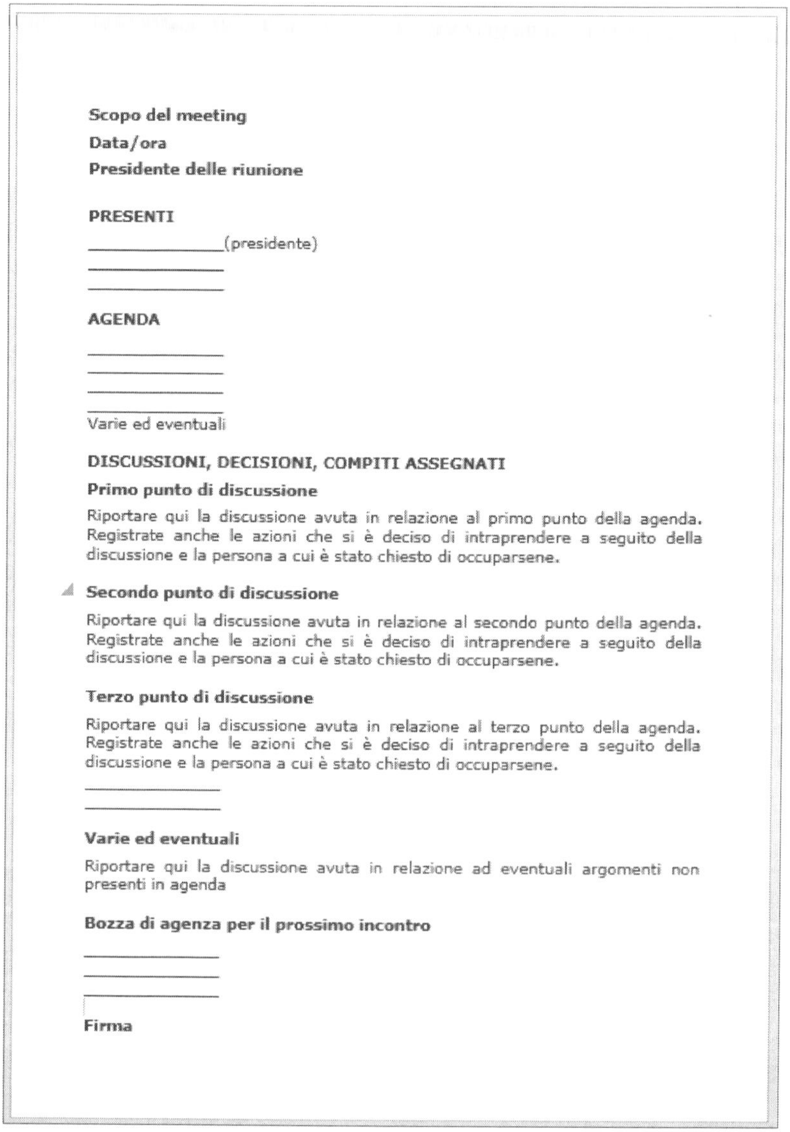

Scopo del meeting
Data/ora
Presidente delle riunione

PRESENTI

_____________(presidente)
____
____

AGENDA

____
____
____
____
Varie ed eventuali

DISCUSSIONI, DECISIONI, COMPITI ASSEGNATI

Primo punto di discussione

Riportare qui la discussione avuta in relazione al primo punto della agenda. Registrate anche le azioni che si è deciso di intraprendere a seguito della discussione e la persona a cui è stato chiesto di occuparsene.

Secondo punto di discussione

Riportare qui la discussione avuta in relazione al secondo punto della agenda. Registrate anche le azioni che si è deciso di intraprendere a seguito della discussione e la persona a cui è stato chiesto di occuparsene.

Terzo punto di discussione

Riportare qui la discussione avuta in relazione al terzo punto della agenda. Registrate anche le azioni che si è deciso di intraprendere a seguito della discussione e la persona a cui è stato chiesto di occuparsene.

____
____

Varie ed eventuali

Riportare qui la discussione avuta in relazione ad eventuali argomenti non presenti in agenda

Bozza di agenza per il prossimo incontro

____
____
____

Firma

Figura 22.4 - Un verbale generico.

Una volta che il verbale è pronto, possiamo salvarlo.
Portatevi alla vista **Backstage** e, quindi, nella sezione **Salva con nome**; qui premete (senza preoccuparvi della posizione in cui salvare il file) il pulsante **Sfoglia**. Visualiz-

zerete la finestra **Salva con nome** (Figura 22.5): qui dovete scegliere **Modello di Word (*.dotx)** come tipo di file.

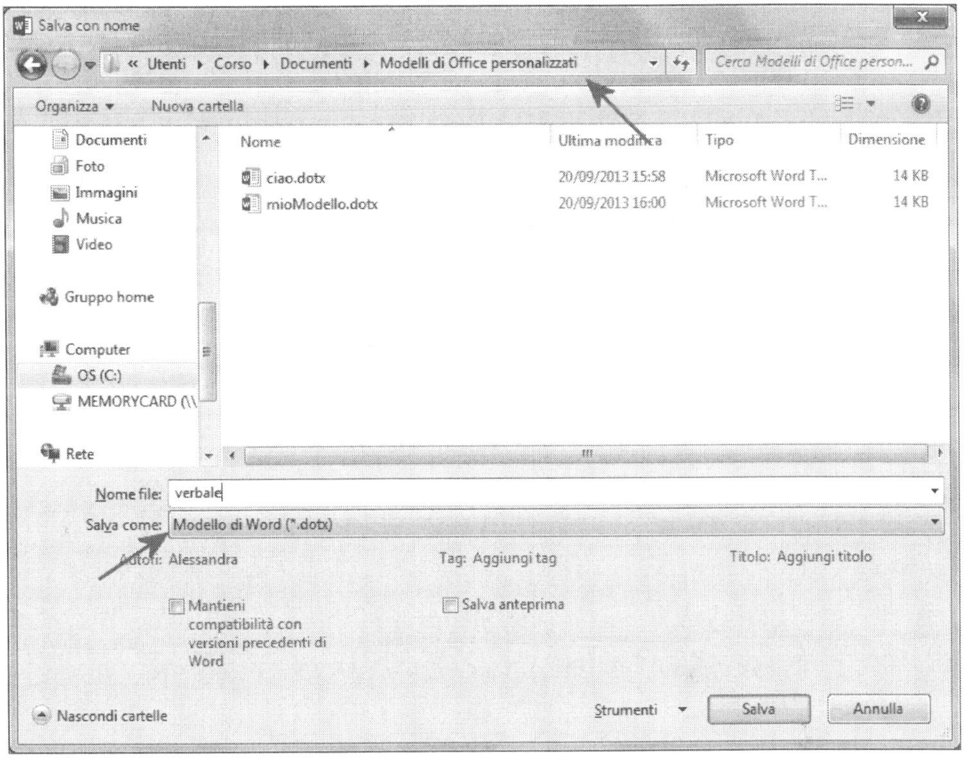

Figura 22.5 - Salvare un file come modello.

NOTA

I file di modello di Word hanno estensione **.dotx** (o .dotm). La t che sostituisce la c normalmente presente nell'estensione del file sta per template, ossia "modello", in inglese.

Sarete immediatamente portati alla cartella Modelli di Office personalizzati creata automaticamente da uno qualsiasi dei programmi Office la prima volta che si tenta di creare un modello personalizzato.

Salvate il file in questa posizione. Se, invece, volete creare una cartella di modelli in una posizione diversa, fatelo pure, ma poi (in seguito vedremo come fare) dovete segnalare a Word la nuova cartella dei modelli personalizzati.

D'ora in avanti, se volete creare un nuovo file sulla base di questo modello, portatevi al **Backstage**, nella sezione **Nuovo**: notate che ora compare la voce **Personali** (Figura 22.6). Fate clic su di essa per visualizzare i vostri modelli personali.

Figura 22.6 - La finestra Nuovo.

Fate doppio clic sull'icona di un modello per avviare la creazione di un file sulla sua base: in questo caso, fate doppio clic su **Verbale**.

> **NOTA**
> Se nella cartella dei modelli ci sono delle sottocartelle, ciascuna di esse si trasforma in una scheda della finestra **Nuovo**. Questo vi permette di mantenere ordine nei vostri modelli utente.

Modificare un modello

Se volete modificare un modello, occorre riaprire il file originale .dotx.

Portatevi nel **Backstage** e scegliete **Apri**, quindi scegliete il pulsante **Sfoglia**. Word vi mostrerà la finestra **Apri** (Figura 22.7).

Portatevi nella cartella dei modelli, mentre, dall'elenco a discesa **Tipo file**, scegliete **Modelli di Word (*.dotx)**.

Individuate il modello da aprire e fate doppio clic su di esso.

Apportate le modifiche al modello e poi salvatelo semplicemente premendo il pulsante **Salva** sulla barra di accesso rapido.

Occorre che vi abituiate a distinguere il file di modello dai file basati sul modello stesso. La Figura 22.8 mostra, in alto, il file verbale.dotx aperto e, in basso, un file creato usando questo modello. Osservate le diverse barre del titolo.

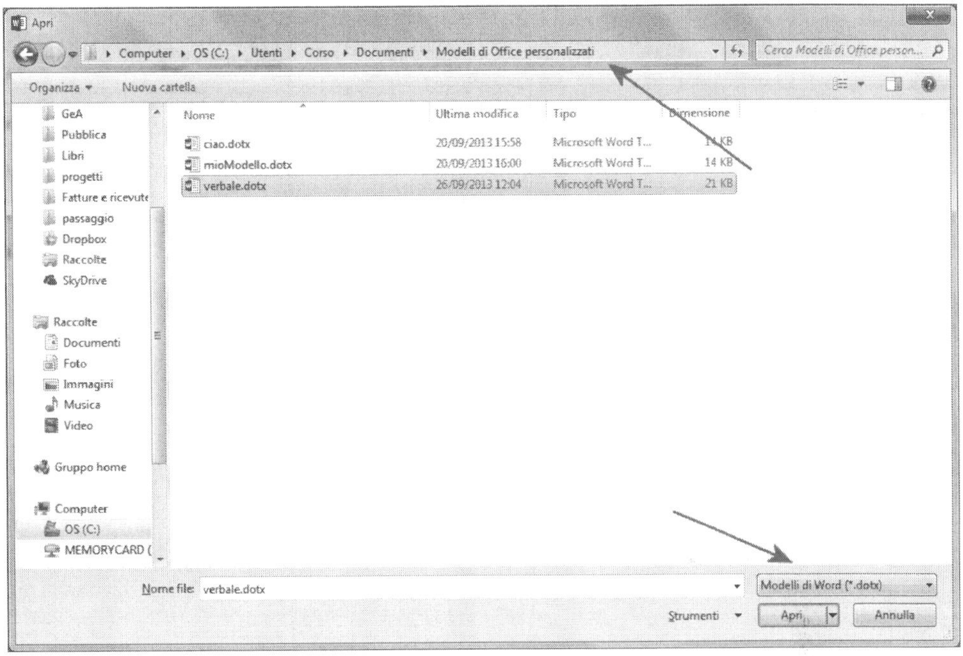

Figura 22.7 - La finestra Apri.

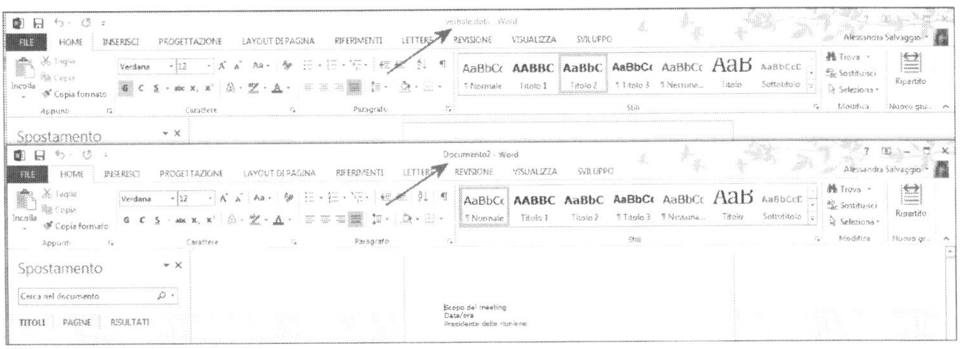

Figura 22.8 - In alto il modello, in basso un documento basato su di esso.

Definire la cartella dei modelli personali

Abbiamo visto che, quando si crea un modello, Word automaticamente definisce la cartella dei modelli personali, nella quale vi porta ogni volta che create un nuovo modello.
La scheda **Nuovo** del **Backstage**, poi, elenca fra i modelli personali solo i file presenti in questa cartella.
E se si volesse usare un'altra cartella o si disponesse già di una cartella per i modelli, magari creata lavorando con le precedenti versioni di Word?
Non c'è problema; bisogna, però, "comunicarlo" a Word.
Aprite le risorse del computer, individuate la cartella che volete usare e copiatene il percorso. Tornate a Word e scegliete **File > Opzioni** per aprire la finestra **Opzioni**, quindi portatevi alla scheda **Salvataggio** e incollate il percorso che avete copiato nella casella **Percorso predefinito modelli personali** (Figura 22.9).

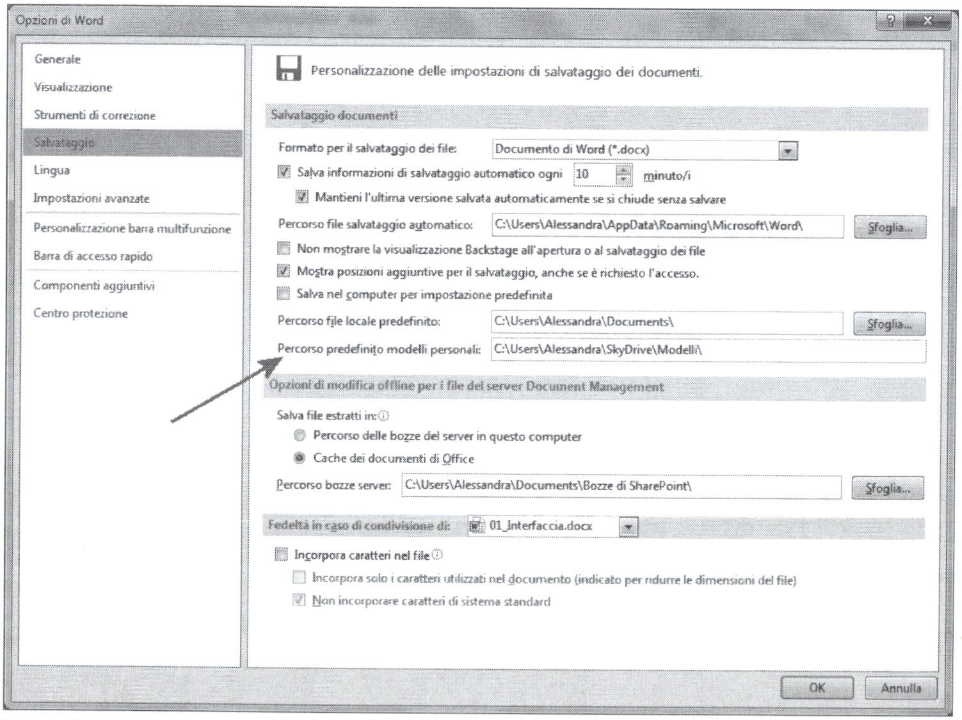

Figura 22.9 - Visualizzare i modelli personali.

NOTA

Questa operazione va ripetuta in tutte le applicazioni Office in cui vi interessa usare modelli personali.

23

La stampa

In questo capitolo ci occuperemo della stampa, che è l'esito principale dei documenti scritti con Word.

Anteprima di stampa

Prima di mandare in stampa un documento può essere utile visualizzarlo in **Anteprima di stampa**, cioè in una visualizzazione che simula l'aspetto effettivo che il documento avrà in stampa.

Per vedere un'**Anteprima di stampa** portatevi nel **Backstage** (scheda **File**) e fate clic sulla voce **Stampa**.

Accanto alle opzioni di stampa, Word mostra l'anteprima di stampa. In basso a sinistra ci sono i pulsanti per passare alle diverse pagine, mentre in basso a destra si trova il controllo per aumentare o diminuire lo zoom dell'anteprima di stampa.

Le opzioni di stampa

Da tutte le visualizzazioni di Word si può lanciare la stampa di un file scegliendo la voce **Stampa** del **Backstage**.

Qui trovate, oltre all'Anteprima di stampa di cui abbiamo parlato prima, tutte le opzioni per configurare la stampa. Le impostazioni di stampa possono variare leggermente a seconda della stampante installata e delle sue capacità.

Noi cercheremo di descrivere le opzioni più comuni, immaginando di lavorare con una normale stampante A4.

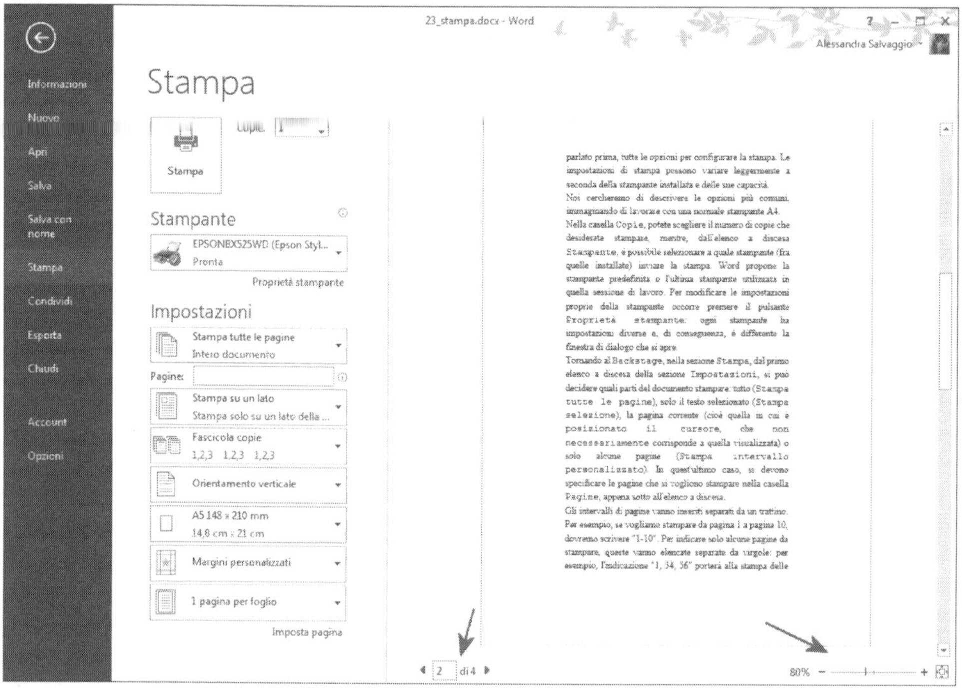

Figura 23.1 - L'anteprima di stampa.

Nella casella **Copie**, potete scegliere il numero di copie che desiderate stampare, mentre, dall'elenco a discesa **Stampante**, è possibile selezionare a quale stampante (fra quelle installate) inviare la stampa. Word propone la stampante predefinita o l'ultima stampante utilizzata in quella sessione di lavoro. Per modificare le impostazioni proprie della stampante occorre fare clic sul collegamento **Proprietà stampante**: ogni stampante ha impostazioni diverse e, di conseguenza, è differente la finestra di dialogo che si apre.

Tornando al **Backstage**, nella sezione **Stampa**, dal primo elenco a discesa della sezione **Impostazioni**, si può decidere quali parti del documento stampare: tutto (**Stampa tutte le pagine**), solo il testo selezionato (**Stampa selezione**), la pagina corrente (cioè quella in cui è **posizionato il cursore**, che **non necessariamente** corrisponde a quella visualizzata) o solo alcune pagine (**Stampa personalizzata**). In quest'ultimo caso, si devono specificare le pagine che si vogliono stampare nella casella **Pagine**, appena sotto l'elenco a discesa.

Gli intervalli di pagine vanno inseriti separati da un trattino. Per esempio, se vogliamo stampare da pagina 1 a pagina 10, dovremo scrivere "1-10". Per indicare solo alcune pagine da stampare, queste vanno elencate separate da virgole: per esempio, l'indicazione "1, 34, 56" porterà alla stampa delle pagine 1, 34 e 56.
Esistono degli intervalli di stampa predefiniti da Word che possono essere definiti dall'elenco a discesa che stiamo descrivendo: infatti si può scegliere di stampare solo le **pagine pari** o solo le **pagine dispari**. Questa opzione è molto utile nel caso si voglia stampare fronte-retro e non si disponga di una stampante in grado di gestire questa modalità automaticamente. Per ottenere semplicemente il fronte-retro, occorre realizzare la stampa in due tempi: prima si stampano tutte le pagine dispari, quindi si infila nuovamente la carta **capovolta** nella stampante e, infine, si stampano le pagine pari.

NOTA

Per trovare il modo giusto in cui reinserire la carta nella stampante, dovete fare un po' di prove: dipende, infatti, da come la carta viene caricata dalla vostra stampante.

Dal secondo elenco a discesa della sezione si può scegliere se si vuole stampare solo un lato della carta, fronte-retro, oppure su entrambi i lati, ma con la carica manuale della carta dopo che è stato stampato il primo lato.
Nel terzo elenco a discesa, per impostazione predefinita, è selezionata l'opzione **Fascicola copie**: questo significa che, in caso di stampa di più copie, queste vengono stampate complete in sequenza (per esempio, se vogliamo due copie, Word stamperà prima tutte le pagine della prima copia e poi tutte le pagine della seconda). Se, invece, si seleziona l'opzione **Non fascicolare**, ogni pagina viene stampata il numero di volte indicato una in fila all'altra (per esempio, se vogliamo due copie, Word stamperà due volte la pagina 1, poi due volte la pagina 2 e così via).
Gli elenchi a discesa ancora più sotto permettono di definire l'orientamento della carta, la dimensione del foglio e i margini. Se non si sceglie nulla, valgono le impostazioni definite per il documento.
Per finire, dall'ultimo elenco a discesa si può impostare il numero di pagine da stampare su ogni singolo foglio.
Una volta scelte tutte le impostazioni di stampa, basta premere il pulsante **Stampa**, nella parte alta della schermata, per inviare effettivamente in stampa il documento.

24

La stampa unione

In questo capitolo ci occuperemo della possibilità di gestire stampe multiple di lettere da inviare a più destinatari. Impareremo anche a stampare gli indirizzi sulle buste e le etichette.

Per questo tipo di operazione abbiamo bisogno di completare cinque passaggi:

1. creare una sorgente di dati con i nomi e gli indirizzi dei destinatari della nostra lettera: questo passaggio può essere saltato se già si dispone di una sorgente di dati;
2. creare il documento che deve essere stampato;
3. indicare quale sorgente dati si vuole utilizzare;
4. inserire nel documento i segnaposto per i dati da prendere dalla sorgente dati;
5. creare il documento finito (o anche solo le stampe) in cui sono inseriti i dati provenienti dalla sorgente.

Nei paragrafi che seguono mostreremo come completare tutte queste operazioni. Per ora anticipiamo che tutti i controlli necessari per gestire la stampa unione si trovano nella scheda **Lettere** della barra multifunzione (Figura 24.1). Nel corso del capitolo faremo sempre riferimento a questa scheda, a meno che non si indichi espressamente qualcosa di diverso.

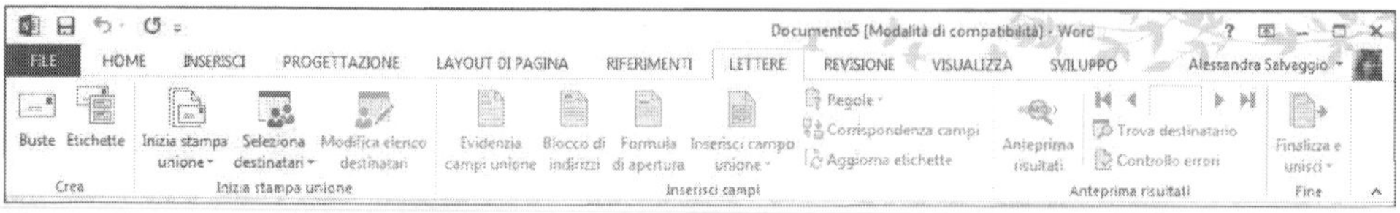

Figura 24.1 - La scheda Lettere della barra multifunzione.

1 - Creare un archivio di indirizzi

Per la stampa, potete utilizzare diverse sorgenti di dati: database di diverso formato, la rubrica di Outlook, un foglio elettronico, un file di testo, la rubrica di sistema di Windows ecc.

Se non disponete di un elenco già pronto, Word vi permette anche di creare un'origine dati in formato Access 97-2003 (.mbd) dall'interno di Word stesso, il tutto con una semplice creazione guidata. Una volta creata, questa origine dei dati può essere usata in altri file e gestita come un'origine dati esistente.

Per prima cosa spiegheremo come creare questa origine dei dati all'interno di Word. Più avanti, vi spiegheremo come utilizzare un'origine dati esistente.

Portatevi alla scheda **Lettere** e, nel gruppo **Inizia stampa unione**, premete il pulsante **Seleziona destinatari**. Dal relativo menu, scegliete **Crea un nuovo elenco**.

Word visualizzerà la finestra **Nuovo elenco indirizzi** (Figura 24.2).

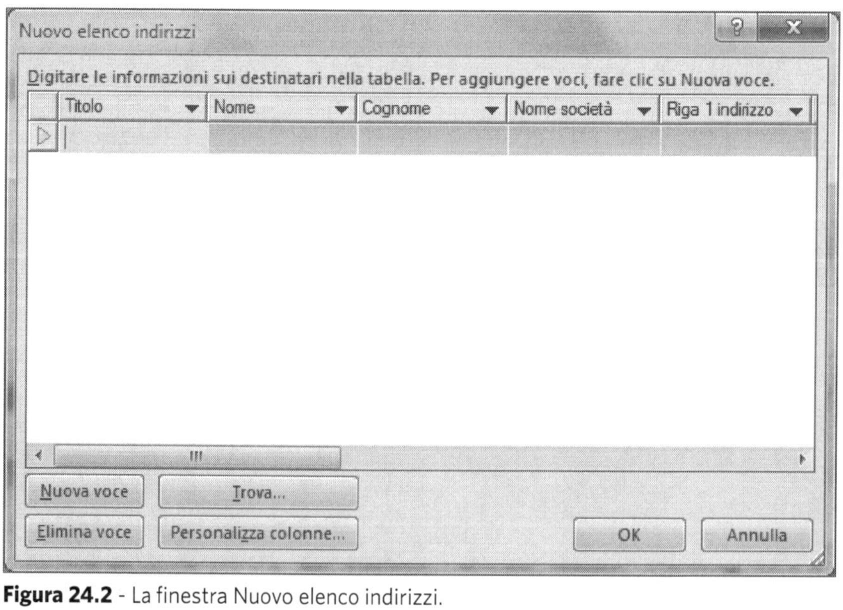

Figura 24.2 - La finestra Nuovo elenco indirizzi.

Potete cominciare a riempire la finestra con i dati del primo contatto. Per crearne uno nuovo, premete il pulsante **Nuova voce**.

Se volete personalizzare le voci disponibili, cambiandone l'ordine o creandone di nuove, premete il pulsante **Personalizza colonne**. Word visualizzerà la finestra **Personalizza elenco indirizzi** (Figura 24.3).

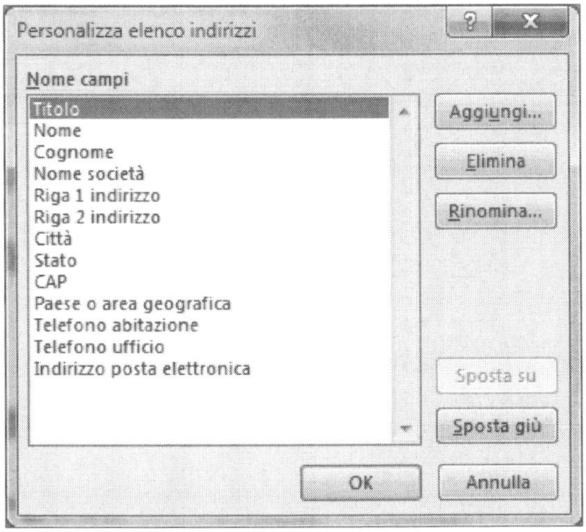

Figura 24.3 - La finestra Personalizza elenco indirizzi.

Utilizzando i comandi della finestra, potete aggiungere, eliminare e spostare le diverse voci. Premete **OK** per concludere e tornare alla finestra **Nuovo elenco indirizzi** (Figura 24.2).

Terminate di inserire tutti i vostri contatti, poi premete il pulsante **Chiudi**. Word vi chiede di salvare la sorgente dati (Figura 24.4). In base all'impostazione predefinita, Word vi propone di salvare l'elenco nella cartella delle origini dati utente la cui posizione varia a seconda della versione di Windows in uso.

Può essere utile lasciare i dati in questa posizione, perché questa è anche la cartella predefinita in cui verranno cercate le origini dati. Se in seguito si deciderà di utilizzare lo stesso elenco indirizzi per un'altra stampa unione, non sarà necessario scorrere tutti i file e le cartelle per individuare la sorgente dati.

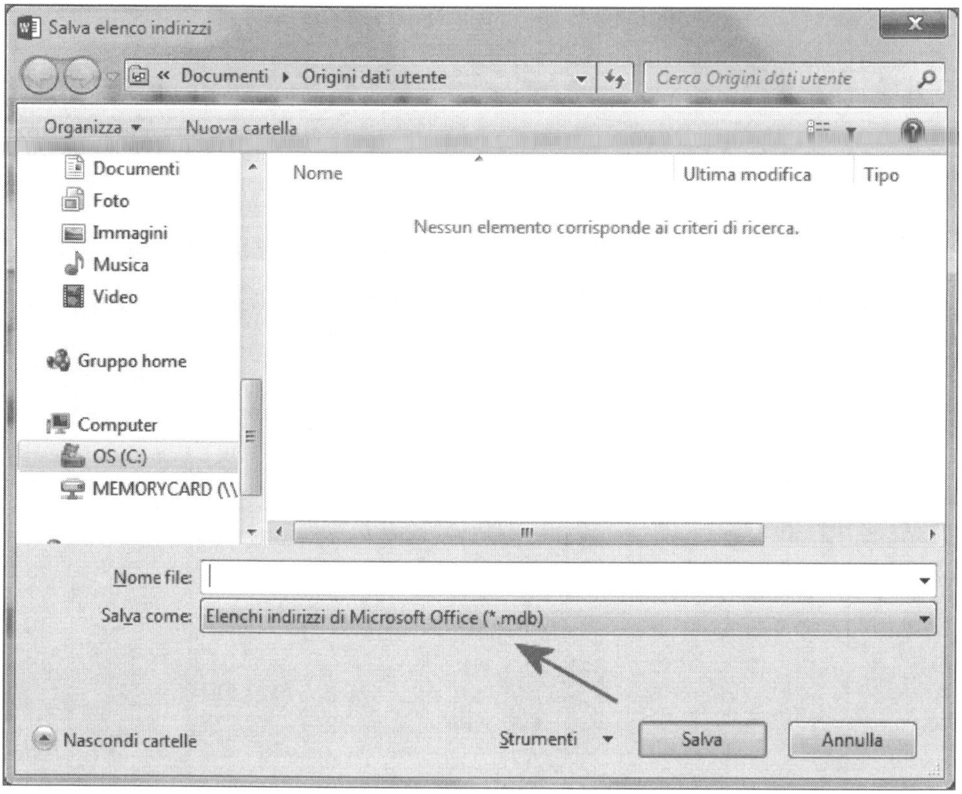

Figura 24.4 - Salvare l'origine dei dati.

2 - Creare il documento da stampare in più copie

Ora dobbiamo creare il documento da stampare in più copie e indicare a Word di che tipo di documento si tratta.

Per farlo, nel gruppo **Inizia stampa unione** premete il pulsante **Inizia stampa unione**. Dal relativo menu (Figura 24.5), scegliete il tipo di documento che volete creare.

Come vedete, avete varie possibilità. Per ora ci occupiamo delle lettere (più avanti parleremo di buste ed etichette); quindi selezionate questa opzione e cominciate a scrivere il testo della lettera da spedire in più copie.

> **NOTA**
>
> Se volete usare per la stampa unione un documento basato su un modello, prima di avviare la procedura della stampa unione create il nuovo documento, poi proseguite come abbiamo spiegato. Ovviamente, non sarà necessario scrivere il contenuto del documento.

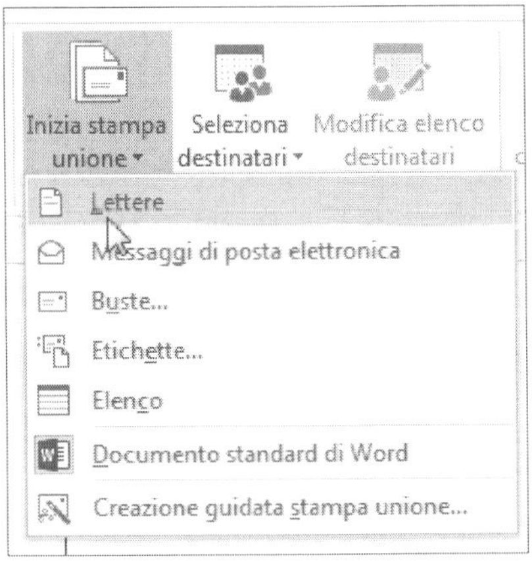

Figura 24.5 - Il menu del pulsante Inizia stampa unione.

3 - Selezionare l'origine dei dati da utilizzare

Sia che abbiate creato l'elenco degli indirizzi come abbiamo spiegato sopra, sia che vogliate usarne uno esistente, occorre indicare a Word quale elenco volete utilizzare. Sempre nel gruppo **Inizia stampa unione**, premete di nuovo il pulsante **Seleziona destinatari**. Dal relativo menu, questa volta scegliete **Usa elenco esistente** o **Seleziona dai contatti di Outlook**.

Nel primo caso, vi sarà chiesto di selezionare il file degli indirizzi. In base all'impostazione predefinita, Word vi propone di cercare l'elenco nella cartella delle origini dati utente la cui posizione varia, come abbiamo già visto, a seconda della versione di Windows in uso. Voi portatevi alla cartella che vi occorre.

Nel secondo caso, vi sarà chiesto quale cartella di contatti importare (Figura 24.6).

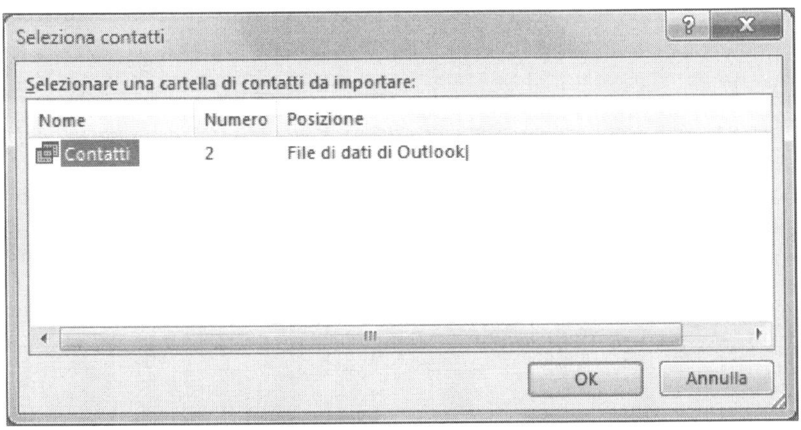

Figura 24.6 - Scegliere quali contatti importare.

Molto probabilmente, come nel caso della Figura 24.6, disponete di un solo elenco di contatti. Selezionatelo per proseguire. Altrimenti selezionate l'elenco che vi occorre e proseguite.
Ora Word vi chiederà di effettuare una selezione sui contatti di Outlook (Figura 24.7)

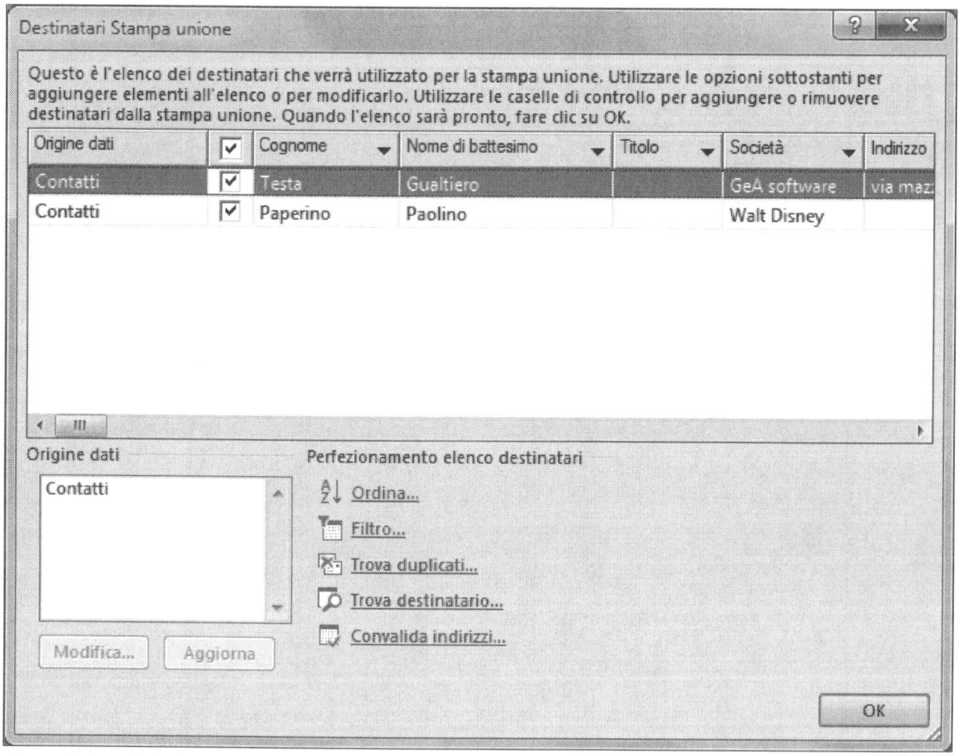

Figura 24.7 - Selezionare i contatti.

Questa selezione dei destinatari può essere effettuata anche se avete scelto di usare un elenco che non deriva da Outlook, ma da un file indipendente. Il tutto avviene in una finestra identica a quella della Figura 24.7, anche se Word non la apre automaticamente come in questo caso.
Per aprirla, nel gruppo **Inizia stampa unione** fate clic sul pulsante **Modifica elenco destinatari**.
Una volta effettuate le selezioni (ovviamente non è obbligatorio operare una selezione, potete scegliere di stampare la vostra lettera per tutti gli indirizzi del file o dei contatti di Outlook), chiudete la finestra **Destinatari stampa unione** (Figura 24.7).

4 - Inserire nel documento i segnaposto per i dati

Quando avete selezionato i destinatari delle vostre lettere, Word attiva i pulsanti del gruppo **Inserisci campi** della scheda **Lettere** della barra multifunzione.
Con questi pulsanti potrete inserire i segnaposto (chiamati **Campi unione**), che saranno sostituiti dai dati ricavati dalla sorgente che avete selezionato.
Con alcuni pulsanti (**Blocco di indirizzi**, **Formula di apertura**...) Word vi propone alcune soluzioni predefinite, che potete utilizzare a vostro piacimento, per la disposizione dei campi della sorgente dati nella vostra lettera.
Queste soluzioni preimpostate già contengono i segnaposto per i dati dei destinatari. Questo funziona, purché i vostri dati di origine siano organizzati in campi con nomi standard (cognome, nome, indirizzo...) che Word può riconoscere. Se così non fosse, occorre stabilire una corrispondenza fra i nomi dei campi di Word e i nomi dei campi del vostro file. Per fare questo, sempre nel gruppo **Inserisci campi**, premete il pulsante **Corrispondenza campi**.
Word aprirà la finestra **Corrispondenza campi** (Figura 24.8).

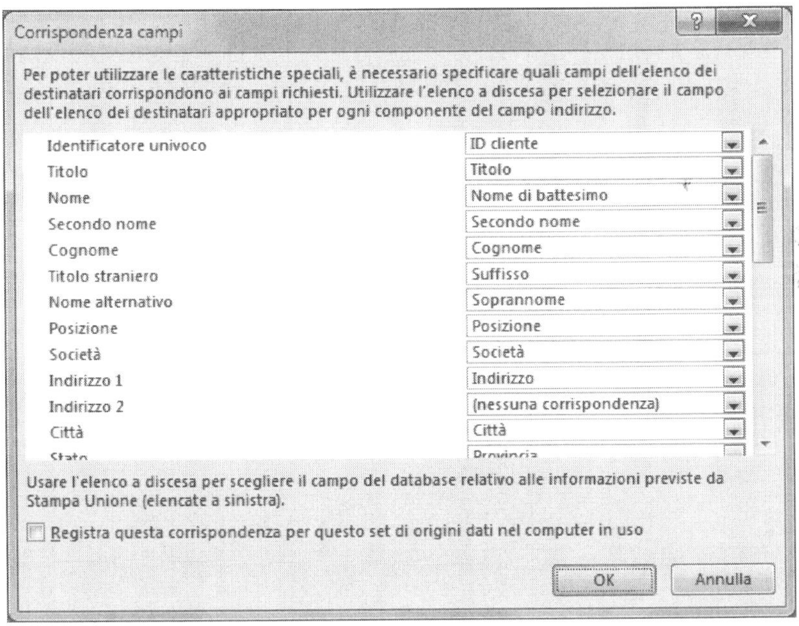

Figura 24.8 - La finestra Corrispondenza campi.

Sulla sinistra trovate l'elenco di tutti i campi predefiniti di Word. Dagli elenchi di destra selezionate, campo per campo, a quale campo della vostra origine ogni campo di sinistra corrisponde. Se non c'è corrispondenza, scegliete la voce **Nessuna corrispondenza**.

Se volete evitare di usare una soluzione preimpostata, per avere più controllo sulla disposizione dei campi, potete selezionare manualmente i campi da inserire e disporli come preferite. In questo caso, premete il pulsante **Inserisci campo unione**. Nel suo menu, trovate l'elenco dei campi presenti nel file con gli indirizzi che potete utilizzare (Figura 24.9).

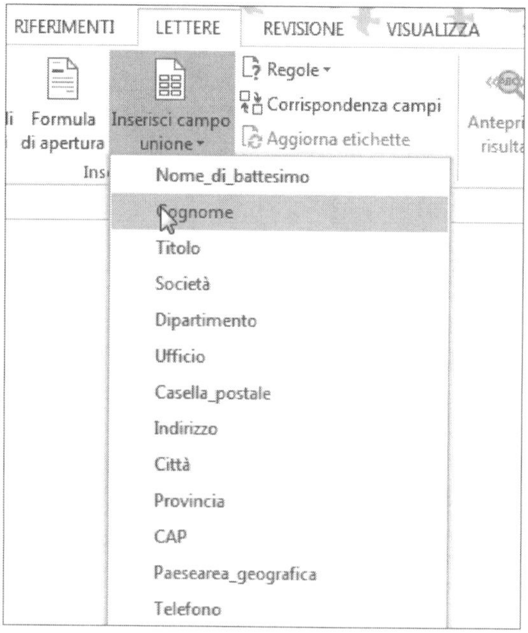

Figura 24.9 - Il menu del pulsante Inserisci campo unione.

Selezionate il primo campo che volete inserire, poi ripetete la procedura per inserire tutti i campi che desiderate.

I campi che avete selezionato sono stati inseriti nella vostra lettera. Separateli con uno spazio e, se necessario, disponeteli su più righe e formattateli opportunamente (Figura 24.10).

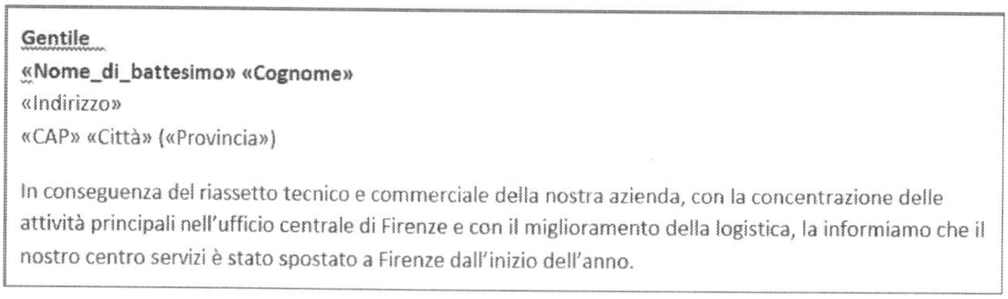
Gentile
«Nome_di_battesimo» «Cognome»
«Indirizzo»
«CAP» «Città» («Provincia»)

In conseguenza del riassetto tecnico e commerciale della nostra azienda, con la concentrazione delle attività principali nell'ufficio centrale di Firenze e con il miglioramento della logistica, la informiamo che il nostro centro servizi è stato spostato a Firenze dall'inizio dell'anno.

Figura 24.10 - I campi inseriti nella lettera.

5 - Completare l'unione: creare i documenti uniti o le stampe

Comunque abbiate inserito i campi unione (segnaposto) nel documento, è ora di sostituirli con i dati provenienti dalla vostra origine.
Nel gruppo **Fine**, premete il pulsante **Finalizza e unisci**. Nel relativo menu trovate tutte le opzioni necessarie (Figura 24.11).

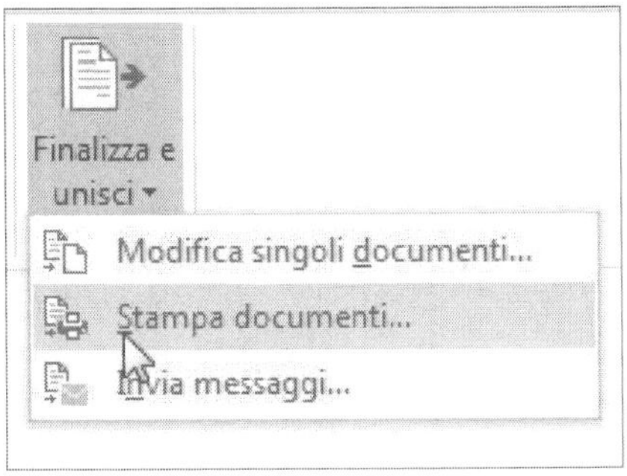

Figura 24.11 - Il menu del pulsante Finalizza e unisci.

Avete tre possibilità:

1. se scegliete **Modifica singoli documenti**, Word vi chiederà se volete creare un nuovo documento con tutti i dati o solo una parte di essi (in questo caso dovete indicare il numero del primo e dell'ultimo documento da stampare), poi creerà un nuovo documento con tutte le vostre lettere. Fra una lettera e l'altra Word inserisce un'interruzione di sezione. Se volete, potete salvare il nuovo documento;
2. se, invece, scegliete **Stampa documenti**, Word vi chiederà se volete stampare tutti i dati o solo una parte (in questo caso dovete indicare il numero del primo e dell'ultimo documento da stampare), poi concluderà la procedura stampando le vostre lettere;
3. se scegliete **Invia messaggi**, le vostre lettere verranno inviate via e-mail. Oltre a chiedervi, come negli altri casi, se volete inviare l'e-mail a tutti i destinatari o solo ad alcuni, Word vi chiederà di specificare il formato da utilizzare per l'e-mail (Word vi propone il formato HTML, con il quale nell'e-mail conservate parte della formattazione del documento originale, ma voi potete scegliere di usare il formato testo o di inserire il documento nel messaggio di posta elettronica come allegato) e l'oggetto dell'e-mail stessa (Figura 24.12).

Figura 24.12 - Definire le opzioni per inviare il documento via e-mail.

Questa fase di finalizzazione non deve necessariamente avvenire appena dopo l'aggiunta dei campi unione. Infatti, il documento che contiene i campi può essere salvato per riutilizzarlo in un secondo momento.

Le buste

Abbiamo già accennato al fatto che è possibile creare la stampa unione, non solo con le lettere, ma anche con altri tipi di documento, per esempio le buste.
Semplicemente, nel secondo momento della creazione della stampa unione, dovete scegliere **Buste** come tipo di documento (Figura 24.5).
Word visualizzerà la finestra **Opzioni busta** (Figura 24.13).

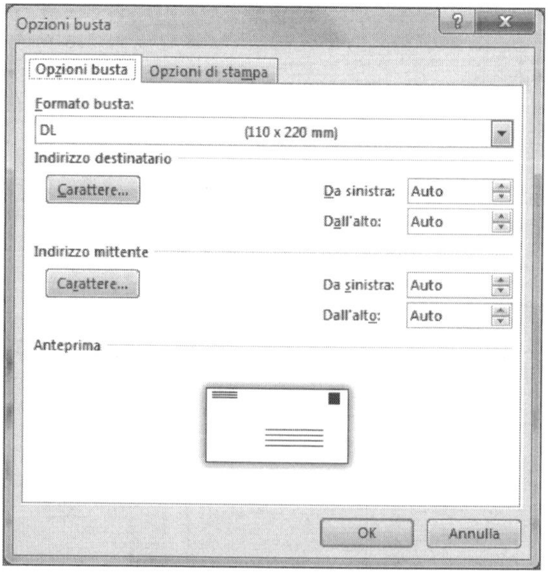

Figura 24.13 - La finestra Opzioni busta.

Dall'elenco a discesa **Formato busta**, scegliete la misura della busta su cui dovete stampare. I formati più comuni sono:

- **DL** (22 cm x 11 cm) si usa per inserire fogli A4 ripiegati in tre sul lato più lungo;
- **C6** (16,2 cm x 11,4 cm) si usa per foto, biglietti di auguri ecc. (fogli A4 piegati in quattro).

In ogni caso, potete misurare la busta o leggere il nome del formato sulla confezione.
Con i pulsanti **Carattere**, nelle sezioni **Indirizzo destinatario** e **Indirizzo mittente**, scegliete la formattazione degli indirizzi che stamperete.
Quando avete finito, premete il pulsante **OK**. Ora il vostro documento ha l'aspetto di una busta (Figura 24.14).

Figura 24.14 - Il documento è diventato una busta.

Usate il riquadro centrale per inserire i campi unione con i dati del destinatario.
Eventualmente, fate clic in alto a destra nella busta (fuori dal riquadro) per inserire il nome e l'indirizzo del mittente.
Completate la stampa unione come abbiamo visto per le lettere.
Con Word potete creare delle buste singole da allegare a un documento anche senza usare la stampa unione.
Aprite il documento a cui dovete allegare la busta. Poi, sempre nella scheda **Lettere**, nel gruppo **Crea**, premete il pulsante **Buste**.
Word visualizzerà la finestra **Buste ed etichette** (Figura 24.15).
Nella casella **Indirizzo destinatario** digitate l'indirizzo del destinatario. Se premete l'icona a forma di busta posta accanto, potrete selezionare l'indirizzo dalla rubrica di Outlook.

Nella casella **Indirizzo mittente** digitate l'indirizzo del mittente. Word ve lo propone automaticamente ricavandolo dai dati che avete fornito quando avete installato Office. Se preferite, potete modificarlo o ometterlo. Se volete cambiare l'indirizzo predefinito, quando tornate alla finestra principale di Word, portatevi alla scheda **File**, quindi premete il pulsante **Opzioni**. Nella finestra **Opzioni di Word**, portatevi alla scheda **Impostazioni avanzate** e digitate il vostro indirizzo nella casella **Indirizzo postale** (per trovare questa casella occorre scorrere la scheda fino circa alla metà).

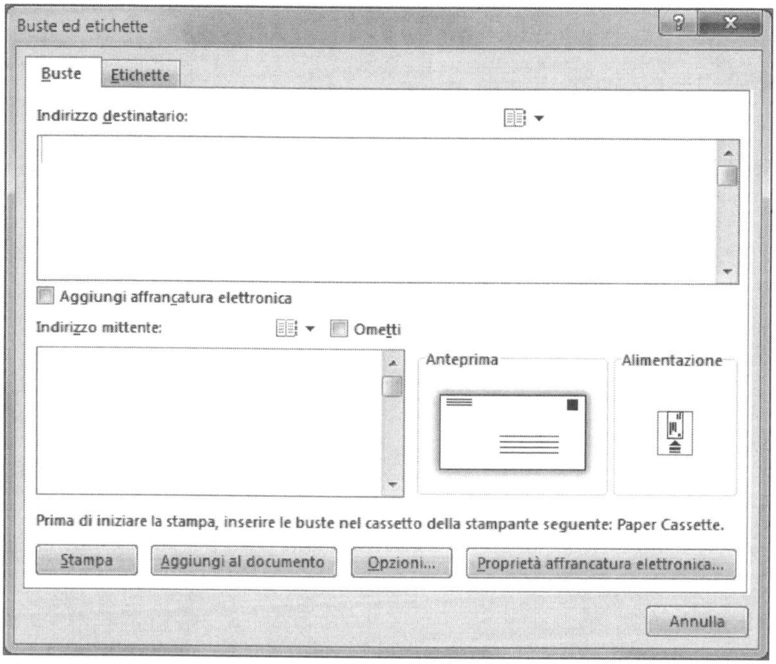

Figura 24.15 - La finestra Buste ed etichette.

Per scegliere il formato della busta e visualizzare la finestra **Opzioni busta** (Figura 24.13), premete il pulsante **Opzioni**. Compilate la finestra come abbiamo spiegato per le buste della stampa unione, poi tornate alla finestra **Buste ed etichette** (Figura 24.15).
Premete il pulsante **Aggiungi al documento** per allegare la busta al documento corrente. Se, invece, volete stampare la busta, premete il pulsante **Stampa**.

Stampare etichette per le buste

Oltre a creare lettere e buste, con gli strumenti di stampa che abbiamo analizzato nel corso del capitolo potete creare delle etichette. Le etichette vi potrebbero servire per stampare gli indirizzi che saranno poi incollati su buste di dimensioni troppo grandi per entrare nella stampante o su pacchi. Potete ricavare gli indirizzi da una fonte dati esterna e scriverli sulle etichette grazie alla stampa unione.
Word conosce le dimensioni dei principali tipi di etichette in commercio, proprio come per le buste. Potete leggere il modello dell'etichetta sulla confezione.
Nel secondo momento della procedura per la stampa unione, scegliete **Etichette** come tipo di documento (Figura 24.5).
Word vi mostrerà la finestra **Opzioni etichette** (Figura 24.16).

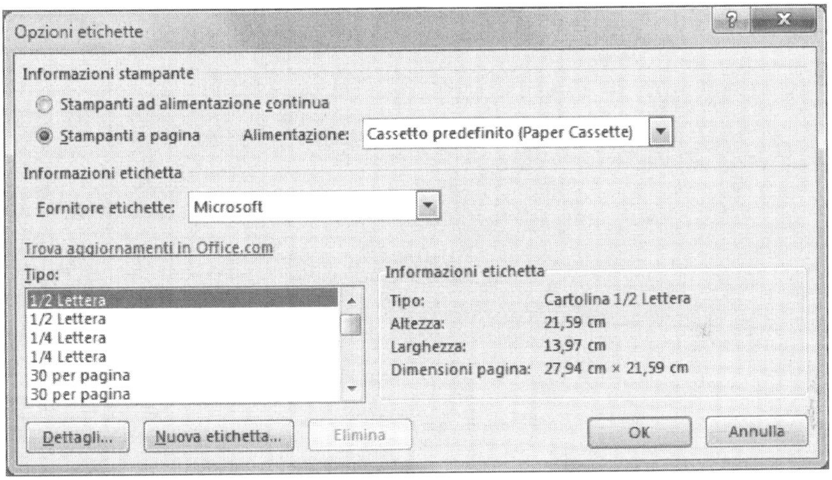

Figura 24.16 - La finestra Opzioni Etichette.

Scegliete la marca e il modello delle etichette che volete creare, poi chiudete questa finestra e concludete la stampa unione come avete imparato prima.
Come per le buste, Word vi permette di creare etichette indipendentemente dalla stampa unione. Basta premere il pulsante **Etichette**, nel gruppo **Crea** della scheda **Lettere**.

25

Modificare file PDF

Concludo questo libro con un capitolo brevissimo dedicato a quella che mi pare la novità più interessante di Word 2013: la possibilità di modificare file PDF.

Fin dall'inizio del libro, ho detto che Word è in grado di generare file PDF esportando il contenuto di un documento.

Questa funzionalità è stata introdotta con la versione 2007 di Office e, sicuramente, è stata una innovazione molto importante e utile.

Oggi, finalmente, Word 2013 è in grado anche di aprire file in formato PDF, modificarli e risalvarli.

Tutto questo funziona abbastanza bene se il file PDF contiene del testo e non è eccessivamente carico di grafica. Se il file contiene troppa grafica, una volta aperto in Word potrebbe essere piuttosto diverso dall'originale.

Nonostante questo limite, la possibilità di aprire e modificare i file PDF senza bisogno di ricorrere a programmi più costosi e meno diffusi è molto importante.

La strada è quella giusta e possiamo aspettarci che, nelle future versioni, questa funzionalità sarà ulteriormente migliorata.

I file PDF si aprono come qualsiasi altro tipo di file dalla scheda **Apri** del Backstage. Word ha bisogno di un po' di tempo per l'elaborazione; al termine di questa, avviserà che è pronto ad aprire il file, con i limiti a cui ho accennato (Figura 25.1).

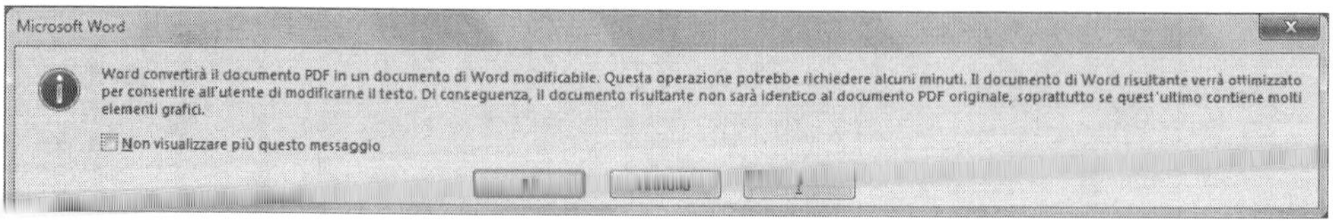

Figura 25.1 - Word avvisa che il file PDF aperto potrebbe essere un po' diverso dall'originale

Premete Ok per aprire effettivamente il file. Anche questa operazione potrebbe richiedere qualche istante.

Una volta che il file è aperto, è un normale file Word sul quale potete lavorare liberamente come se lo aveste creato voi.

Salvando il file, Word vi proporrà di salvarlo in formato .docx.

Se volete ottenere un nuovo file PDF, allora dovete esportare il file come avete imparato all'inizio del libro.

Indice analitico

V

X

Y

Z

*pro
DigitalLifeStyle **Nella stessa collana:**

Luca Bertolli
OS X 10.9 Mavericks Server
240 pp. - Colori - Euro 21,90
ISBN: 978-88-6895-022-4

Luca Bertolli
Raspberry Pi - Guida all'uso
288 pp. - Colori - Euro 29,90
ISBN: 978-88-6604-388-1

Domenico Belardo
Adobe After Effects CC
Guida all'uso
416 pp. - Colori - Euro 34,90
ISBN: 978-88-6895-026-2

Luca Bertolli
OS X 10.9 Mavericks
224 pp. - Colori - Euro 24,90
ISBN: 978-88-6604-387-4

Gianclaudio Floria
Business Plan con Excel
240 pp. - Colori - Euro 21,90
ISBN: 978-88-6895-025-5

Luca Bertolli
Adobe Photoshop CC & CS6
Fotoritocco creativo
272 pp. - Colori - Euro 29,90
ISBN: 978-88-6604-391-1

Alessandra Salvaggio
LAVORARECON
Microsoft Word 2013
288 pp. - Bn - Euro 21,90
ISBN: 978-88-6895-023-1

Domenico Belardo, Nunzio Trotta
Adobe Premiere Pro CC
Guida all'uso
496 pp. - Colori - Euro 44,90
ISBN: 978-88-6604-362-1

Marco Buttu
PROGRAMMARECON **Python**
Guida completa
672 pp. - Bn - Euro 48,90
ISBN: 978-88-6895-024-8

Tiziano Fruet
Adobe Photoshop CC
Guida all'uso
368 pp. - Colori - Euro 39,90
ISBN: 978-88-6604-363-8

Carlo Mazzone
PROGRAMMARECON **C e C++:**
le chiavi della programmazione
384 pp. - Bn - Euro 32,00
ISBN: 978-88-6604-361-4

Alessandra Salvaggio
Microsoft Excel 2013 Macro e VBA
416 pp. - Bn - Euro 29,90
ISBN: 978-88-6604-366-9

*pro DigitalLifeStyle **Nella stessa collana:**

Gian Guido Zurli
iOS 7 iPhone & iPad - Guida all'uso
240 pp. - Colori - Euro 24,90
ISBN: 978-88-6604-378-2

Matteo Pagani
Sviluppare applicazioni per Windows Phone 8
656 pp. - Colori - Euro 49,90
ISBN: 978-88-6604-240-2

Luca Bertolli
Adobe Photoshop Lightroom 5 - Guida all'uso
288 pp. - Colori - Euro 32,00
ISBN: 978-88-6604-369-0

Gioia Feliziani - Roberto Marmo
Vendere con il social commerce
512 pp. - BN - Euro 39,90
ISBN: 978-88-6604-276-1

Francesco Fullone, Enrico Zimuel, Federico Galassi, Matteo Collina
PROGRAMMARECON **JavaScript best practices**
240 pp. - BN - Euro 24,90
ISBN: 978-88-6604-316-4

Francesco Novelli
Programmare applicazioni per iPhone e iPad
4ª edizione
432 pp. - BN - Euro 34,90
ISBN: 978-88-6604-286-0

Alessandra Salvaggio
Joomla - Guida alle estensioni
288 pp. - Colori - Euro 29,90
ISBN: 978-88-6604-326-3

Alessandra Salvaggio
LAVORARECON
Microsoft Excel 2013
336 pp. - BN - Euro 27,00
ISBN: 978-88-6604-334-8

Alessandro Valli
LAVORARECON
Microsoft PowerPoint 2013
240 pp. - Colori - Euro 24,90
ISBN: 978-88-6604-341-6

Gian Guido Zurli
Final Cut Pro X
288 pp. - Colori - Euro 32,00
ISBN: 978-88-6604-324-9

Luca Bertolli
Windows Phone 8 - Guida all'uso
320 pp. - Colori - Euro 34,90
ISBN: 978-88-6604-902-9

Francesco Novelli
Programmare applicazioni per Mac OS X
304 pp. - BN - Euro 29,90
ISBN: 978-88-6604-287-7

*pro
DigitalLifeStyle **Nella stessa collana:**

Lino Garbellini
Twitter per la tua vita e il tuo business
240 pp. - Colori - Euro 24,90
ISBN: 978-88-6604-285-3

Luca Bertolli
OS X Mountain Lion
Guida all'uso
624 pp. - Colori - Euro 49,90
ISBN: 978-88-6604-271-6

Alessandra Salvaggio
VirtueMart 2 - Guida all'uso
256 pp. - Colori - Euro 26,90
ISBN: 978-88-6604-263-1

Alessandra Salvaggio
PROGRAMMARECON **jQuery**
288 pp. - BN - Euro 24,90
ISBN: 978-88-6604-262-4

Andrea Picchi
PROGRAMMARECON **Objective-C 2.0**
per iOS e OS X
848 pp. - BN - Euro 55,00
ISBN: 978-88-6604-234-1

Domenico Belardo
Adobe After Effects CS6
Guida all'uso
496 pp. - Colori - Euro 44,90
ISBN: 978-88-6604-252-5

Mario De Ghetto
SQL Server 2012 - Guida all'uso
568 pp. - b/n - Euro 44,90
ISBN: 978-88-6604-082-8

Elena Avesani - Gianluigi Bonanom
- Renzo Zonin
Android App Gallery -
Le migliori applicazioni per Androi
304 pp. - Colori - Euro 29,90
ISBN: 978-88-6604-254-9

Gian Guido Zurli
iPhone 5 - Guida all'uso
320 pp. - Colori - Euro 29,90
ISBN: 978-88-6604-284-6

Giacomo Andreucci
Youtube - Video online e Web TV
304 pp. - Colori - Euro 29,90
ISBN: 978-88-6604-199-3

Alessandro Valli
Windows 8
Guida all'uso
320 pp. - Colori - Euro 29,90
ISBN: 978-88-6604-283-9

Gian Guido Zurli
Apple Aperture 3.3
per il fotografo digitale
272 pp. - Colori - Euro 29,90
ISBN: 978-88-6604-269-3

*pro DigitalLifeStyle **Nella stessa collana:**

Tiziano Fruet
Photoshop CS6 - Guida all'uso
384 pp. - Colori - Euro 44,90
ISBN: 978-88-6604-241-9

Alessandra Salvaggio
Joomla 2.5 - Guida all'uso
400 pp. - Colori - Euro 39,90
ISBN: 978-88-6604-201-3

Luca Bertolli
Adobe Photoshop Lightroom 4
Guida all'uso
320 pp. - Colori - Euro 34,90
ISBN: 978-88-6604-076-7

Giorgio Zarrelli
3D Stereoscopico
Guida professionale per cinema, tv, new media
224 pp. - Colore - Euro 34,90
ISBN: 978-88-6604-203-7

Francesco Caccavella
Google Analytics - Guida all'uso
224 pp. - Colori - Euro 25,00
ISBN: 978-88-6604-003-3

GrUSP
PROGRAMMARECON **PHP**
Best practices
544 pp. - Bn - Euro 39,90
ISBN: 978-88-6604-074-3

Gian Guido Zurli
Il nuovo iPad - Guida all'uso
272 pp. - Colori - Euro 27,90
ISBN: 978-88-6604-819-4

Giorgio Zarrelli
Mysql
Uso avanzato e personalizzazione
336 pp. - Bn - Euro 29,90
ISBN: 978-88-6604-085-9

Alessandra Salvaggio
Access 2010 - Programmazione VBA
336 pp. - Bn - Euro 25,00
ISBN: 978-88-6604-081-1

Enzo Borri
Fotografia digitale 4.0
Reflex... e non solo
272 pp. - Colori - Euro 29,90
ISBN: 978-88-6604-135-1

Marco Maltraversi
SEO e SEM: Guida avanzata al web marketing 2ed
496 pp. - Bn - Euro 37,00
ISBN: 978-88-6604-238-9

Luca Bertolli
Pubblicare in digitale
ebook e riviste
272 pp. - Colori - Euro 29,90
ISBN: 978-88-8233-968-5

www.fag.it